人間社文庫‖日本の古層②

日本原初考

古代諏訪とミシャグジ祭政体の研究

古部族研究会 編

JN138322

人間★社

■人間社文庫：日本の古層②に寄せて■

今井野菊さんと

ヴィジュアルフォークロア代表　北村皆雄

もう四十数年前になるが、私たちが今井野菊さんから受けたミシャグジについての教示は、実に衝撃的でした。諏訪信仰の根幹はミシャグジであるというのだから。

ミシャグジは、祭りごとに処定めて訪れる精霊、スピリット、カミさまで、木や石、大祝やおこうさまといった童子に宿って感応する。そのミシャグジを、付け申さなければ何事も始まらないし、祭事が終われば、上げ申してお帰り頂くのだという。ミシャグジさまは、社に常在するようになったタケミナカタ＝諏訪神より古い信仰だというのだ。

私たち三人、田中基・野本三吉・北村皆雄はまだ三十代そこそこだったが、古諏訪信仰に取り憑かれてしまったのであった。

一九七四年七月に教えを請うてから一年後の七月、日本原初考シリーズ『古代諏訪とミシャグジ祭政体の研究』、七七年『古諏訪の祭祀と氏族』、七八年『諏訪信仰の発生と展開』と、矢継ぎ早に本を出した。小さい永井出版企画がよく出してくれたものだと思う。いずれの本も今井野菊さんが半生を掛けて集めた資料とご教示に刺激を受けたことが大きかった。そこから私たちは羽ばたいた。この間、神長官守矢家七十八代当主守矢早苗さん、諏訪考古学の宮坂光昭さん、『御射山』（学生社）、『湿原祭祀』（法政大学出版）の著作もある金井典美さんらとの出会いが、諏訪研究を一層深めさせてくれた。国文学者の藤井貞和さんが「御左口神（石神）の研究グループが誕生しているらしいのは、既成の全歴史学にたいする反措定として、成果が期待される」（古代日本文学発生論・一九七八年）と評してくれたのがうれしかった。そんなに評価されていいのかと戸惑いもあった。

その後、今井さん金井さんが鬼籍に入られた頃から、私たち三人は全く別の道を歩むようになっていった。

田中氏は雑誌「どるめん」編集長として忙しくなり、雑誌休刊後は富士見、茅野と諏訪文化圏に移り住み縄文図像学に取り組むようになった。遥か旧石器時代まで思考の水路を掘り下げている。

野本氏は横浜市の職員としてどや街と言われる寿町の相談員、その後児童相談所を経て、横浜市立大学教授、沖縄大学に移り学長を務めた。福祉と子供文化の研究を専門とする。

私は映像の作り手として映像民俗人類学を志向し、アジア、特にヒマラヤや黒潮の文化圏など外にフィールドを広げていった。そうした地域で柱を立てる行事と出会い、改めて諏訪信仰を思い返すようになった。

今井野菊さんを師として若い私たちが書き連ねたものが、こうした文庫版に生まれ変わったものを手に取ると、諏訪が私たちにとってどれほど大切な思考の場所だったのかと改めて思い知るのである。

今読み返してみると、字句などに訂正したいところもある。本書の題名「古代諏訪とミシャグジ祭政体の研究」も、使っている中世・近世の史料から考えると「古諏訪とミシャグジ祭政体の研究」くらいでよかったのかもしれない。しかし、私たちは、ミシャグジ信仰はもっと古い時代まで遡ると考えていたし、そもそも中世・近世の史料や伝承であっても、古代的なものを強く引きずっているとの思いをもっていた。そのために「古代諏訪」としたのであった。今回の文庫版は復刻版という性格上からも、明らかな字句の間違い以外、本の題名を含めてそのままにしたことを記しておきたい。

「北村さん、あなたが何で諏訪をやるんですか?」

四十数年前、今井さんの突然の問いかけに何の返事もできなかったが、「諏訪を掘ってたらアジアの水脈につながりました」と、今なら素直に報告できるような気がする。

・本書は『日本原初考　古代諏訪とミシャグジ祭政体の研究』（永井出版企画、一九七五年）を底本として使用し、誤字・脱字と思われる個所を正しました。また、読みやすさを考慮して漢字・かな遣い、句読点等を整理した個所もあります。
・人名・地名・団体名などは掲載時のままとしました。
・本文中不適切と思われる表現がありますが、単行本刊行時の時代背景および著者の意図を尊重し、そのままとしました。
・文庫版刊行にあたって、巻末に故今井野菊氏へのインタビュー「御左口神祭政の森」（『季刊どるめん　7号』ＪＩＣＣ出版局、一九七五年）を上・中・下に分けて再録しました。

日本原初考

古代諏訪とミシャグジ祭政体の研究　目次

■日本原初考■

古代諏訪とミシャグジ祭政体の研究

地母神信仰の村・序説

野本三吉

1　ミシャグチ神との出合い

その日、諏訪は、激しい雨であった。

新宿を発つ時には、ほとんど予想もできなかったこの雨は、八ヶ岳の山麓が見えるころからポツポツと降り出し、「茅野」の駅に降りたった時には、本格的な雨降りに変っていた。駅前の舗道には、一面、はねるような銀色のしぶきがあがり、商店街も、自動車の往来もけぶって見えるほどの凄さであった。

そんな雨足を見つめていると、ふいに、古代人が神々との儀式の前に行っていたという「ミソギ」のことが思われてしまうのであった。

身を清め、心を鎮めるために、厳しい潔斎や水あびをして、自然そのものに同化しようとした古代人の「心」のようなものが、突然のごとく、ぼくに迫ってくるのである。

八ヶ岳山麓に古代から生棲していた神々が、世俗の汚れのまま、この諏訪の地に足を踏み入れようとする人間に対して、全身をぶつけて迫ってくるような、ある凄まじさを、ぼくは感じとっていたのである。

緊張と興奮が、ぼくの五体を貫いて走る。

そして、今、諏訪の地にぼく自身が立っていることが不思議であった。何かしら、運命の糸のようなものにあやつられ、諏訪の地にたどり着いたといった感じがぼくにはあるのであった。

ぼくが、直接的に諏訪に惹かれはじめるようになったのは、考古学者藤森栄一さんの著作を通してである。それまでにも、日本の古代史、とりわけ縄文時代に人一倍の関心を持っていたのは確かだけれど、考古学、民俗学共に全くのアマチュアであったぼくが古代史の問題に入り込む余地はなかった。

それが、藤森栄一さんの著作を読みすすめるうちに、古代史の問題は、自分自身に引きつけて言えば「自己史」を解くことにつながるのだということがハッキリわかってきたのであった。それは、単に、ぼく一人だけの自己史ということではなく、ぼく自身の肉体の中に潜んでいる「人類史」のようなものをも含めて、自分自身への探求ということになるのであった。自分でも気づかずにいた隠された歴史の立像、それを血の通ったものとして現代に復元しようというのが、藤森さんの考古学であった。権力を握り、歴史の上層部に位置した人々によって形造られた歴史とは異なり、見捨てられ、忘れられていった庶民の生き生きした歴史を藤森さんはとり戻そうとしているのであった。底辺に生き、しかも社会を実質的に支えてきた原日本人の魂を藤森さんは、よびさまそうとしていたのである。

ぼくは、この藤森さんの目指している世界に惹かれそして、その道を歩きたいと思った。現代の行きづまりを目の前にし、その矛盾の集中点で生きているぼくには、もう一度、人類史の原点にたち戻り、そこから現代を逆照射することによってしか視えてこない歴史の胎動を、藤森さんの生き方の中に発見したのであった。もう、これ以外にぼくの生きようもまた、ないのだとぼくは直観していた。

その藤森さんが、日本古代史の謎の多くは、信州の「諏訪」を解くことによって解けるであろうと暗示していたのである。

いつか、この諏訪へぼくは行くのだ、そして藤森栄一さんに会うのだと、そうぼくは決めていたのであった。

そんな時であった。突然のごとく、ぼくは藤森栄一さんの死を知った。もうぼくは動くより他になかった。

それまで、日常の多忙さに流されて踏み入れることのなかった諏訪の地を、ぼくはこうして訪れることになったのである。

見るもの聞くものの全てが新鮮であった。

はじめて縄文時代の遺跡、「井戸尻」や「尖石」へも行った。どのような言葉でも表わすことのできない、ある感動が激しくぼくを襲った。井戸尻や尖石の考古博物館で見た、巨大な縄文土器は、何千年か以前、まちがいなく、ぼくらの祖先がつくりあげたものであり、その力動感は、生命力のあふれるままに自由奔放に生きていたであろう縄文人の逞しさを直接的に伝えてくれるのであった。

おそらくは、藤森さんも、井戸尻遺跡発掘の過程で、次々と掘り出される縄文土器の素晴らしさに魅せられ、そうした創造性豊かな文化を築きあげていた縄文人に惹かれていったのだと思う。

しかも、この縄文式土器は「世界の古代文化中、この列島よりほかには存在しない」(「縄文式土器」中央公論美術出版)と藤森栄一さんは書いているのである。

縄文式土器は、古代文化史の中でも、全く特異な存在であり、それ故に縄文文化そのものが世界史的な重みを持っているということになるのである。しかし、この山岳の高地になぜこのように優れた文化が根づいたのであろうか。興味と疑問は、一つ一つ重なりあい渦をまきはじめる。また、狩猟文化の中心としてまつられてきた「諏訪神社」の「上社」と「下社」を訪ねた時には、この二つに別離した諏訪神社の間に民族抗争の臭いをかぐことができたし、諏訪神社の原型をとどめる「前宮」の神事には、古代狩猟文化、古代農耕文化の重層した姿が、実感的に感じとれるのであった。

こうして、諏訪を中心とした縄文期の遺跡や、神社めぐりをしながら、藤森栄一さん自身が追い求めていたテーマを、しらずしらずのうちに追体験しているような錯覚に陥ったりするのであった。

藤森さんの生涯追い求めていた問題意識を、もっともよく表わしているのは『銅鐸――日本古代史を解く銅鐸の謎』（学生社）という書物だと思うのだが、この中で、藤森さんは、少年の頃、一度聞いただけで生涯そのとりことなった、碩学伊藤富雄さんとの会話を次のように回想している個所がある。

日本には天皇がいっぱいいた。あちらにもこちらにもいた。大和の天皇も、諏訪神社の大祝《おおほり》天皇も同格だった。

ただ、経済の力が強く、支持者の多かった大和朝廷が勝っただけのことだ。

それは、少年にとって、何という恐ろしい話だったことだろう。この悪魔のささやきに少年は身をふるわせた。そして、その言葉は生涯忘れることができなかった。

そして、伊藤富雄さんは、梅原末治博士の大著『銅鐸の研究』をとりだし、藤森少年に「これが、その謎のすべてを握っている。この銅鐸が……」といって、貸してくれるのである。いわば、藤森さんの銅鐸への探求は、こうして、運命的な出発をはじめるのである。あるいは、既に伊藤富雄さんは、銅鐸にからまる部族抗争と、天皇誕生の秘密を直観していたのかもしれない。しかし、実質的に、この伊藤富雄さんの提示された問題をより深化させた形で解いたのは藤森さんである。

銅鐸が、ある時期いっせいに埋められてしまった事実を中心にはじめられた藤森さんの追求は、銅鐸と同じ目的で使われていたと思われる「鉄鐸」の発見によって、一挙につきすすんでゆく。この鉄鐸は、諏訪神社の上社宝物殿にあったのである。この鉄鐸を使っていた古代土着民族が、青銅の鏡を中心とする大和勢力によって抑圧され

神の木のミシャグチ

てゆくプロセスを追っていた藤森さんは、その中で、鉄鐸よりも更に古い信仰形態としての「ミシャグチ神」（御左口作神、御社宮神）信仰文化圏を探りあてるのである。それは、諏訪を中心として広がっていた古代ミシャグチ祭政体の発見である。

人々は縄文時代からミシャグチという神を信じていた。地母神であり、土地の神であり、水と天候の神であり、あらゆる生命と死を司る神であった。その神は、古く岩石に降座し、巨木に天降った。神は、それぞれの村、古くはそれぞれの家にも精霊として存在していた。

ミシャグチ神をまつる人々は、中部高地を中心に、東日本全域に分布していた。今も、信濃、甲斐、上野、下野、相模、駿河、三河に残存している。輝かしき天孫神とはちがって、明治以降、邪神祠として次第に消滅しつつあったが、近時、茅野市の郷土史家、今井野菊さんの追求でかなり甦生してきた。

（「信濃なる諏訪神の国」『歴史読本』昭和四十八年八月号）

藤森さんが、銅鐸、鉄鐸の延長上に追い求めようとしていたのは、このミシャグチ神の解明だったのである。ぼくは、はじめて諏訪考古学研究所を訪ねた折、奥さんのみち子さんから、藤森さんの残されたノート（覚え書き）を見せていただいたが、このミシャグチ神について、なみなみならぬ意欲を示していることがハッキリ伝わってくるのであった。

気がついた時、ぼく自身も、このミシャグチという古代神の前にたどり着いており、ミシャグチ祭政体を支えてきた土着民族、洩矢族と、藤森さんも指摘されているように、単独の力で、ミシャグチ神の探求をされてきた郷土史家、今井野菊さんという人物への関心が、いやが応でも高まっていたのである。

しかも、ぼくは、この過程で、二人の友人と運命的な出合いをすることになったのである。二人とも、ぼくよりはずっと早くから、藤森栄一さんに注目し、民俗学の世界に入り込んでいて、共に、ミシャグチ神の前にたどり着いていたのであった。

激しく降りしきる雨の中、茅野駅に降りたった時、ぼくは、この二人の友人と一緒であった。何回かの諏訪への小旅行で、ミシャグチの研究一筋に生きてこられた、今井野菊さんとめぐりあい、きょうから一週間、今井野菊さんが今まで探求されてこられた事実と内容を、全て教えてもらい、精一杯の力で受けとめてゆこうということになったのである。

新しい事実が発見されれば、それは、次に発展させてゆく人々に、受けわたされ、更に大きな発見へと進んでゆくものである。

それは、民俗学、考古学、人類学といったような学問の世界では大切なことだ。特に今井さんの地道な努力の結晶は、多くの人々に受け継がれる必要があるのである。

駅前には、地元、諏訪の安部恵久さんが、車で迎えにきてくれていた。この雨の中、しかも、リュックやボストンバッグ一杯に資料の本を積み込んできたぼくらには、ありがたいことであった。

「ひどい雨になりましたなあ。諏訪じゃ、このところずっと雨ですよ」

安部さんは、素早く荷物を、後ろのトランクに入れると、車のハンドルを握った。

街中を抜け、車が八ヶ岳山麓へと登りはじめると、激しかった雨も、心なしか小降りになってきたようであった。

安部さんは、諏訪中小企業事務センターで社会保険の仕事をやる一方で、「生活詩人の会」を主宰している人でもある。

この一週間、三人が泊り込んで、いわば合宿する民宿を紹介してくれた方なのである。尖石遺跡のある南大塩の峠を越えて、更に山を登った所にある「糸萱《いとがや》」。

そこの旧家、湯田坂数七さんのお宅が、ぼくらが一週間泊り込む宿なのである。

ぼくの隣りで、身をのり出すようにして窓外の山を見つめているのは、長身でモミあげの長い田中基さんである。最近、かなり注目されてきている人類諸科学綜合誌「どるめん」の編集長である。民俗学、人類学どちらにも造詣の深い田中さんは、学生時代から折口信夫の研究をつづけ、古代祭政体について強い関心を抱いている。特に、安曇族、小野族、鉄鐸などについては、数々の論稿を発表して注目をあびている人である。

藤森栄一さんとは何回もの接触があり、藤森さん最後の著作となった『古墳の地域的研究』（永井出版企画）は、田中さんの編集によって完成したものなのである。

この田中さんをぼくに紹介してくれたのが、田中さんの隣りで盛んに安部さんと話をしている北村皆雄さんである。彼は、記録映画作家として、既に著名だけれど、テレビのドキュメンタリーなどを手がけている人である。沖縄の先島、八重山群島に伝わるアカマタの祭事を記録した「アカマタの歌」、久高島のイザイホーを記録した「神屋原（カベール）の馬」などは特に優れたもので、ぼくは、この二本の記録映画評を新聞に書いたことがあるのだが、この時からのつながりなのである。北村さんは、上伊那の出身で、上京して現在の仕事をつづけているのだが、今、再び自らの生育した土地へ下降する必要を感じ、情熱を傾けているのであった。三人は、同世代であり、その専門分野もそれぞれに異なるけれど、不思議な吸引力があって、三人寄って何かしていると、必ずといってよいほど、新たな発見が生まれてくるのであった。

信州の高原の空気は澄んでいる。グングンと山を登りつめ、糸萱に着くころになると、雨もあがって、つきさすように冷たい空気が身を引き締めてくれるのであった。

「じいちゃん、たのんでおいた東京のお客さんだ。一つよろしくたのむわ。諏訪の昔のことを調べにきたっていうんでよ」

「ほう、そうかい、ようきた、ようきた」

七十才を越えたという、湯田坂さん夫婦は暖かな言葉で迎えてくださった。

諏訪の神々の「ミソギ」が終ったかのように澄んだ青空にむかって、ぼくらは、大きく深呼吸をくり返した。何かがはじまる予感がチラリと頭をかすめた。

2 「前宮」（精進屋）の発見

茅野駅のすぐ裏手に、大きな蔵が幾つか並んでおり、それらは寒天製造工場でもあるのだが、この寒天屋が、今井野菊さんの家なのである。土地の人々が「地紙世」（ちがみせ）と呼ぶ、この寒天屋は、このあたりでは有名な老舗である。この寒天屋の女主人として今井野菊さんは、かつてはその手腕を振っていたのである。現在では、第一線を子どもたちにまかせ、奥の一室にこもって、週に何度か、お弟子さんに生花の指導をしているのである。正面玄関の横に、黒ぬりのクグリ戸があり、そこを抜けて石畳を歩いてゆくと、一番奥まった部屋の前に出る。部屋の前には池があり、大形の鯉がユックリと泳いでいる。

この部屋が、今井野菊さんの部屋なのである。厳しい信州の気候の中を生き抜いてきたこの家のたたずまいは、どこか腰のすわった骨太の感じがあるのだ。それでいて、落着いた気分になれるのである。

野菊さんは、小柄だが、いかにも精気にあふれた表情をしている。なにか、ピーンとはった霊気を感ずる人である。

「まあまあ、よくいらっしゃいましたねえ。さあ、おはいりなさい、どうぞ」

部屋に上がると、野菊さんは、隣りの部屋にさがって炉にかかった湯で、お茶をたててくれるのである。

「みなさん方は、古事記というものをお信じになりますか?」

野菊さんは、さりげなく、そんな質問をするのである。

今井野菊さんは、明治三十二年生まれである。したがって、もう七十才を越えているわけだが、少しもそんな年には見えない。不思議な若々しさが漂っている。

今井野菊さんが、五十名を越える会員の人々と一緒に、この茅野市(旧宮川村)の「村史」を編纂しようと立ち上がったのは、今から二十年ほども前の、昭和二十八年である。

それ以前にも、独自に郷土史への関心を持って、いろいろと調べてはいたようだが、この村史編纂の話があった時、野菊さんは、自分の生命を賭ける仕事だと直観したという。そして、それ以来、文字通り、全身全霊を打ち込んでの調査や発掘、聞き書きがはじまったのである。

けれども、野菊さんの情熱が高まってゆくのとは逆に、会員の人たちは一人減り二人減りして、二年もたたないうちに、残されたのは野菊さんただ一人になってしまったのである。それは、あるいは無理のないことだったかもしれないのである。宮川村史をやろうとするかぎり、諏訪神社の成立、および、その鍵を握る「前宮」の全体像を明らかにしなければならず、また「御柱祭」の謎、洩矢民族の系譜、諏訪大祝の系譜、そして、更にはそれを底辺で支払えていた「ミシャグチ神」という土着の神についても調べねばならず、どの一つをとっても、専門家すら手の出ない厚い壁に閉ざされていたからである。

　そうした状況の中で、野菊さんは、たった一人とり残されてしまったのである。

前宮の精進屋（昭和７年以前の姿）
（『諏訪史　第二巻　後編』より）

しかし、野菊さんは、歩きはじめてしまった道を、ただひたすら進んでゆくより他にはなかった。ある確信のようなもの、ある血のざわめきのようなものを野菊さんは、自らの内に感じていたからである。

こうして、野菊さんは、昭和三十四年六月から、全くの独力で「研究報告」をガリ版で出しはじめたのである。唯一のはげましは、郷土史家の先達、細川隼人さんであったが、野菊さんは、何者かに愚かれたように、歩きはじめてしまったのである。ミシャグチ神を求めて、見知らぬ土地へ出かけ、何日間も歩きまわり、泊るところもなく木の陰で仮眠したこともあるという。

一つの峠を越えれば、また、次の峠が見え、とうとう二十一冊に及ぶ調査報告書ができたのである。また、三千に及ぶ、ミシャグチ神を探ね歩くことにもなったのである。「この道より道なし、この道を行く。先哲の言葉通りすぎ経て、いま老境に入る。そして相変わらず郷土の土呂を掻きまわし、この頃では他に需められるまま、研究記事を喜び分つ」と書くようになったのは、昭和四十一年の「前宮遺跡」の調査記録のあとがきである。

確かに、この道を歩くのは孤独であり、厳しい作業の連続だったはずである。寒天屋の女主人という立場もあったはずである。

しかし、にもかかわらず、この激しいエネルギーと気迫を発散しつづけたというのは、どういうことなのであろうか。

はじめて、ぼくらが野菊さんから、この二十冊を越える資料集を手渡された時の、あの新鮮な驚きは、今でも忘れられないものなのだが、確かに、この一冊一冊には、執念にも似た気迫が込められているのである。

これは、ぼくの考えなのだが、おそらく、宮川村の村史（古代史）をたどるうち、野菊さんの中には、ある巨大なイメージがふくらみ、その事実を探りあてるために、野菊さんの行動が引き出されてきたのではないか、とぼくは思う。

それは、図式的にいってしまえば、この諏訪の地が背負っている歴史の重みと、その中を生き抜いてきたという、民族的な誇りなのではないかと思う。かつて、諏訪（州羽海、周方、須羽）の地には、土着の洩（守）矢民族が住んでいた。黒耀石の宝庫である和田峠などの山々と、狩猟、漁労に富んだ地形、そして焼畑などの原始農耕を中心に、生き生きと生棲していた先住民族、洩（守）矢。

この地は、九州や大和とも離れており、山岳地でもあり、他からの侵入はめったになく、それだけに自分たちだけの自由な生活を楽しんでいたはずである。

いわば、縄文期の最盛の時といったらよいであろうか。そこへ、国を追われた、出雲系（海人系）の民族がやってくる。

それは、建御名方《たけみなかた》とよばれる神で、「古事記」の中では、国譲り神話の中で、高天原祭政体に抵抗した、既存の出雲祭政体のレジスタンスの英雄ということになっている。

建御名方は、大国主命《おおくにぬしのみこと》の子どもで、天照大神が出雲にせめてきた時、ただ一人、激しく抵抗し、追われ追われて科野国《しなののくに》州羽《すわ》海にやってきたのである。そして、この地にいたって降参し、以後、この地を出ないということで許されたとある。出雲族といわれる建御名方も、出雲に土着していた民族にはちがいないのだが、そこで反抗し、追われて諏訪にやってきたとなれば、当然、このレジスタンスの英雄も、諏訪における土着民族、洩（守）矢と争わねばならない。出雲における大国主とは、いわば、たくさんの国が連合していた、その総称で、単独の人格ではないと思うのだが、そうすれば、建御名方もまた、出雲系民族の中の一部族ということになるのかもしれない。こうして、土着神、洩矢と、出雲神、建御名方命とは、天竜川の川上を境として相戦い、両雄果てしがないので、橋原で、それぞれに呪術による一騎打ちとなったのである。古代における戦いは、力と力のぶつかりあいというより、両者の代表による「力くらべ」「術くらべ」という形をとったようであるが、この場合も、そうしたものなのであろう。洩矢神は鉄鑰、出雲神は藤の蔓《つる》をもって力くらべをし、ついに洩矢神は破れてしまうのである。これ以後、洩矢民族は、建御名方命に忠謹を誓うということになるのだが、今でも橋原には、この故事を裏書きするように、天竜川をはさんで洩矢神社と藤島神社がむかいあって建っているのである。

こうして、建御名方は、諏訪大祝として、諏訪の地に君臨することになり、洩矢神は、「神長官」として用いられ、以後、大祝、神長による共同の祭政がとられるのである。

そして、この時期に、建御名方によってもたらされた「水稲」の技術が、諏訪に浸透するのである。

こうして、いわば、土着洩矢民族と、出雲民族の混合、融合、重層構造によって成立した諏訪神社信仰の諏訪王国は、つづいて南から追いあげてきた天孫族としての大和民族の侵入を受けるのである。

大和民族（帰化人文化）は、こうして、諏訪大祝体制の中にも入り込むことになり、ここに諏訪は、洩矢、出雲、大和の三民族の重層の中でつづいてきたということになるのである。ここで重要なことは、こうした数度の政変の中で、先住洩矢民族が、その文化的な伝統を、さまざまの形で残し伝え、旧態としての洩矢民族の血脈を現在まで保ちつづけているということなのである。諏訪神社の中にも、神長という役で入り、祭祀、神事の中枢を握りながら、狩猟文化を残してきているのである。建御名方の進駐の折、多くの洩矢民族は、千鹿頭《ちかと》神という祭神を中心に、いわばミシャグチ神信仰の本質をもって、東北奥地へと逃げのびたけれど、残った洩矢一族は、出雲族と融合しつつ、狩猟民の心を保ちつづけたのである。

この洩矢族の信仰していたのが、ミシャグチ（御左口）神とよばれる古代神で、このミシャグチ信仰の中心として、神長洩（守）矢は生きつづけてきたのである。

七十八代にわたる神長守矢家の家系は、見事に、その事実を示しているのである。おそらく、古代から現代まで、このような形で土着民族が、その祭事形態と共に生き残っているというのは、世界的にみても稀有のことだと思う。

今井野菊さんは、おそらく、その洩矢民族の末裔なのである。あるいは、ミシャグチ分布踏査の過程で、そのことを確信したといった方がよいのかもしれない。

このミシャグチ神と、洩矢民族の関係について、藤森さんはこう書いている。

（ミシャグチ神の）多くは、一小単位の聚落、つまり村々の神で、村の台地の上や谷口などにあり、はじめは社殿をもたず、巨木、巨岩、尖った石、立石、樟などに降りてくるナイーブな自然神であったようである。

さらに、このミシャグチ神を奉斎する村々の連合体のようなものが考えられ、そのミシャグチ祭政を総括する位置にあったのが、大祝諏訪神の先住者であった洩矢神である。

（『諏訪大社』中央公論美術出版）

かつて、民俗学者、柳田国男氏が「石神問答」（全集、第十二巻）の中で、最も不思議な信仰としてとりあげた「ミシャクジ」も、こうしてみると、かなり、その本質的な姿を明らかにしてきているのであるが、野菊さんは、このミシャグチ神の分布を踏査したのである。各地に、さまざまの発音の変化をとげて散在しているミシャグチ神を探し出すことによって、ミシャグチ信仰圏というものが明らかになってゆくのである。

たとえば、その一例は、ミシャクシ（おしゃもじ）信仰に変化し、東京の石神井（しゃくじい）という地名に生きていたりするのである。野菊さんの踏査された分布図を見ていると、さまざまの空想が頭の中に湧いてきて古代文化のイメージが拡大してくる。

そして、同時に、出雲系の建御名方の進駐によって、権力を奪われた洩矢民族が、どのような形で、勢力をたくわえたのかということにも興味がいくのであった。そして、野菊さんの話を聞いてゆくと、必ずしも、出雲の力が上からのしかかったということではないことが少しずつわかってくるのであった。

土着の民族を移動してきた民族が抑圧し、統治するといっても、今までの文化や生活習慣を一挙にくつがえすことはできないものである。両者を融合しつつ、御してゆかなければならない。征服するという行為は、長い時間をかけるのでなければ行われえないのである。そのために、建御名方勢力は、水稲文化を広め、自らは大祝という最高位につきながらも、神長という役は、洩矢族にわたさねばならなかったのである。

ところで、その現人神「大祝」と、神事を司る「神長」との関係なのだが、これは、諏訪神社の原型をとどめる「前宮」（現在は、荒れ放題になっている）での大祝、神長による神事の記録によってたどってみれば次のようになる。

大祝は、幼い男巫（おとこかんなぎ）で、出雲神、建御名方命、八坂斗女命の御神裔ということになっている。

まず、現人神としての童児、大祝は、物忌令に基づいて、精進屋としての「前宮」に入るのである。

ヒトミ戸造りの、この精進屋で、童児大祝は、三十日間潔斎し、身を清め、浄化してミシャグチ神が天降るのを待つのである。

この三十日の潔斎は、厳しいものだったといわれ、食事も少なく、ずっと静座し、毎日水浴したといわれる。

このやり方については、おそらく神長家敷にいる間に、神長が教え込んだものであろう。

やがて、ミシャグチ神が、大祝に天降ると、たちまち大祝は、ミシャグチ神そのものとなり、つまり、神人同一化し、神の意志を告げるというのである。この童児大祝のかたわらにいて、神意を聞きとるのは代々、神長の仕事であって、神降ろしをし、大祝の口をかりて語る神の言葉を人々に伝えるのは、神長なのである。

こうみてくると、いくら大祝といっても、相手は童児なのだから、どうみても実権は、神長の守矢氏が握っていることになるのである。建御名方勢力は、大祝の位についたけれど、実質は洩（守）矢が握りつづけていたということになるのである。

もちろん、この神長職を守るために、守矢家の家系図は、必ずしも血縁の中からだけ、後継ぎを生みだしてはいないのである。時には養子をとり、時には出雲系の血も混ぜ、つねに優秀な頭脳と能力とを受けわたしてきたのである。また、大和民族が進駐した際には、この諏訪大祝の体制の中に、有員《ありかず》という幼童の大祝を送り込み、有員を大祝の初代とすることで、大祝系図をつくり、大祝の即位式をはじめたり、巡幸をはじめたりするのだが、神長役としては、ずっと守矢氏がそのままつづき、諏訪神社信仰の中枢には、洩矢民族の血が流れつづけてきたことになるのである。

この、大祝の精進屋として、「前宮」の中心的建物となっていた家は、昭和七年になって、伊勢神宮の余材拝領の名のもとに、由緒ある精進屋は、とりこわされてしまったのである。精進屋は、前宮の本殿という名にかわり、伊勢神宮もどきの千木《ちぎ》を飾る神殿に造りかえられてしまったのである。

　わずかに残された写真でしか、その精進屋（前宮そのもの）を偲ぶことはできないのだが、写真で見るかぎり、何となし、牢獄のような感じがするのであった。侵略民族であるはずであった大祝の方が、土着神、洩矢（神長）にぎゅうじられているような気さえするのであった。

　この精進屋の話をしている時、野菊さんの瞳が宙に浮かんだようになり、こんなことをいったのである。

「待ってくださいよ。そういえば、その精進屋を、どこかの村で買いとったということを聞いたことがあったけれど。はて、どこだったろう。糸萱の方だったかなあ、そんなウワサを聞いたことがありましたよ」

　前宮というのは、諏訪神社成立の鍵を握るところであり、その中枢は、大祝の精進屋である。それが、あるいは他に移されて存在しているかもしれないというのである。野菊さんが、糸萱だったかもしれないといった言葉をたよりに、糸萱の宿に戻ってすぐ、ぼくらは湯田坂さんに、そのことを聞いてみたのであった。すると、驚いたことに、この糸萱の村の鎮守になっているというのである。

「ああ、そりゃあのォ、この下の糸萱の氏神様になっておるぞ。昔の金で三百円だったせえ。前宮様を新しく建てるで、こわしてあったのを、オラの村で買ってよオ。そいで建てたんだわ。オラも手伝ったでよく覚えとるぞ。もう、三、四十年も前のことだぞイ」

　年数的にもあう。すぐさま、三人して道をくだり、うっそうと大木の茂った鎮守の森へいそいだ。昼でも暗いこの森は、夜ともなると一層不気味であった。

糸萱で見つかった精進屋

　そのうす暗い大木の中に、氏神「子《ね》の神《かみ》」社として、あの大祝の精進屋が、そのままの形で建っているではないか。

　あれだけ前宮について詳しく調べていた野菊さんでさえ、見落としていた事実が、こんなにもあっけなく発見できるとは思ってもみなかったことである。

　偶然というには、あまりにできすぎていた。

「なんだか気味が悪いなあ」

　柄の大きな田中さんがニヤリと笑う。

　野菊さんを訪ねた初日から、こんなできごとに会うと、何かしら目に見えない糸で導かれているような、不思議な気持にもなってしまうのであった。

部屋に戻って、すぐ田中さんが野菊さんに精進屋が見つかった旨を電話で伝えた。夜おそかったにもかかわらず、野菊さんは若々しく、はずんだ声で「ぜひ見に伺いますよ」と受話器の中で叫ぶのであった。

その夜、三人はなかなか寝つかれなかった。

現人神大祝は、確かに、あの精進屋の中に閉じ込められていたのである。ヒトミ戸の外からたえず見られ、体力も消耗し、力つきて神がかり状態になったのにちがいない。

土着、洩矢民族の激しかった気迫の根源はこんなところに源があったのかもしれない。

3　誓約の祭祀具――鉄鐸

毎朝、ぼくらは、午前七時十分のバスで糸萱を出発する。これが一番のバスなのである。中学生や高校生が一緒なので、いつか、この少年少女とも顔なじみになってしまったが、このバスで行くと、八時には野菊さんのお宅に着けるのである。

八ヶ岳山麓の、この糸萱あたりの朝の空気は冷たく澄んでいる。グッスリ眠ったつもりでも、午前五時すぎには目が覚めてしまう。

特に田中さんは、スッカリ早起きになってしまい、食事前に散歩に出歩くほどになってしまった。東京では、こんなに早く目覚めることはなかったと、田中さん自身が首をひねるほどなのである。

そして、野菊さんのお宅では、昼食時間を除いて、夕方六時までビッシリと話しあいが行われる。野菊さんを囲んで、次々と湧いてくる疑問を解き、不明な事実を推測するのだ。するると、ふいに新しい事実が、ヒョッコリと浮かび上がってきたりする。

一つ一つのテーマを一生懸命考え、解きつづける日がこうして一週間つづいたのである。この一週間のうち、ただ一日だけ、野菊さんと共に小旅行をしたことがある。

それは、三日目のことであった。小野神社の鉄鐸を見ること、前宮を野菊さんに案内してもらうこと、そして伊那考古館で、尖石で発掘された石器に刻まれた絵文字を見ること。大まかには、この三つの課題のために小旅行は計画されたのであった。

いつものように、ぼくらは早朝のバスで茅野にむかい、そこで野菊さんと合流して、伊那へ出掛けた。その前日、尖石の石器に刻まれた絵文字の話が出、その謎を考えているうちに、尖石で発掘された石器の一つが、どうしたわけか伊那考古館にあり、そこにも絵文字が刻まれているということがわかったのである。その事実は、野菊さんも知らなかった。伊那考古館には、御子柴遺跡の出土品も展示してあり、見事な縄文土器や旧石器、矢尻などが見られたが、問題の尖石の石器には、弓を射ている人間の絵が、ハッキリとわかるように刻まれていた。そして反対側には、何か不明瞭な線が斜めに引かれ、そこの部分を野菊さんは、何度も撫でたり、離して見たりしていたのだが、一時間ほどの調査では、ハッキリとした断言はできなかった。

野菊さんは、尖石の遺跡が、たくさんの縄文土器を残しながら、ある時期に突然のごとく人々がいなくなってしまったという事実を重視し、その謎を追っているのである。

尖石に住んでいた先住洩矢民族が、他の移入民族に襲われたのではないかというのが、野菊さんの考えで、それを暗示するような絵文字を古代人は残しているのではないか、というのである。この伊那考古館の二階は図書館になっていて、ここには民俗学者、向山雅重さんがいる。柳田国男の民俗学を受け継いだ、純粋調査、聞き書きを大事にする正統派の向山さんは、伊那に関するかぎり、どんな小さな行事や祭事でもキチンとノートをとってあり、慶友社からも正・続二冊の信濃民俗資料を出版しているのである。

野菊さんは、向山雅重さんともずいぶん久しぶりの対面のようで、お二人ともなつかしそうに話をはじめたのだが、すぐに話は、ミシャグチのことになった。

「ミシャグチの跡を追っていきますとね、峠の要地にあるですね。それでね、私思いますにね、山の中にあるところは、塩だと思いますね。塩を運ぶ道ですね。それから、私、将校あがりの人をつれてミシャグチのある山道を歩きましたらね。その方が、これは本当の戦闘の要地要地に位置を占めているなあと言っておりましたねえ」

「塩というとね、天保の飢饉の時など信州では死んでいった人は塩がなくって死んでいますね。古代人は、塩を大事にしたでしょうなあ。塩がなければ生きてゆかれないんだから。江戸時代にはね、領主が塩を制限しましてねえ。甲州の塩は塩尻で止まっちゃうんですよ」

どうやら、ミシャグチの跡は、古道と重なってゆくらしい。それも、一つは「塩の道」そして、もう一つは「黒耀石の道」ということになるらしい。いづれも生活に最も必要なものである。

昼少々すぎ、小野神社へ到着。途中、駅で立ち喰いソバをかっこんで小野神社へ駆けつけたのだが、野菊さんも、このあわただしい昼食につきあって、結構楽しそうであった。茶目っ気のある人なのである。

この小野神社では、民俗学研究者の谷川健一さんと合流した。「流動」という雑誌で、「古代史ノート」を執筆中の谷川さんは、九州からずっと「小野族」を追って、信州にまで到達し、この小野神社に奇しくもたどり着いたのであった。

銅鐸と鉄鐸とは同じものではない。しかし、その使用目的は、ほぼ同じものであり、時代的には新しい鉄鐸は、長い歴史の風雪を越えて、この小野神社に生き残っていたのである。銅鐸も鉄鐸も共に誓約《うけひ》の儀式に使われたものである。

奈良時代に入ると、もはや銅鐸、鉄鐸の用途を知る者は少なくなっていたが、「古語拾遺」を書き残した斉部広成と、その一族は、鉄鐸の古代祭政における役割を知っていた。広成は、天鈿女命が手に鐸《さなぎ》の矛を持って、岩戸の前で誓約したと書いている。

そして、この斉部一族が抹殺されると、鐸が誓約的呪力を持っていた弥生式以来の祭式方法も消滅するのである。

かわって、中臣一族が力を振い、今までの祭式のシンボルであった銅鐸はことごとく地下に埋没させられたのである。それは、南から、日本を統一していった大和朝廷による国家統一と軌を一にしているのだが、その中で、ほとんど唯一、天竜川の源に近い、この小野の渓谷と、諏訪の地に、異端の祭政が残っていたということになるのである。

それが、縄文期の中頃からつづいていただろうと思われるミシャグチ祭政の、部族連合体なのである。それぞれの部族、聚落は、みな同じミシャグチ神をまつり、この連合体を総括司祭していたのが、守矢氏「神長」であったのである。そして、このミシャグチ神との誓約、これが部族連合体最大の祭となり、その時、高らかに鉄鐸が鳴ったであろうと推測されるのである。

この鉄鐸は、現在、諏訪神社の上社宝物殿、そして、神長守矢邸、そして、この小野神社と三個所にしか存在しない。

中でも、この小野神社の鉄鐸は、原型のまま、木に吊されているのである。

小野神社の宮司さんと一通りの話をしたあと、宝物倉をあけ、鉄鐸を拝見する。

さすが歴史の重みが、ズッシリとこの鉄鐸にはおおいかぶさっている。

長さ一メートル七、八十センチの棒の先に長い麻和幣が無数に結ばれてたれ、それが、まるで獅子の髪の毛のようにからみあい、その中に鉄鐸が並んでいる。

谷川健一さんが、その鉄鐸を受けとり、トントンとつきながら上下にふると、実に重々しく、妖気漂う、ジャンジャンという音がひびいてくる。

「昔、猨女はね、こうして鳴らしたんですよきっと。こうして腫をトントンとつくとね、後頭部が刺激されて、神がかり状態に入りやすいんですよ」

宇治橋宮司さんが持つ鉄鐸

谷川さんがやっていると、そのまま古代の世界が現出してくるようであった。

この麻和幣は七年に一つずつ結びつけているというので、一本一本数えていったのだが、奥の方にゆくと、もう一本一本が見わけがつかないほど重なってしまっており、正確にはわからないが、おおよそ百五十本はあり、それ以上ありうると考えられるので、ざっと千年以上昔から行われていたものということになる。

谷川さんにいわれて、ぼくが数えていると、野菊さんが笑いながら、「藤森さんときた時も、そんなふうにして藤森さんが数えていましたよ。みな同じことを考えるのねえ」というので、ひどく愉快な気持になった。

数年前、野菊さんは、藤森栄一さん、細川隼人さん、それに古代共同体の祭政主権者の後裔、第七十七代目の守矢真幸さんとで、この鉄鐸を見に小野神社へきているのである。

この鉄鐸の音を聞きながら、ぼくは、ふと洩（守）矢族が、出雲系建御名方一族と戦った時のシンボル鉄鑰とは、この鉄鐸のことではないかと思った。ミシャグチ神との誓約の祭祀具である鉄鐸は、洩矢族の最も重要なるシンボルなのである。

興亡を賭けた戦いの場に、この鉄鐸を持ち出さないということは考えられないのである。

この鉄鐸と銅鐸とを重ねあわせて、藤森栄一さんは、銅鐸祭政体の変遷を、次のようにまとめている。

かつて、銅鐸の出る限りの古代日本において、これと同一形態の連合体が数多くあり、(注・ミシャグチ共同体、野本)はじめ、小銅鐸の束で、村々を鳴らし歩き、連合祭政への賦役の誓を成立させていたものが、やがて、大型鐸にかわり、鳴器としての機能を全く失い、必要もない鈕や鰭は、いよいよ壮厳に、荘重に、民衆の上に君臨する必要があった。こうなれば、すでに、これを収容する何等かの上屋が必要になってくるのは自然の成行であろう。神はもう、いちいち故郷の空へ帰って行かない。神の住居、最初それは首長の家があてられ、やがて、神社の出てくるのも、崇神紀にいう祭政分離の頃ということになるのかもしれない。

(『下諏訪町誌』上巻、四八〇ページ)

この藤森さんの推測は、事実だったのだろうとぼくも思う。そうであれば尚更、大和朝廷によって国家統一される以前の、ミシャグチ祭政体における部族連合の実態と、それを実質的に司っていた神長官、守矢氏の実態とに、興味と関心が移ってゆくのである。

小野神社からの帰り、前宮を廻った後、神長官の守矢さんの家を訪ねたのだが、タクシーの運転手も、神長屋敷といっただけではわからないほど、現実の生活の中では忘れられた存在になっているのであった。

祈禱殿も、風雨にさらされ、かなりいたんでいるように見えた。第七十七代目の守矢真幸さんが亡くなられ、あとは奥さんと、四人の娘さんがいたが、上三人の娘さんは、既に結婚し、このままでは後継ぎもいなくなってしまうのだという。

かつて、この家は、原始宗教による共同生活祭政体、小さいとはいえ、一つの連合体国家の中心、執政者の屋敷だったのである。

さまざまの思いが胸の中を通り抜け、この事実を、このままに消し去ってはならないという思いが、高まり広がってゆく。

まだ解読されていない神長古文書、守矢文書などが、屋敷内には山積みされているとも聞く。また、守矢家には、神長一子相伝の秘法があり、代々口づたえに相伝されてきたのだというが、守矢真幸さんが亡くなり、その秘法も、もはやどんなものなのか、知るすべもなくなってしまったのである。

この守矢氏の屋敷のすぐ上に、神長御頭御社宮司総社がある。野菊さんの後をついて行ってみたが、このミシャグチ神の総もとじめの社も、朽ちていた。

ただ、そのそばに、いかにもミシャグチ神が天降るような、大木があり、人には語らず沈黙のうちに、この御頭御社宮司総社の周囲で行われてきた、さまざまの古代人の人間のドラマを、ぼくらの肌に刻みかえしているように思われるのであった。そして今、ここに立っていることが不思議であった。

4　原始狩猟文化の実像

八ヶ岳の山麓にあたる山深い糸萱から、バスに揺られて下ってくると、今まで視界をさえぎっていた山肌が消えて、パッと眺望が開けるところがある。

一面、なだらかな平野で、山の間を流れてきた急流の幾筋かが、合流して渋川と名を変えるのも、このあたりである。

このあたりを、通称で「鬼場」といい、バスの停留所も、同じ「鬼場」という名を使っている。

ここは、山を背後にひかえ、川を抱えた、なだらかな丘陵地帯なので、古代人にとっては、かなりの要地として栄えたものと想像されるのだが、今井野菊さんによれば、予想通り、この地帯には、農耕の神、狩猟の神、漁労の神がそれぞれにまつられ、三つの異なった文化が重層しているということである。

この「鬼場」の中心には、「御座石神社」があり、その両隣りには「千鹿頭神社」「矢剥《やはぎ》神社」がある。また、野菊さんは、「天白神」も、このあたりにはまつられていた形跡があり、魚類を捧げていたというのである。

毎日、通っている途中でもあるので、一度下車して、この「御座石神社」を見学したことがある。この神社には、建御名方命の母親、高志（越）沼河比売が祭神としてまつられている。沼河比売（姫）は、はじめて諏訪入りした時、鹿に乗ってきたという言い伝えがあり、拝殿の前には、石に鹿の足跡といわれる跡があり、また、社殿の入口には、御履石という石も残っている。

この「御座石神社」のすぐ近くに、朽ちかけた古い「社」があり、これが「千鹿頭神」をまつった神社だと聞いたが、いかにも、「御座石神社」の、いわば出雲系勢力が、土族の狩猟神、洩矢族の上にのったということが明瞭にわかる対比であった。

また、洩矢神や、八櫛神をまつったといわれる「矢剥《やはぎ》神社」も、中心からはずれており、狩猟民の文化が、稲作文化にとってかわられていったということが、よくわかるのである。しかし、この「御座石神社」で行われる無形文化財の「どぶろく祭」などには、必ず鹿肉を神前に供した後、参拝者にふるまうこととされており、また、この祭で使う火は、必ず火切臼、火切杵で発火したものでなければならないという掟をみると、農耕文化に移行したとはいえ、狩猟文化の伝統が消えずに、今日までつながっているということがうかがえるのである。そして、この狩猟民としての洩矢民族の文化は、意外と思われるほど根強く、ごく最近まで生きつづけていたのである。

たとえば、それは、狩猟そのものを神事とした「御射山祭」などでは、御射山に、多くの人々がつどい、にわかに原始狩猟民村落ができあがり、御狩が行われるのである。

あるいは、猟師が狩で射とめた鹿の肉を諏訪明神に捧げてから、食するという風習、また、諏訪大社の「前宮」を中心に行われていたさまざまの神事の中に、いわば、国津神としての先住洩矢族の狩猟時代の風習が生き残っているのである。

諏訪神社の文化というのは、洩矢民族を中心とした、いわば原始狩猟文化と、出雲系の建御名方命を中心とした、原始農耕文化の混合であり、その重層といえるのだが、そうであってもなお、山岳民族としての洩矢族の狩猟文化は、かなり色濃く、そして特異な形で現在にまでつづいているといって過言ではないのである。

したがって、「諏訪明神を日本最大の狩猟神と呼ぶことは差し支えないだろう」(『魔の系譜』谷川健一)という指摘もされるのである。

そう考えると、この「鬼場」という地名も、野菊さんのいうように、かつては「御贄場」(おんにえば)とよばれ、それが変化したものかもしれないのである。

狩猟や漁労で獲れた「獲物」を狩猟神（千鹿頭神）に捧げた、その「御贄場」が、この地だったかもしれないのである。

ぼくの考えでは、出雲系民族に追われて諏訪を離れた狩猟民の末裔は、マタギ、山窩《さんか》となったのではないかと思うのだが、諏訪に踏みとどまった狩猟民の末裔は、執拗に、自らの文化を伝えつづけたのではないかと思う。

そして、その中で、最も注目しなくてはならないのは、「前宮」で行われていた「御頭祭」における「神使」の密殺である。

アイヌ民族における熊祭と似た儀式として、神に選ばれ、神となった童児（男巫）が、祭の最中に殺され、そのことによって狩猟、農耕の豊穣が祈られたのである。

この儀式が狩猟文化の中から生まれたものか、あるいは農耕文化の中からか、そしてまた、それらとは異なった必要から生まれたのか、今のところ明確な断言はできないけれど、生神としての「神使」殺しは行われていたのである。

この「神使」のことを「おこうさま」とよび、鎌倉時代あたりまで行われていたふしがうかがわれるのである。

民間では、ほぼ当然のこととして伝えられてきていたが、反倫理的なことでもあり、現在では、このことを伝える人もいないが、今井野菊さんは、明確に、こうした事実を肯定しているのである。

神に選ばれた者が、祭の日に殺されるということは、考えてみればショッキングなことではあるが、しかし、そのことは諏訪で行われていた神事が、とほうもない古い時代からの慣習を密かに保ちつづけてきたということでもあるような気がする。

この事実については、既に藤森栄一さんも気付いており、「銅鐸」の中でふれているのだが、藤森さんも、はじめは半信半疑であったようだ。しかし、古文献を調べてゆくうちに、どうしても肯定せざるをえなくなってゆくのである。

まず、『画詞』の記述のうちに、妙ちきりんな一条があった。

神使出発に際して、一度乗馬した神使を馬の向う側につき堕している。

そのときは、わからないままにほおってしまったが、これは何を意味するか。

そのつもりで読むと、まだ一杯ある。

江戸中期の『歳中神事祭礼当例勤方之次第』によれば、擬祝が御杖を飾り、ついで副祝が神使を藤で縛るという一事がある。

これはいったい何だ。また、『信府統記』五の場合はもっとひどい。

『前宮の内に入れて七日間通夜をさせ、祭日にはだしで葛をもって搦め、馬に乗せ、前宮の馬場を引きまわし、打擲（ちょうちゃく）の躰をなす。』

宮地博士の伝聞（「諏訪神社の研究」）には、まだひどいのがある。『百日の行をさせた上で、藤蔓で後手に縛って馬に乗せる。藤蔓の痕が容易に消えないので三年のうちに命を失なってしまう。また、乗馬出発にさいして、神人が棒で地面を敲《たた》き、馬をおどして暴走させた』等々、神使虐待の話はきりがない。

（『銅鐸』一五六ページ）

いわば、文献的にも「神使」（おこうさま）虐殺は充分予測されることなのである。このへんの話を野菊さんに語ってもらえば次のようになる。

御頭祭の中心は、なんといっても、神さまへの使者『神使』（おこうさま）が、前宮に現われる時ですね。周囲には、大祝をはじめ、国司、地頭、氏子などたくさんの人々が集まり、神長官守矢氏が、『神使』にうやうやしく『みつえ』を捧げるのです。

この『みつえ』に、神長は、『第一のおたから』である、佐奈伎の鈴（鉄鐸）を、自らの首から外してかけ、周囲に集まっている人々に『八拍手』の礼をさせるのです。

そして、この『みつえ』を『神使』の背中に負わせ、藤白波というものを肩からかけ

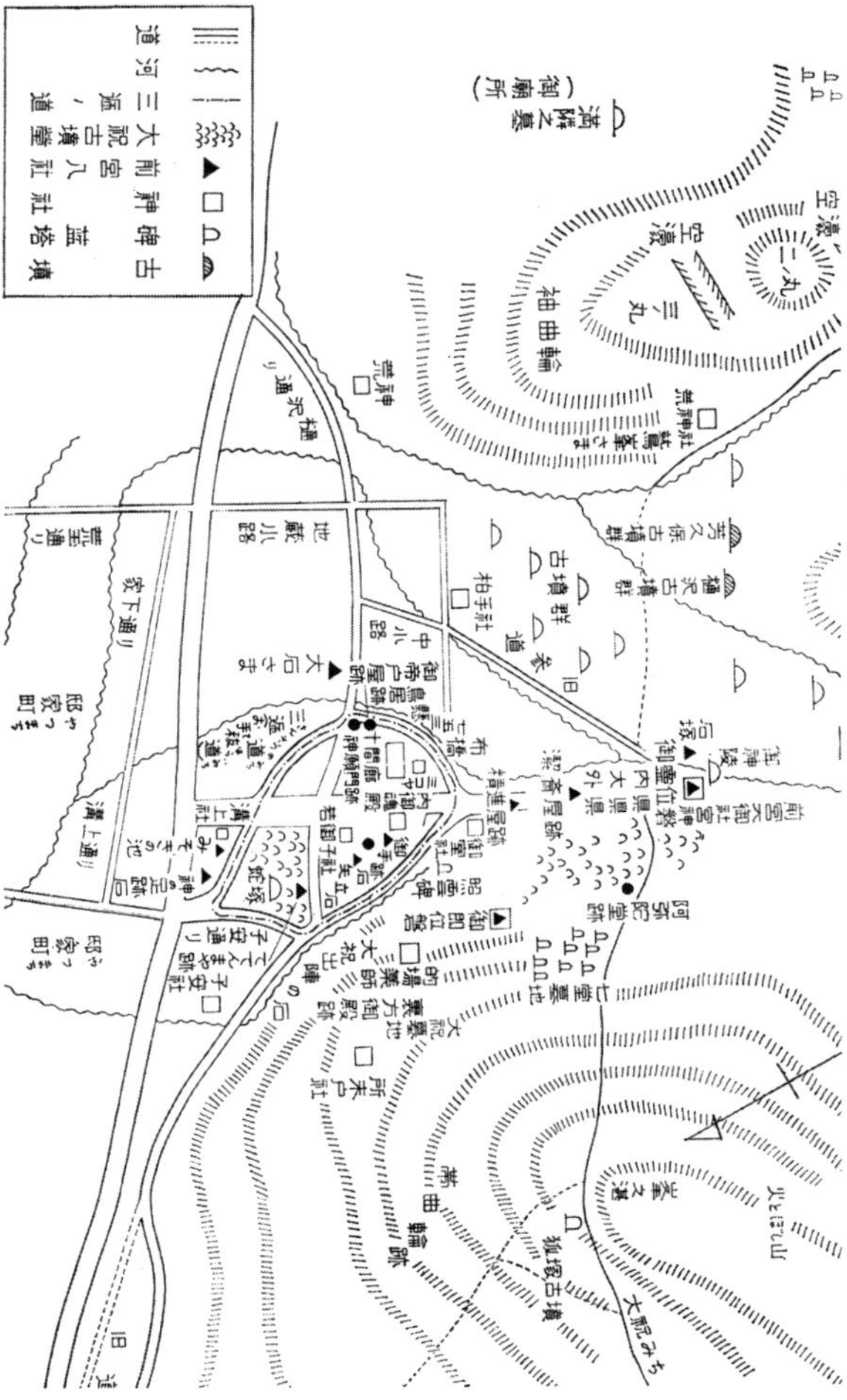

前宮の全体図（今井野菊さん作成）

させるのです。童児である『神使』は、白衣の背に『みつえ』を負い、こうして馬に乗せられるのですね。白衣の子どもの顔は赤く上気し、神々しく見えたでしょうね。『神使』へ、『かたかしわ』の盃を受けさせると、いよいよ、『神使』（おこうさま）を先頭にした三そうめぐりがはじまるのですが、この頃には、あたりは暗くなり、七十五頭の鹿の頭がそなえられた十間廊や、人々が集まり食事や酒盛りをしている内御魂殿、中部屋御殿などの軒には、いっせいに吊り燈籠がともされ、かがり火がたかれ、松明のあかりが風にゆれ、雰囲気は、いやが上にも盛りあがってゆきます。

この中を、乗馬の童児『おこうさま』を先頭にした一隊が、御帝戸屋《みかどや》前に集合し、雅楽が、激しく鳴りはじめる頃、いっせいにときの声をあげて、三そうの道を左まわりに走りはじめるのです。

『神使』を拝む氏子たちの間を、馬上の『おこうさま』は、ときの声をあげて走る人々と共に三周し、夜祭は、最高潮に達するのです。

この祭典のまっただ中に、『神使』（おこうさま）は、神に召されてゆくというのですね。

当時の妖しいまでにめくるめく御頭祭のクライマックスが、まるで夢の中のできごとのように、ぼくの内にも興奮の渦を引き起し、なだれ込んでくるのだが、恐怖と、恍惚とで、

大祝の前に供される鹿頭（『諏訪史　第二巻　後編』より）

おこうさまも夢のような状態の中で殺されていったのではなかろうか、と思われる。神は、まぎれもなく殺されたのである。「いけにえ」とも、「人柱」とも語り伝えられてきた、神との交信の事実が、そして、祭の原型が、このような形で諏訪には残っていたのである。

あるいは、当時、つまり原始狩猟文化――原始農耕文化の時代には、こうしたことは一般的なことであったのかもしれない。

この御頭祭に、十間廊に捧げられる七十五頭の鹿の中に、必ず一頭だけは耳裂鹿が混っていることを文献の中でよく見るのだが、このことで思い出すのは、民俗学者、柳田国男氏の「一つ目小僧」に関する推論である。

ずっと昔の大昔には、祭の度ごとに、一人づつの神主を殺す風習があって、その用に宛てらるべき神主は前年度の祭の時から、籤または神託によって定まっており、これを常の人と弁別せしむるために、片目だけ傷つけておいたのではないか。

（「一つ目小僧その他」全集、第五巻）

ゾッとするような仮説だが、柳田氏は、確証があるといい切っているのである。一つ目小僧というのは、そうすると実在したことになり、目を傷つけられた神への使いの童児ということになるのである。

前宮で行われていた、この御頭祭について、柳田国男氏が知っていたかどうかはわからないが、この論をあてはめてゆけば、かなりピッタリと重なってゆくのである。野菊さんの話をつづけよう。

神長さんのお屋敷には、おこう屋敷というのがあって、そこにおこうさまは入れられましてね、えぼしをつけた人が三度三度、食事を運んだといいますよ。この間に、神事のやり方を、神長が、直接教えたものでしょうね。その時使ったという、おこうさまの膳椀というのが、神長さんのお屋敷には今でも残っていますよ。古くは、おこうさまは、三人とも二人ともいわれますがね、後には一人になり、ずっと後になると、乞食の子をひろってきて、おこうさまにしたてたとも聞いていますよ。

殺される王の話は、J・フレイザーによって知られているが、日本では、これが確認できる唯一のものなのではなかろうか。

5　地母神の生棲する村

今井野菊さんを囲んでの合宿の五日目、会場を糸萱の湯田坂さんのお宅に移して、一日学習したことがあった。

この日も、小雨がちらついていたのだが、野菊さんは、湯田坂さんには寒天のおみやげを、そして、ぼくらにはダンゴのおみやげをかかえてやってきてくれた。

その前日、ぼくらは、前宮で行われていた「御室神事」について討論をしていて、特にその中の、「御左口神（ミシャグチ）」と「そそう神」の関係についてかなりつっこんでいたのだった。その結果、御室の中で、生殖の儀式が行われていたかもしれないという話になり、そうだとすると、「そそう神」とは女性神ではないか、ということになってきていたのであった。

そのあたりをハッキリさせるため、その日は、宮地直一博士の『諏訪史（Ⅱ）』をテキストにして、「御室神事」を徹底して洗ってみようということになったのであった。

「御室神事」とは、いうまでもなく農耕の神事で、十二月の二十三日からはじまり、翌年の三月まで、じっと地の底に隠れ、春に種をまくための準備をする期間の神事なのである。この神事の中に、男神、女神のマグアイの儀式があるにちがいないというのが、ぼくたちの仮説であった。

その時の討論では決定的な結論は出てこなかったけれど、御室の中から、神体としての「蛇」を引き出す儀式があることなどから、「諏訪明神」の御神体が「竜神」であるという説についての話や、ミシャグチは、石棒であるという事実をどう考えるかなど、話は広がり、そして、生殖と出産ということに対して、古代人が抱いていたであろう驚きと恐れの事に話は進んでいったのであった。

そして、この討論の中で、ぼくは、狩猟と農耕とが、現在考えるような形でクッキリと分かれてはいなかったのではないかと考えるようになっていた。もちろん、建御名方命の進駐によって、諏訪の地に急速に稲作の技術が広がったことは事実だし、それを先住洩矢族が受け入れたのも事実だと思う。

しかし、それよりも以前に、つまり狩猟と並行するような形で、原始農耕は既にはじまっていたのではなかろうかとぼくには思われてきたのである。

それは、たとえば野焼神事などに見られるように、焼畑陸耕の可能性である。

あるいはまた、クルミ、ドングリ、クリ、トチ、シイなどの木の実の採集からはじまって、植物栽培の生活が、はじまっていたのかもしれないということである。

このことを、ぼくは後に、藤森栄一さんの『縄文農耕』（学生社）を読んで確信を持つようになったし、諏訪考古学研究所で、河西清光さんや、宮坂光昭さんの話を聞きながら、縄文中期以降、土器類が極端に少なくなったのは、土器から「木器」（つまり、木を使った器）に変ったからではないかという話から、古代人の植物への関心を予想することができるようになったのであった。

そして、この原始狩猟文化と、原始農耕文化の要になるのは、生殖と生産ということではないかと思ったのだ。

動物がたくさん山野に生棲するということは、それだけ古代人の生活を豊かにするということだし、木の実や植物が繁茂するということは、豊かな生活を保障するということである。その豊かさを生みだすのは、文字通り「生みだす力」そのものなのである。

つまり、それは、人間の「いのち」を生みだす女性の神秘なる「力」と重なっていたはずなのである。

日本で発見された旧石器末期の小礫には、石片で刻んだらしい女性像が刻まれていたということだが、縄文期にも土偶は発見され、それらは「顔などは胴からの小突起にすぎないのに、乳房と下腹部の膨満だけは、いちじるしく意識されている。……共通な特徴は、乳房・下腹部に表現の中心をおいた女性妊娠像」（『縄文農耕』九二ページ）ということになっている。

これは、いわば早くから、人々の関心は、この妊娠し、出産する女性への関心、その神秘なる力への畏敬というものがあった証左だと思われるのだ。

そして、もう一つ重要なことは、その縄文時代に発見される妊娠した女神像は、体の一部を故意に欠損させてあり、いわば殺されているという感じなのである。

いわば、殺された産神ということであろう。とすれば、これは民俗学でいう「地母神」の信仰のことである。

「古事記」の中でオオゲツヒメとして描かれている農耕創始の、女神の虐殺された死体の穴から、五穀・食品の産まれてくる、あの場面と重なってくるのである。

ここまでくると、地母神と、蛇との関係までは、もう一息である。

死体から新しい生命がうまれてくるという思惟は、生きとせ生きるものの直感といっていいだろう。精霊である。一つの精霊は人に食われ、犬を養い、蛆がわき、蠅が生まれる。生命の輪廻はいく代となく彼らの目前でくりかえしていた。

冬、あらゆる精霊が死に、春にともにあらたまの命となって甦ってくる。縄文中期の造形の中で頻繁に出てくる写実は蛇で、それもほとんどは鎌首をきりっともたげ、三角の頭のつけねまで口のさけた、とびかからんばかりのマムシである。……マムシは春、土の中から忽然として現れる。すなわち新霊である。……マムシが生れるとき、母マムシはもがき苦しみ、胎生の仔マムシは丸々と肥って、母の腹を食い破って出てくる。原始の植物嗜食民たる縄文中期人が、そうしたものに地母なる神の具現を感じたことは、当然すぎるほど当然である。

（『縄文農耕』九八ページ）

ここまできた時、ぼくは、狩猟、農耕どちらもあわせて、その底に、この地母神信仰の流れを感じてしまうのだけれど、これは、縄文人の「生殖神」への純粋な信仰と重なってくるのである。

これは、ミシャグチの神体が、石棒であると仮定した場合でも、ハッキリいえるような気がするし、巨木であってもいえるような気がする。

そして、改めて、ミシャグチ祭政体と、地母神信仰とのつながりを、ぼくなりに追ってみたいという思いにかられるのである。

これは、原始狩猟と、原始農耕をいとなみながら、巨岩、巨木に天降る自然神を神としてまつり、一つの集団をなしていた洩矢民族の精神への回帰であり、その後、さまざまの民族によって重層しながら、なおかつ、その初期の文化形態を残しつづけている、その意志を受け継ぐということである。

諏訪神社の上社、下社ともに、特に本殿にあたる建物がなく、御神体とみられるものは巨岩あるいは神木だけなのである。

帰路、立ち寄った生島足島神社にいたっては、大地そのものが御神体なのである。

かつて、そこで、神降ろしをし、生活をしていた土地そのものが、神社の御神体であるということは愉快なことである。

今、ぼくらが回帰すべきなのは、この自然そのもの、大地であり、樹木であり、空気であり、川であり、岩、山そのものなのである。それらの自然存在と、人間もまた切り離された存在ではないということをハッキリ認識するということなのである。

原初に存在した、こうした信仰と、自然神（地母神）との交流から上昇し、呪術者が権力を握り、祭、政を分離し、支配者となってしまった構造は、この洩矢民族のミシャグチ信仰が滅ぼされていった過程の中に、まざまざと示されているような気がする。

一週間にわたる今井野菊さんとの話しあいの中で、ぼくの感じとったのは、この自然神、地母神としてのミシャグチ神信仰が抹殺されたところからはじまった、現人神信仰、権力的発想が、現在までつづいており、そうした画一化と、「生殖」「出産」という「いのち」を粗末にする思想の慢延ということであった。

もともと、ぼくには学問的な素質もないし、民俗学や考古学の専門家でもないけれど、ミシャグチ神信仰と、それを支えた洩矢民族の部族連合という文化は、ゆがんだ形のまま進行しつづけている現代の歴史を、原初の姿に引き戻し、蘇生させる基点になるだろうという気がするのである。その意味で、この一週間は、実に貴重であった。長いと思っていた一週間も、たってしまえば、思いの外短い。

野菊さんのお宅での最後の日、野菊さんのたててくれたお茶を飲んでいると、未整理のまま浮かびあがってきた、さまざまの問題が頭の中にいっぱいになって、これから先、それらを一つ一つ整理してゆかねばならない困難さばかりが思われる

諏訪の御柱祭

のだった。

最も早く、ミシャグチ神信仰が持つ重要さに気づいていた田中さんは、合宿中に、頭痛を覚えてしまい、「苦しい、苦しい」といっていたけれど、これなども、早く謎を解いてくれという、洩矢神、千鹿頭神、天白神などの請求なのかもしれない。

「みなさん、筆と墨を用意しましたよ。一つ記念に寄せ書きをしてくださいな」

この日、野菊さんは、肩をすくめながら、そういって、一枚の色紙をとり出した。

筆で文字など書くことは苦手の三人だったのだが、何かしら、野菊さんの気迫に押されて、筆を握った。もう、二度とこのような機会はめぐってこないかもしれない。

しかし、まぎれもなく、この一週間は存在したのだ。再び緊張が五体を走る。

洩矢の祭政について、
今井野菊さんより、六日間こもりて、
教えを乞う。
　田中基、野本三吉、北村皆雄
昭和四十九年七月二十日

こうして、一週間目の午後、ぼくらは、あの慣れ親しんだ、「地紙世」の黒ぬりのクグリ戸を後にしたのであった。

感慨無量であった。

今井野菊さんは、全く見も知らぬ、ぼくら三人に対し、それこそ全精力をそそぎこんで、今まで野菊さんが知りえたこと、疑問に思っていることを投げ出してくれたのである。

もしも、歴史なり学問なりが、次々と新しい世代に受けわたされてゆくものであるのなら、こういうものなのではないか、とぼくは思った。

藤森栄一さんといい、伊藤富雄さんといい、この今井野菊さんといい、諏訪には何と素晴らしい人々がいるのであろうか。

このことは、あるいは、洩矢の血が、現在までれんめんとしてつづいている、ということなのかもしれない。

諏訪人気質は単調で、世辞は言わず、言語はあらけずりであって、負けずぎらい、人にはなかなか屈しない。

一つの仕事に協力するまでにはあらゆる角度からさんざん理屈を並べるが、一旦了解すれば、今までさんざん言った理屈などすっかり捨てて、協力し、単純に進む。

であるから単純に人を信じ、善意の限りをつくし利用されるだけ利用されて後足で砂をかけられる――という失敗をする。

宮川っ子は、人を平等に見るから、ときには人を馬鹿にしているようにも見られるきらいがあるが、これは、全くの平等観念からであって、結果としては、人を怖れぬ善さであり、又失敗を招く原因ともなっている。

（「宮川きっぷ」今井野菊）

なぜか、諏訪の人々の、こうした気風にぼくは惹かれる。そして、ぼくもまた、同じように歴史を掘りおこし、一般化し、押しつけられた歴史ではなく、汗を流して労働し、山野を走り廻っていた原日本人の姿をよみがえらせる仕事をしたいと願っている。

6　洩矢民族の蘇生

茅野での一週間から数ヶ月がたち、その間、ぼくらは何回か会い、そして討論をくり返してきた。けれども、そのたびに疑問は積み重なるばかりであった。

三人ともに、日常の生活は忙しい。

田中さんは「どるめん」の編集に追われ、北村さんは、テレビの取材でとび廻らねばならず、ぼくは、横浜の日雇労働者の街で生活相談にあけくれていた。

しかし、そうした合間をぬっての討論で、それらの疑問を解くためには、もう一度、今井野菊さんを訪ねようということになり、十月の初旬に、諏訪に出掛けたのであった。

相変わらず、頭の鈍痛のとれないという田中さんも、野菊さんと話していると、頭の中がスッキリしてくるといってハリキッていたし、ぼくも久しぶりで気合が入った。

その時、野菊さんは、神長官守矢氏の、第七十八代目に当たる守矢早苗さんが、ぼくらの合宿が終ってすぐあとに、守矢邸に戻ってきて、野菊さんと一緒に祈禱殿の御神体を見たのだという話をしてくれた。

守矢家の家系は、第七十七代目の守矢真幸さんが亡くなられて、奥さんと四人の娘さんしか残っておらず、そのうち三人の娘さんは既に嫁いで、家系を継ぐべき人は、末娘の守矢早苗さんしかいないのである。

一時期の巨大な勢力から比べれば、現在では、歴史の風化の中で、まさに消えようとしている小さな灯だけれど、これまで追ってきたように、ミシャグチ神信仰の中心として、守矢屋敷は、祭政体の御頭であったのである。野菊さんは、久しぶりに会った早苗さんと、守矢家の系譜について、またミシャグチ神についても話したという。

それまで、どちらかといえば、早苗さんはそうした家系を重い足枷のように感じていたのだということだけれど、さまざまの不幸、苦しみの中をかいくぐって、再び、守矢という家系、民族の血脈のようなものを感じて諏訪に回帰しようとしている、ということであった。

現在、守矢家にある古代文献の全ては、守矢早苗さんの名義になっているのである。

今、この人が、この洩（守）矢の問題にたちむかわなければ、永遠に洩矢民族の精神は消えてしまうかもしれないのである。

八月三十一日付の野菊さんあての手紙の中で、守矢早苗さんは、次のように書いている。

非常に楽しく、しかも有意義なお話をお聞きし、幸せをかみしめております。家というものについて、まだ無知な私にとっては、先生のお話の一つ一つが新鮮に感じられ、ぐいぐいと惹きつけられてしまいました。

一挙に、土着の洩矢民族への関心は、現代に結びつけられたのだ。

守矢早苗さんは、東京で小学校の教師をしており、しかも特殊学級を受け持っているということが、その時、野菊さんの話でわかることになったのだが、血がさわぐということでいえば、ぼくらが追っているテーマで、この人ほど直接的にぶつかりあう人はいないのである。

ぼくらは、東京に戻って、すぐ野菊さんに教えてもらった電話をたよりに、守矢早苗さんと連絡をとることになった。

次々と、めまぐるしく進んでいってしまう事実の後を、ぼくは夢中で追いかけている感じなのだが、しかし、一切はとどめようもなく走りつづけてゆくのだ。

十月十日の夜、ぼくらは、はじめて新宿のプリンスという喫茶店で守矢早苗さんと会った。切れ長の目をした早苗さんは、ぼくらとほぼ同世代の昭和二十年生まれであった。情熱を内に秘めた深い輝きを、ぼくは受けとめることができた。

たしかに、何かがはじまるのである。いや、既にはじまっているといってよいのだろう。考古学も民俗学も、そして人類学もみな、過去の事実を並べたり発掘したりするだけでは意味はない。なによりも、生きているぼくら自身とのつながりの中で発見され、その意味を見出されてゆくものなのである。

そうした意味からいえば、今、ミシャグチ祭政体、地母神信仰への探求は、まさにはじまったばかりということになるのである。

守矢早苗さんは今、静かに、そして除々に世襲という家系そのものの重荷としてではなく、自己史を解く作業として、洩矢民族史へと、その関心をむけはじめているのである。ぼくは、こうした状況の中で、たとえ小さな動きであろうと、ミシャグチ祭政体の真髄を表に現わすことは、大きな意味を持つだろうと確信している。

目には見ることができなくとも、もっと奥深いところでつながってくる血脈の流れをぼくは知っているし、深層に沈み滅ぼされてしまった者たちの魂が、必ず浮上してくる日を信じているのである。

そうであればこそ、今、ミシャグチ祭政体に血のさわぐ仲間たちよ、自然神を愛する同志たちよ、一緒に歩きはじめようではないか。部族連合体と地母神としての「いのち」、すべての「いのち」を愛する人間たちよ、ミシャグチ祭政体と、洩矢民族の実像を復元することによって、現代に原初の生命体の活力をとり戻そうとする仲間たちよ、この小さな探求に加わってほしい。

十月二十日。諏訪の教念寺で、藤森栄一さんの一周忌の法要がしめやかに行われていた。ぼくは、新しい生命を宿した妻と一緒に、藤森さんの墓前に花をそえながら、次々と受けわたされている「生」の「証」の重さをしみじみと感じ、そうした一滴にぼくもなるのだと誓ったのであった。

「ミシャグジ祭政体」考

——今井野菊さんへ——

北村皆雄

1　石と木——信仰の原基

日本の古代信仰を考える上に、興味深い話が「古事記」にのっている。

ニニギの命が、木《こ》の花《はな》の咲《さ》くや姫《ひめ》を娶るとき、父オホヤマツミの神は大変嬉んで、姉の石長《いわなが》姫をそえて奉った。しかし、命は姉石長姫の醜さに恐れて、送り返してしまったのである。そこでオホヤマツミの神は、二人を並べて奉った理由について次のように述べている。

「石長比賣を使はしては、天つ神の御子の命《みいのち》は、雪零《ふ》り風吹くとも、恒に石《いは》の如く、常磐《ときは》に堅磐《かきは》に動きなくましまさむ。また木《こ》の花《はな》の佐久夜毘賣《さくやひめ》を使はしては、木の花の栄ゆるがごと栄えまさむと、誓《うけ》ひて貢進《たてまつ》りき」

尖石（『諏訪史　第二巻　前編』より）

石長姫をお使いになると、天の神の御子《みこ》の寿命は雪が降り風が吹いても永久に石のように変らず、また木の花の咲くや姫をお使いになれば、木の花の栄えるように栄えるであろうと、誓言をたてて奉ったというのである。

ここに私たちは、古代人の〈石〉と〈木〉に対する観念をうかがい知ることができるのである。

古代人は、石のもつ〈恒久性〉と〈堅固さ〉から石信仰を、また木のもつ強靭な〈再生力〉と〈生命力〉、たとえ花の如く、また落葉樹のように一度枯れ果てても、再び蘇生するもの、常に青々と生命力を保っている常緑樹などへの畏敬から、樹木信仰をはぐくませたのではないだろうか。

古代の諏訪の信仰も、〈石〉と〈木〉の崇拝でいろどられている。

八ヶ岳西麓の裾野に花開いた、縄文中期の遺跡地にある〈尖石〉は、今でも人々の信仰をあつめているといわれる。そのすぐ前からは、古代人の祭礼にかかわりがあるとみられる土偶や奇妙な土器が出ており、大地に根を深くおろしたような姿で、地表に尖った姿をみせている尖石そのものと、深い関係があったのではないかとみられている。諏訪地方には、有名な〈御座石《ございし》〉〈児玉石《こだまいし》〉と呼ばれる石などもあり、古くから崇拝の対象となっていたのである。

古来より本殿をもたないことで有名な、諏訪神社上社本宮の神聖区域にも〈硯石《すずりいし》〉といわれる自然の巨石がある。私は寒い冬の日、社殿の板壁をよじのぼり、わずかばかりあいている透き間からのぞいてみた。

大明神は岩の御座所に降りたもふ
　降りたもふ

その時私は「諏訪大明神神楽歌」の一節を思い浮べた。おそらくその歌は、石の御座に神が降り給う観念を示唆しているのであろう。今は、そのあとかたをわずかに留めているにすぎないが、諏訪神社上社本宮よりさらに古い前宮にも、石の御座〈御霊位磐《ごれいいわ》〉があった。

今はその上に拝殿がたてられ、その姿すらみることができないが、この磐座に神霊が天降り憑き給うたと考えたのであった。しかし大場磐雄氏も述べる如く、古代の諏訪をみるかぎり、石そのものが神として崇拝の対象となる場合と、神霊の宿り給うが故に崇拝されるものとの区分けを定かにすることができない。二つの観念は重なり溶けあって〈石信仰〉をはぐくんでいるのである。

〈樹木崇拝〉については、「上社物忌令」に名を留めている〈七木湛《たたえ》〉の信仰がある。

一、サクラタタイノ木
一、真弓タタイノ木
一、峰タタイノ木
一、ヒクサタタイノ木
一、トチノ木タタイノ木
一、柳タタイノ木
一、神殿松木タタイノ木

〈タタイ〉は、湛の字をあてているが、折口信夫はこれについて鋭い考察をしている。
「此等の七木は、桜なり、柳なりの神たたり木と言ふ儀が忘れられたものである。大空よ

り天降《アモ》る神が、目的《メド》を定めた木に憑りゐるのが、たたるである。即ち示現して居られるのである」（幣束から旗さし物へ）

折口信夫は、「向ひの山に月たたり見ゆ」という万葉集の例をあげて、たたりの言葉に〈出現〉の意味があったことを述べている。

神明の笠楮の松は本茂《もとしげ》る　本茂る
梢《うら》搔《か》き分けて　現形《げぎょう》召される

と諏訪の神楽歌にあるのは、そそりたつ老松の梢を伝って、神々の現われることを示しているのである。

柳田国男は、松や柳の木について、その枝ぶりが神の降りる梯子のイメージにかなっていたのではないか、ということを述べたこともある。古代人が想像して、神の降りるのにふさわしい木、ふさわしくない木があったのだろう。

神社の神木として、天にそびえたつケヤキの大木をよくみかけるが、この木などはふさわしいものの一つであったのだろう。ケヤキの古名を、〈ツキ〉というのは、もしかしたら〈憑《つ》き〉の意味からきているのではないかと私は想像している。

七木湛の一つ峰湛木（『諏訪史　第二巻　前編』より）

七木湛の一つヒクサタタイの木は、檜（ひのき）だといわれている。檜は火の木の意味から出たものである。神事に使う火は、檜でつくった火きり杵《きね》と火きり臼《うす》で錐《きり》をもむように摩擦させ、そこから火をとりだす。古代人は〈火の信仰〉から、特別な心をこめてこの木を称えたことが推察される。

さて、〈石〉と〈木〉の二つがどのようにからみあい、古代信仰としていきづいていたのか興味深い問題である。それを解き明かすのに、一つの示唆を与えてくれるのは、諏訪神社上社前宮にある〈鶏冠《けいかん》大明神〉である。ここは、諏訪神社古代の象徴ともいうべき現人神〈大祝《おおほうり》〉の即位式をおこなう所である。

明神の「我ニ於テ體ナシ祝ヲ以テ體トス」（諏訪大明神繪詞）という神勅から、童子をもって現人神とする重要な神事は、代々ここでおこなわれていたのである。

建武二年（一三三五）、大祝頼継の「職位事書」に、神殿西ニ柊木有、鶏冠大明神ト申、其木本ニ石有…………

とある。鶏冠大明神は、別名〈柊《ひいらぎ》の宮〉とか〈楓《かえで》の宮〉〈めかつらの社〉ともいわれ、神依木の栄枯盛衰によって呼び方も変遷してきたのであろう。

郷土史家の今井野菊さんによると、ここでの即位式の次第はおおよそ次のようであったろうといわれる。

まず、柊の木の下にある末広形の平らな石の上に、〈からむしろ〉あるいは〈葦《あし》〉を敷き、その周囲を簀《す》の垣で巡らす。即位石の前には、三個の金壺石（鉄漿《おはぐろ》石）があり平常は厳重に注連縄《しめなわ》が張られていた。

即位は、雅楽吹奏のなかを白衣の童子が登場し、葦（萱筵《かやむしろ》）のひかれた石の上で鉄漿・紅・白粉・眉ずみをもって化粧し、振り分け髪を冠下に結い上げ、穀《かじ》の葉散らしの錦織の袴を着け、山鳩色の束帯を整え加冠され、呪印を結び四方を拝すことによって現人神〈大祝〉となるという。

大きな〈木〉の下の〈石〉の上の儀礼によって、「我が身はすでに大明神の御正体と罷《まかり》成《な》り候いぬ。清器《きよつき》申し給りて定《さだか》なり。今よりして不浄なることあるべからず」（内御魂殿《うちみたまでん》の祝詞）と自ら語る現人神となることは、すこぶる興味深い示唆を与えてくれるのである。

宮地直一博士は、柊の木を〈勧請木〉、石を〈降臨石〉とされており、至当の解釈のように思われる。日本の古代信仰を多く留めている沖縄でも、御嶽《うたき》と呼ばれる神域には、ぬきんでた大きな古木がたち、その下に石がおかれている。〈木〉を伝って天降る神霊が〈石〉に宿り給うという古代観念は、山国諏訪も、海の彼方の南島においても共通しているようである。

〈石〉と〈木〉は、日本の古代信仰の原基でもあったといえるであろう。

2　先人たちのとらえたミシャグジ

さて私はようやく古代信仰〈ミシャグジ〉について語るところまでたどりついた。〈ミシャグジ〉とは何かという設問への答を、一筋縄で解き明かすことは困難である。あまりに遠い昔に遡ることのできる〈ミシャグジ〉信仰は、その後の長い時代の経過のなかで、その時々の人々の欲求を受け入れて、いくつかの信仰を複合させている。時代時代の衣装をまとい、また離したりして今日まで受け継がれてきているのである。

〈ミシャグジ〉は今では、子孫繁栄の神々、子供の守護神、安産や子授け、さらには入学成就の神になり、村の産土神、氏族の社殿として祀られているものが多いという。信仰とは、本来そういうものであろう。由来や祖型もわからぬまま、時代の必要をやさしく受け入れて、変遷していくのである。

しかし、それにもかかわらず〈ミシャグジ〉の元の姿は何だったのかと、祖型へのやみがたい追求に熱情を注ぐ幾多の人々がいるのである。私はまず、その人々の歩みを辿ることから始めようと思う。

柳田国男は、明治四十二年〈ミシャグジ〉にいちはやく注目して、山中笑との往復書簡を『石神問答』という一冊の本に著わした。昭和九年「地名と歴史」のなかで次のように述べている。

　東にしか無いのは社宮司《しゃぐじ》という神である。是に就いては二十年余りも前に、私は小さな本を一冊書いて居る。それから後に判ったことは、信州の諏訪が根元で、今は衰へてしまった土地の神の信仰では無いかということである。

柳田国男は昭和十六年『石神問答』の再刊の序でさらに次のように記した。

又あれから信州諏訪社の御左口神のことが少しづつ判って来て、是は木の神であったことが先づ明かになり、もう此部分だけは決定したと言ひ得る。しかもどういふわけで社宮司《しゃぐじ》・社護神《しゃごじ》・遮軍神《しゃぐんじん》などという様な変った神の名が、弘く中部地方とその隣接地とだけに行はれて居るのか、諏訪が根源かという推測は仮に当って居るにしても、其信仰だけが分離して各地に分布して居る理由に至つては、三十年後の今日もまだ少しも釋くことができないのである。

〈ミシャグジ〉の研究は、今出発点に立ったばかりなのである。解き明かせない問題点が山積している。柳田国男が口火を切った問題点は、ぽっかり口を開いたまま埋めることもできず、今日にいたっているのである。

〈ミシャグジ〉については、〈御作神〉〈御左口神〉〈御社口神〉〈御社宮神〉〈御社宮司〉〈御射軍神〉〈御佐口神〉〈佐久知〉〈赤口〉〈御佐軍神〉など、二十数年をかけて調査をされた今井野菊さんの報告書には、二百余種類の宛字があることが記されている。

呼び方も〈ミシャグジ〉の敬称の〈ミ〉が〈オ〉、〈シャ〉が〈サ〉、〈グ〉が〈ク〉あるいは〈コ〉〈ゴ〉と複雑にからみあって変化し呼ばれている。もとより私の使用する〈ミシャグジ〉の呼び方も、その一つにすぎないのである。

今井野菊さんは実地踏査されて、全国に二三〇〇に届く数の〈ミシャグジ〉を記録されている。まだまだ調査の進みによっては増えることになろう。しかし、文字通り半生をかけた今井野菊さんの調査により、おおよそのことがわかってきた。

ミシャグジ（カヤの木）

諏訪を中心とした長野・愛知・静岡・岐阜・山梨と中部地方が最も多い。驚くべきことに、滋賀県・三重県にもかなりの数で分布している。群馬・神奈川・埼玉にもわりあい多く分布している。しかし、長野よりも諏訪神社の分布が多い新潟には〈ミシャグジ〉をほとんどさがしあてることができないという。さらに、古代諏訪と神話的つながりをもつ出雲にも、その姿をみないといわれる。

今井野菊さんの報告によると、〈ミシャグジ〉の分布をたどってゆくと、古代祖先の古道、東海道・東山道とその枝道が浮びあがってくるという。その古道は、塩の道でもあり草分けの村と村をつないで〈ミシャグジ〉を残しているという。

さらに〈ミシャグジ〉のある場所は、日向で水の利用の古いと思われる水田地を伴っていたり、丘陵の古代牧の好適地であったりするといわれる。

「諏訪舊跡志」には〈ミシャグジ〉について、「此神は以前《ムカシ》村々検地縄入の時、先ず其祠を斎ひ縄を備へ置て、しばしありて其処より其縄を用《も》て打始て服収《マツロヒ》むとぞ、おほかたは其村々の鎮守大社の戌亥にあるべし、此は即石神也、これを呉音に石神《シャクジン》と唱へしより……」とある。

『石神問答』のなかで山中笑は、シャグジの神体が石故石神《シャクジン》であるとする意見に賛意を表したが、石神は後世の宛字だとする柳田国男の反論にあった。柳田国男は、その後『神道と民俗学』などで、御左口神という祠が、土地丈量の尺であって、それを埋めて神に祀ったという信仰が各地にあるのに着目し、御尺神、土地丈量の神とする考えに傾いてきたかのように思える。

〈ミシャグジ〉が土地の神（地主の神）であるという、柳田国男の早くからの意見には賛成できるが、土地丈量の神であると言い切るのには戸惑いを覚える。おそらくそれも、後から結びつけられた属性であり、本来的なものとして認めることは困難のように思う。

中山太郎は、昭和五年「御左口神考」を著わしたが、その中で嚙み酒を古くは〈みさく〉

または〈さくち〉といっていることから、酒神であるという説をたてられた。さらに彼は、御左口神の正体は、古くは雌鹿、孕《はら》み鹿であったことを述べている。

その理由を考察するに、一つは諏訪神社と鹿の因縁深い関係をあげ、さらに鹿の胎児を〈さご〉と称していたことをあげている。

しかるに酒神としての御左口神と鹿を結びつけるに中山太郎は、「鹿の胎児を造酒に用いる一種の呪術的作法が行はれていたのではあるまいかと思はれるのである」と推察している。

諏訪の生字引とまでいわれていた故伊藤富雄氏は、今井野菊さんへの私信で、鹿の胎児を造酒に用いる呪術的作法について聞いたこともないと否定されているように、どうも肯定しうるだけの説得力に欠けているように思う。

ただ中山太郎の論考で興味深いのは、早川孝太郎の報告、三河国北設楽郡振草村大字小林の二月初午におこなわれる種取りの神事で、鹿の腹に納める苞を鹿のサゴ（胎児）といっていることに着目したことである。

〈ミシャグジ〉を言葉の面から解くに、〈ミ〉は敬語であり〈ジ〉は神であるから取り除いてしまうと、問題になるのは〈シャグ〉あるいは〈シャク〉・〈サグ〉・〈サク〉・〈サゴ〉・〈シャゴ〉などである。

種取り神事の鹿のサゴ（胎児）とこれらと何らかの因縁をつけることができるかもしれない。〈ミシャグジ〉は農耕と浅からぬ結びつきをもっているが故になおさらである。〈サク〉・〈シャク〉について、地面を掘ること、鑿《さく》る意味の〈さくる〉〈しゃくる〉から解釈する今井野菊さんの意見もある。〈畑をさくる〉〈畑をしゃくる〉などと、今でも生きている言葉である。昔、大きな沼であったのを開いて田にした神が〈シャグジ〉であるという、長野・上松の〈ミシャグジ〉由来伝もあるという。岡谷市在住の郷土史家小口伊乙氏によると、土地を開くことを古人は〈さく〉といったといい、〈ミシャグジ〉の所在地は、田んぼと山裾の接触地で水田に接していることに注目している。

諏訪神社の古文書によると、〈ミシャクジ〉について古くは〈御作神〉（その後は御左口神、御社宮神）の字があてられているのは、土地の開拓と結びつけられた残影を留めているのであろうか。

3　豊穣神・ミシャグジ

しかしながら、〈ミシャグジ〉について書かれた古文書を詳細に検討し、また諏訪神社の主要な神事に現われた〈ミシャグジ〉の扱われ方をみると、さらに複雑な要素を含んでいるように思う。

①には、「ミシャグジ（御左口神）上申《あげもうす》」「ミシャグジ（御左口神）降申《おろしもうす》」というように、〈ミシャグジ〉を〈精霊〉として扱っていることである。

②には「第一の御体」「ミシャグジ（御左口神）二ケ所ニ御入」などと表現されるように、あるいは「ミシャグジ（御左口神）作リ立ツ」というように、〈物〉〈実体〉を表わしていることである。

①について述べよう。

〈精霊〉としてのミシャグジの性格を表わしている象徴的な神楽歌がある。

さんくうし（三宮神）の歌

一、いや（嗚呼の意）さんくうしは　気荒き神と
　　申せども
いや今は　気よくてかへりみをたふ

一、いやこうつち（場所の名・三宮神がある）は　昼《ひる》は岩屋に
夜は沢　いや木の葉のうへに
まず遊びして
一、かうつち聖《ひじり》　なつ（場所の名）のさんぐうし
たしから（場所の名）の
御座《ござ》のさんかつし（三宮神）　さんくうし
天《そら》のさんくうし　地のさんくうし
峯《み》のさんくうし　垣越《かきこし》のさんくうし
村のさんくうし
千世の御神楽まいらする
　　　　ほめきこしめせ
玉の賓殿《ほうでん》

これは、伊勢神宮の霜月神楽歌の一節であるが〈ミシャグジ〉の性質をよく捉えているように思う。

〈ミシャグジ〉を気荒き神とするのは、どこでもいわれることらしく、〈祟る神〉だとい

われて恐れられている地方もあるという。他の古文書にも、〈凶神〉という表現を使っているものもある。

岩屋にいる〈ミシャグジ〉、沢にいる〈ミシャグジ〉、木の葉の上にいるもの、さらには天の〈ミシャグジ〉、地の〈ミシャグジ〉、峰の〈ミシャグジ〉、村のそれと、〈ミシャグジ〉は精霊としていたる所に住み給うことを、この歌のなかで知ることができる。

「祈願ある者、成就の後は必ず何によらず樹木を携へ来り」と〈ミシャグジ〉について「江戸名所図会」は書き記しているが、さまざまのもの、いたる場所に住む精霊は、天にそびえたつ樹木をよりしろにして降りてくるのである。それはおそらく諏訪においても同じであった。

『諏訪史　二巻』の諏訪神社の研究で宮地直一は〈ミシャグジ〉について、「此の地方一円に拡がった土俗信仰として、湛の思想との間に不可離の関係の潜むことに注目するもので、委しくいへば、もともと湛によって崇拝された精霊が御左口神の発生的起源をなし、湛に祀る神即ち此神の原由に一致すると解したい。それは人間生活と直接の繋がりを保って、之を祀る者のために守護神としての性能を発揮し、日々夜々にかけて、彼等の生活を保証する恵の本主であると同時に、祟の根源とも信ぜられたのであろう」と述べている。〈ミシャグジ〉を祀る村の人々が、ことあるごとに〈ミシャグジ〉降ろしをするのは、〈恵

ミシャグジ（坂井村）

み〉の神でありまた〈崇り〉の精霊でもあるこの神への信仰からにほかならない。〈ミシャグジ〉の祀られている所には必ず古樹が茂り、その木の根元には祠があり、御神体として石棒が納められているというのが最も典型的な〈ミシャグジ〉のあり方であるという。ほとんどの〈ミシャグジ〉がそうであるというのが、今井野菊さんの実地踏査の結論である。そうすると〈ミシャグジ〉は、湛木を伝って降りてき、御神体である性的形状の〈石棒〉に宿ることになる。湛木は神の降りる勧請木、石棒は神の宿る降臨石であったのではないかと想像できる。

日本の古代信仰では、神霊の憑き給うものが神として崇拝されている例をいくつかもっている。〈ミシャグジ〉の御神体としての〈石棒〉もそうであったのではないか。石棒そのものを神として崇拝の対象とする観念と、精霊の宿り給うが故に崇拝する観念とが合体し、〈ミシャグジ〉という信仰ができあがったのではないだろうか。従って、精霊に対しても、私の分類した②のように、それの宿る〈もの〉〈実体〉に対しても、同じように〈ミシャグジ〉と称するのである。

宮地直一は、「精霊の崇拝が進んで漸く固定的形式を執るに至ったとともに、生活の最大要件たる土地に対する関係が重きをなすに至って、此神の性格も余程限定的になり、土地に即した霊格の一種として多分土の香を漂はすこととなったか、それでもなほ個々別々の存在をなすに止まって、国魂神の如き統一的霊格を完成するに及ばなかったのである。発達の第二次的階梯として、石棒崇拝の風と習合した期間は、即ち此に開始されたのであろう。而して此の土地神の属性は、一歩を進めて開発神ともなれば、丈量の神ともせらるるに至ったが、土地に即した根本観念に至っては、終始一貫して渝りなかったのである」と述べている。

〈ミシャグジ〉の大きな性格の一つは、土地の神で大地の匂いをもっている。農耕との結びつきがあるというのは、諸説の一致した見解である。三河の北設楽郡田峰の観音堂で旧一月十七・八日におこなわれる田の神を迎える祭りには、地主村神〈ミシャグジ〉への神願があり「石神《じゃくじん》の歌」が歌われるという。

石神の歌

ヤイヤア
しゃぐ神大ぼさん　只ならぬ神でまします
星の位にまします
酒盛や酒屋が　子供もろともに
囃しまする
さあらぬていであれにまします
オハイヤイヤ

夜の田楽には「堰《せき》さらい」「雇入」「田打ち」「代掻《しろか》き」「代ならし」「芽づら取り」「大足」「籾蒔《もみま》き」など農耕にちなんだ舞があり、さらに最後に「おしづめよなどう」の舞がおこなわれる。

「おしづめよなどう」とは、「お鎮米童《しずめよなどう》」つまり米の霊を押さえしずめて留まらせることをいう。その「おしづめよなどう」の神歌にもやはり〈ミシャグジ〉がでてくる。仏教的色彩を帯び、また意味不明の言葉もあるが、参考のために紹介しておこう。

おしづめよなどうの神歌

しゃぐじ村神　新八伽藍四遍法界
川のたはの地の神へ
一のかいはつふと祝うてまいらせ
猶も余らせ給う所をば　皆まいり（参り）うど（人）に
一のかいはつふと祝うてまいらせ

おそらく〈ミシャグジ〉は、土地の霊の生産の神をふるいたたせ鼓舞する性質を、初源においてもっていたのであろう。やがてそれが、時代の推移とともに〈お鎮《しずめ》〉の儀礼に転用されていったのではないか。

〈鎮《しずめ》〉が農耕儀礼の主要な地位に進出してゆく過程とパラレルに、〈ミシャグジ〉の性質も変化していったと思われるのである。

おそらく、その転位のはざまには、土地の神たちを支配していった新しい部族の進出があった。たとえば、信州新野地方の雪祭りでも、土地の神を崇るといって恐れているが、中世の熊谷一族の新たな侵入と無関係ではあるまい。被支配の地位におしやられた土地の神の祟りの〈鎮〉が、支配部族のなかで、生産儀礼と結びついていった原由を、その辺に求められるのではないだろうか。

4　地母神・石棒とミシャグジ

さて、ここでぜひ書きとめておかなければならないのは、〈ミシャグジ〉の御神体である石棒についてである。この石棒のほとんどは、縄文中期のものである。私のいくつか訪ねた〈ミシャグジ〉も石棒だけ祀ってあるもの、かつて巨大な石棒があったのにもち去られてしまったというもの、固く祠の扉を閉ざしているが明らかに石棒が御神体であると、地元の年よりなどが耳うちするものなどがほとんどであった。

縄文中期と〈ミシャグジ〉――

この二つには、何か有機的なつながりがあるのであろうか。それとも、〈ミシャグジ〉とその神体、石棒とは発生の起源を異にし、石棒は本来の神体ではなかったという、宮地直一の説があたっているのであろうか。

今にわかに断定をくだすことはできないが、縄文中期の石棒がどのような形態で存在し、またどのような祭祀的意味を担っていたのか、遥か四千五百年昔を旅することで、何らかの示唆が与えられるであろう。

今から十数年前、縄文中期の集落における石棒の祭祀的側面に注目し、「縄文中期における宗教的遺物の推移」という論文を発表した宮坂光昭氏の話では、石棒の存在は縄文中期以前にはどうしても遡れぬという。縄文中期にはなばなしい登場をみたその石棒は、時代を経るに従い形状・集落のなかの位置関係に中期前半・中葉・後半と移るに従い明らかな推移を示しているといわれる。

縄文中期前半では、形状の大きな石棒、巨大な石棒は、集落のある位置のほぼ真ん中の、共同の場とおぼしき所にあり、共同体の祭祀の対象として祀られていたのではないかと、類推できるという。中期中葉では、石棒は形を整え、それほど大きくないものに変わってくる。

中期後半になると、石棒は一軒一軒の家のなかにもちこまれてきていることが明らかだという。それも、住居の北側の角に立てられ、まわりに石をしきつめた石壇形のものがつくられているという。

集落の共同の場から特定の家屋へと推移したのは、祭祀権をもつものが特定の人・家に握られていったのであろうか。

それにしても、縄文中期の人々にとってその石棒は、どのような信仰の意味を担っていたのであろうか。

諏訪の湖東村山口に、長さ一尺五寸五分、巾六寸五分ほどの石皿が発見された。細長い石に窪みのつけられた縄文中期の石皿はよくみかけるが、この石皿が人々を一様に驚かせたのは、裏側に石棒（リンガ）がくっきりと浮彫されていたことであった。

どうして石皿の裏側に手数をかけて、わざわざ石棒を彫りこんだのか。石皿のある種のものは、すでに当時、Ｓｅｘとして見られていたのではないか。石棒はまさしく生殖器の形であり、当時ファリシズムが宗教的に存在していたのではないかと、考古学者の鳥居竜蔵は考えた。

その後の住居趾発掘には、石棒と石皿がつがいとなって出てくることがしばしばあった。ではその縄文の人々の性崇拝とは何だったのか。

狩猟の対象である動物の繁殖を願う類感呪術として意味をもっていたのであろうか。それとも、自らの種族の繁栄を祈ったのであろうか。

石棒を彫りこんだ石皿（『諏訪史　第一巻』より）

しかしその後、縄文中期の大きな集落が次々と発見されてくるに従い、これだけの人々が生きてゆくには狩猟だけでは不可能で、農耕の一種がおこなわれていたのではないかと、緻密な土器類の分析から出発して、藤森栄一らが縄文農耕論を展開した。縄文農耕といっても、原始陸耕的なもので植物栽培、人の手による管理栽培的なものを想定したようであったが、人々の猛反撃をくった。

しかし今日、縄文農耕論は有力な手がかりを得、実証されようとしている。諏訪の縄文中期の遺跡荒神山から〈アワかヒエ〉らしき栽培植物が発見されたのである。研究結果の報告がまだ出ていないがおそらくアワであろうといわれている。

栽培植物の未発見を、反論の根拠としていた人々の足場は揺らぎだしたのである。

縄文中期の文化構造遺跡のなかから掘り出された土器・石器類の用途から、どうしても農耕があったと考えなくては理解がつかないと語りながら亡くなられた、藤森栄一は、それみたことかと地のなかでホクソ笑んでいるにちがいない。

藤森栄一は、縄文中期を、地母神を奉戴した原初農耕の文化であり、生殖神・性崇拝を地から無限に生まれ伸び育つ、新しい霊と躰、地の母なる神の信仰として捉えている。

原初農耕にとって、大地が植物の発芽をうながすことは神秘であった。大地は、植物を一定の周期で生まれさせ、そして死なせていく。

農耕への依存度が高まれば高まるほど、人々は大地に対して不安の目差しをむけたのであろう。大地は植物に対して、再び生誕の機会を与えるのであろうか。土の中の発芽の闇に祈る気持がひとしお強く働いたのではなかろうか。

おそらく当時、人々は植物の発芽と生育が大地だけの力ではないということを知っていたにちがいない。尖石の遺跡で発見された太陽の絵、石に刻まれたその太陽も、空から大地を潤す雨、さらにありとあらゆる宇宙の事象が、大地とともに植物の生命をつかさどる霊力をもっているのだということを当時の人々は知っていたのであろう。

人々は、大地にあらゆる力を凝集しようとしたのではないか。

地面から直立する石棒、それに降りてきて宿る精霊、それによって大地が力を得て、新しい存在が生まれ出てくると信じていたのではないだろうか。母なる大地との聖なる婚姻が、その石棒のもつ隠された意味ではなかったかと私は思っている。

石棒

それが故に、石棒の信仰は水稲農耕になった以後も、人々の手で受け継がれていくのである。

〈ミシャグジ〉もそういう系譜のなかで捉えた方が自然である。

〈ミシャグジ〉とその神体石棒とは発生の起源を異にし、石棒は本来の神体ではなかったとする宮地直一の意見に、私は縄文中期の石棒のなかに、その信仰的胚珠をもっていたと捉えている。

5　古部族のミシャグジ祭政体

〈ミシャグジ〉信仰と深いつながりをもっているのは、諏訪の先住部族の洩矢《もれや》（守矢）族である。伝説によると洩矢族は、大国主神の二男である建御名方神（諏訪明神）の諏訪侵入の時戦ったとされている。室町時代（一三五六年）の「諏訪大明神繪詞」には、「洩矢は鉄輪を持して争ひ明神は藤の枝をとりて是を伏し給ふ」とある。

その洩矢族は、洩矢神――守田神（宅）――千鹿頭神（守矢氏系譜より）とつながるが、中部日本の各地には〈石棒〉を御神体とする洩矢社・守田神社・千鹿頭社を数多く残しているし石棒との結びつきは古いとみていい。

洩矢族の系譜は、諏訪神社上社の祭祀権を明治四年まで実質的に握ってきた神長《じんちょう》守矢氏につながり、今日までその系譜を受け継ぐ子孫の方々がいる。

現在、守矢氏の屋敷の一角にある祈禱殿の御神体も小さな石棒と石皿であるという。屋敷の側面には、御頭御社宮司《おんとうみしゃぐじ》総社がある。大東亜戦争で供出してしまったが、欅の巨樹とお梶の古木・湛木があったという。これは、各地の〈ミシャグジ〉を統括する総本社というべきものであり、やはり石棒が御神体である。〈ミシャグジ〉奉斎についての〈専らの役〉〈総元締〉は、神長と呼ばれる守矢氏代々の権利であったという。各郷村の〈ミシャグジ〉信仰は、司祭である守矢氏の手に握られていたのである。

藤森栄一は、神長守矢氏と郷民との〈ミシャグジ〉による祭政体を、縄文期頃から弥生時代を通してのものと推察している（『鉄鐸――その古代史上の意義』）が、縄文の中期、共同の場から特定の家へと、祭祀が推移していった極点に守矢氏を位置づけることは、あながち無理なことでもないように思う。

毎年、三月と十一月の二度、〈ミシャグジ〉祭祀権を握っている神長守矢氏は、郷村の〈ミシャグジ＝湛のある場所〉三十ケ所を、県巡《あがためぐ》りと称して、いたいけな童子（神使）を派遣していたことが「諏訪大明神繪詞」（室町時代）などに出ているが、その場所について藤森栄一の詳しい調査によると

神使巡幸地図

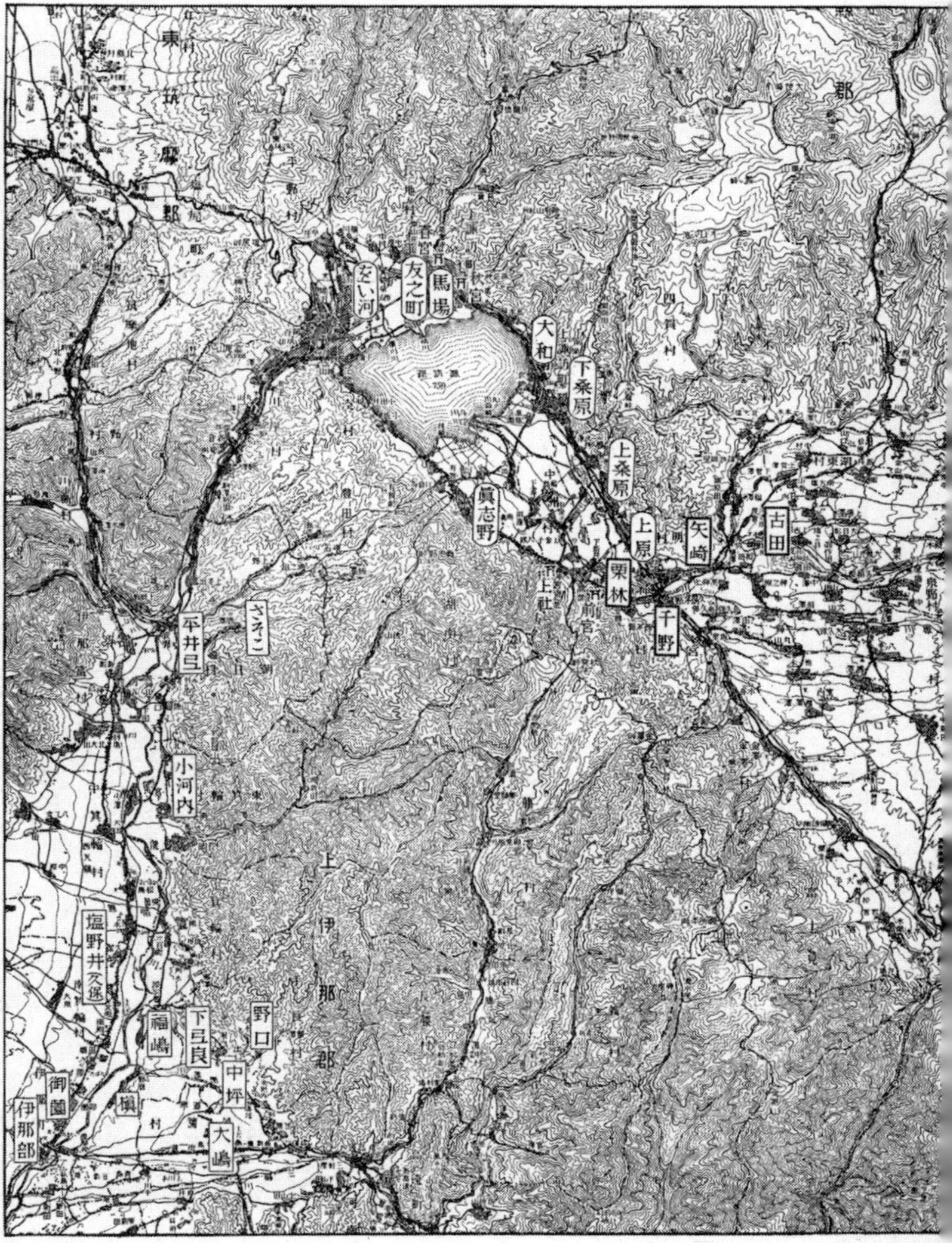

□は外県神 ⬭は大（小）県神使 ▭は内県神使（『諏訪史　第二巻　前編』より）

一、湛のある村は、どれも沖積層上の低地性の村で、古い稲作地の中心である。
二、近くに縄文中期、とくに加曾利E期の遺跡をもつものが多い。弥生式遺跡は比較的少ない。しかし南信濃は弥生式遺跡の少ないのは一般的傾向であり、湛に関係ある地点だけ弥生式遺跡が少なかったとはいえない。むしろ、土師器《はじき》・須恵器《すえき》の遺跡である場合の方が多い。とくに末期横穴式石槨円墳と密接な関係があるらしい。
その地点はまた灰陶の存在により、平安期の聚落でもあったようである。
三、古牧に深い関係があるらしい。

つまりその場所は、縄文中期から平安時代中世と連続した生活の場で、古墳時代末期には、馬具・須恵器・土師器などが副葬され、初期の古牧がみえはじめた六世紀〜七世紀頃、最も栄えていた水稲農耕村落である（『銅鐸』・その他）、と分析していることも有力な証左になる。

古代の集落、各郷村のなかで石棒を奉戴してミシャグジを祀る家、その祭祀を握っている特定の個人（たとえ五軒〜十軒といった小さな集落においても）は、大きな力をもち得ていったであろうことは想像がつく。当時は祭政一致の世界である。

現実を支配するものは、祭祀を握っているものである。

やがて集落が拡大していく。集落が拡大すればするほど信仰形態は、より強力な祭祀者のもとに収斂されて、権力と重なりつつ上昇的に一つところに凝集していくのである。

南島の古代集落がそのよい例であった。

無数の小さな集落から、いくつかの大きな集落へ、さらに一つの支配体制へ――その移行過程を透かし彫りに見ると、民衆の信仰のコア（核）である〈御嶽《うたき》〉信仰の変遷とパラレルにある。

無数の御嶽から、いくつかの御嶽へ、さらに一つの御嶽へと、祭祀権が集中していくのである。

一つの支配体制が確立した時、一つの御嶽の支配下に他の御嶽が統合されているのである。

諏訪地域の村々の〈ミシャグジ〉も、それと同じような過程をたどり、守矢氏の翼下に統合されていったのではないかと、私は想像している。

その範囲は、少なくとも内県《うちあがた》・大(小)県《おおあがた》・外県《そとあがた》と呼ばれた領域、すなわち三月初の酉・午の日、神長守矢氏の家宝〈さなぎの鈴（鉄鐸）〉をもち、神使が巡幸する地域ではなかったかと、想像できる。

内県は茅野市が中心、現在の中河原・横内あたりから金子まで、神使巡幸は前宮から千野・古田・矢崎・栗林郷と記録されている。

大県は上諏訪・下諏訪・岡谷の下筋方面、神使は上原から上桑原・下桑原・下宮大和・下宮馬場・下宮友の宮・小井川・真志野とまわる。外県は上伊那の三峰川までの線、すなわち平出・小河内・常土の輪（不明）・塩野井・北御園・南御園・伊那部・大島の郷・槇の郷・寺の福島（手良福島）・下寺（下手良）・野口（手良野口）・中坪（手良中坪）・前淵・さそこ（沢底）を巡幸するので、おそらくその周辺が少なくとも古代守矢氏を中心とした、〈ミシャグジ祭政体〉の領域ではなかったかと思う。

いずれにしても一定の領域に〈ミシャグジ祭政体〉が存在し、守矢氏がその長として長い間、君臨していたことは疑えないことのように思う。

6　現人神《あらひとがみ》・大祝《おおほうり》とミシャグジ

しかし、そこに新しい主権が覆いかぶさってくる。諏訪明神（建御名方神）の系譜につらなるという〈大祝〉体制である。

藤森栄一は、その時期を古墳末期、馬が盛んに飼われ、古墳へは盛んに馬具が副葬された六紀後半を想定している。

大祝の始祖であり、また代々大祝を世話していく神氏《しん(みわ)》の始祖ともいわれる八歳の童勇〈有員《ありかず》〉の時代については、文献のなかでも二つの説がある。一つは用明天皇（五八〇年代）の御代とするものと、桓武・平城天皇（八〇〇年頃）の九世紀初頭とする説とである。私にはどちらの時代設定がよいのか、判定できるだけの力量がないが、すでに有員が大和朝廷の勢力を背後にかかえた人物であることはまちがいあるまい。

記紀によると、大和朝廷は崇神天皇の時代に、四道将軍を全国に派遣したとあり、諏訪に通ずる古道・東山道には武渟川別が、諏訪領域の周辺までできたことをうかがわせている。さらに、神八井耳命の子孫である武五百健命を科野（信濃）の国造に任命し、後その系譜につらなる金刺氏は、諏訪神社上社に対抗する諏訪神社下社の主権を握っている。

大和朝廷は早くから、「蝦夷《あしきひと》の凶首《こめかみ》、咸《みな》其古幸《つみ》に伏しぬ。唯信濃国、越後国頗る未だ化に従わず」（日本書紀）といい信濃国諏訪の征略をくわだてている。大和朝廷の勢力を象徴する前方後円墳が、じりじりっと諏訪にむけて侵出しているのもそれを証明している。

有員の出生については、桓武天皇の第五皇子とする「大祝職次第書」などの古文書があるがその真偽は別にして、有員が大和朝廷の仏教政策の具現者であったことは、彼の邸址があったと伝えられる、諏訪市四賀の普門寺御曽儀平《みそぎだいら》に、諏訪地方で最も早い時代に建てられたと思われる寺、普門寺があったことでもわかる。

有員は、以後神仏混合の政策をとるのであるが、仏教がこの地になかなか根づかなかったことは、その後の仏閣の衰微、同じ御曽儀平の地に、御社宮司社と湛の巨木が今も生々と残っていることからも想像できる。

新しい大祝体制は、従来の〈ミシャグジ〉信仰を許容することなしには、存在できなかったのである。

「神長守矢氏系譜」に、「此時御表衣《みそぎ》祝立」と記録されているのは、神長清實の時代である。

さらにその系譜をこと細かに追ってみると、清實の子である正真には晩年まで子供がなく、大祝有員の二子を養って子となし、その後の神長の役をひきつがせている記録が目につく。

この一事をみると、神長守矢氏が、大祝を新しい象徴としてかつぎ、せまりくる大和朝廷との融和をはかりつつ、実際の権力を保持したのではないかと思わせる。その後の神長職は、正真の晩年にできた子供へ再び引渡され受け継がれていくのである。

大祝体制確立以後も、守矢氏は〈ミシャグジ祭政体〉を崩壊させることがない。諏訪神社の信仰の本質、基底部を支えるのも〈ミシャグジ〉信仰であり、諏訪の国をめざしての古代氏部族の攻略、大和朝廷の侵出によって祭祀形態が変化し、揺り動かされようとも、それだけはジワジワと生きのびて、中核の座を明け渡すことがなかったのである。

7 ミシャグジ祭政体の再編成

新しい大祝体制がかぶさって、諏訪神社の〈ミシャグジ〉信仰は、どのような再体制をとったのであろうか。私はそれについて検討してみようと思う。

諏訪神社上社の前宮は、今では他の社に比べて隷属的地位に甘んじ、かえりみるものも少なくなっているが、その由来は一番古く、かつての祭事の中心地であった。

伝説では、諏訪明神・建御名方命の墳墓の地であるといわれ、大祝の始祖有員が、守矢山の麓であるここに、社殿を設けたのが諏訪神社前宮のはじまりだと記録されている。そのことからも、前宮の造営は、大祝体制以後のものであるということができよう。

この前宮は〈大御社宮神《おおみしゃぐじ》〉といわれており、在村の〈ミシャグジ〉信徒から拝められる、象徴的地位に立つようになってくる。いわばそのために、造営されたといってもよい。

「守矢神長古書」の、「当社にて御社宮神というのは皆御子孫の事言う也」という一条は、〈ミシャグジ〉を御子孫――すなわち、諏訪明神の子孫として位置づけている。守矢神長の手によるこの一条から推察すると、諏訪明神は、在村の〈ミシャグジ〉の大元、〈大祖先ミシャグジ〉というべき最高の地位に奉られたことが明白である。

従って、諏訪明神の憑依者、「祝をもって躰となす」といわれた現人神大祝も、〈大祖先神ミシャグジ〉の憑依者、生きた〈ミシャグジ〉そのものであったのだ。

大御社宮神としての前宮に加え、人神思想としての新しい大祝体制は、従来の〈ミシャグジ〉信仰の延長の上につぎ木したように、そっくりのっかった上で、在村の〈ミシャグジ〉の再編成にのりだしていったとみてよい。

しかし、注目すべきは、そうなってでさえも、〈ミシャグジ〉の祭祀権を握り締めているのは、神長守矢氏であるということである。

〈ミシャグジ〉を、自由に〈付申す〉も〈上申す〉も神長の専らの役であり、大祝を即位させる儀礼すら、神長守矢氏の手でおこなわれるのである。大祝は、神長守矢氏の〈ミシャグジ祭政体〉の上に飾られた外的象徴である。

大祝は、時代によっては、成人しても在位する場合もあったが、なべて五、六歳または七、八歳からの童子であり、十六、七歳になれば下位している。そのいたいたしげな男巫が大祝の真の姿であった。

おそらくは神長の手による大祝体制確立以来、原始信仰というべき在村の〈ミシャグジ〉は、諏訪明神の下に系列づけられてくるのである。

諏訪明神建御名方命の直系の子孫、つまり神氏の主だった一系を名づけて〈神徒《こうのと》〉といわれるが、この神氏系一族は、各郷村におもむき〈ミシャグジ〉の長として君臨し、大祝を現人神とあおぐ祭政一致政策を助けたといわれる。

「古は御頭に長たる人あり、此御社宮神他。其統続《すじ》きたる人は今に其支配たる事勿論なり」という江戸時代の「守矢神長官古事」は、各郷村に神氏系の支配者が存在したことを表わしている。

新しく現人神・大祝を象徴としてあおぐことで活力を得た諏訪神社の勢力範囲は、拡大したのではないかと推察できる。おそらく、〈ミシャグジ〉信仰も新しい形態をとったことで、さらに各地に広まっていったであろう。

「御頭《おとう》」とは、諏訪神社の神事に奉仕する当番のことをいうが、年七十五回の祭祀に奉仕するのは、一年ごと各郷村のまわりもちであったという。その奉仕地域は十六に分割された。つまり、各下に枝郷《えだごう》をもった十六の親郷《おやごう》に分け、十六年に一度の神事奉仕を定めたといわれる。

三月酉の日御頭祭（大立座神事《おおたてまし》）などの大きな祭事の時などは、御頭郷（当番地）の長から名主・百姓など二、三〇〇人が群をなして出発し、祭事の諸事万端を引受けるのである。

この日、各郷村にある〈ミシャグジ〉神体は、輿に入れてもちよられ、前宮、つまり大御社宮神に納められる。そして神長の役によって、新しく御社宮神神体を作ってもらい、各郷村にもち帰り、各自の御社宮神に納めるという。

その御神体は、「十四人之神主等ノ御社宮神モ如二神徒殿達一、何ヘモ神長後トミシ付申也」「神使御社宮神に印判三つ充神主等々御社宮神には印判二つ充」とあることで、神長のもっている「神印」を、紙についたものであることがわかる。

この御神体は、笹の葉に結びつけられていたようである。

かつて、それぞれの土地の地主神、石棒に憑く原始信仰精霊としての〈ミシャグジ〉は、諏訪神社の体制のなかにまるごと組み込まれて、来参すら義務づけられてくるのである。

御頭郷の境〆め（『諏訪史　第二巻　後編』より）

註

神使《こうどの》とは、諏訪明神傍系の子孫。つまり大祝氏直系の神徒《こうのと》に対して、その枝葉としての子孫のことをいう。いずれにしても、各郷村のなかで有力な地位についていたことが想像される。

8　大地のなか〈御室《みむろ》〉のミシャグジと蛇

社《やしろ》もなく、ただ〈木〉と〈石〉だけがあった。人々はそこに魂をかよわせ、祭祀をおこなう。生きるために、食うために、豊饒のために。

それは、ささやかな祭りであっても、力強い原始の衝動があった。生きるために・食うために・豊饒のために――それは農耕民にとって結局、〈土〉に結びついていた。木も石もつまるところ地の母なる神、〈土〉を鼓舞するためのものであった。

建御名方命が諏訪へ侵入する途すがら、立寄ったという伝説を残す、上田市下之郷の「生島足島神社《いくしまたるしま》」は、木でも石でもないただ〈土〉だけを、御神体として祀っている。土間の大地が御霊代《みたましろ》とされている。

朱塗の立派な社殿が建っていても、その〈土〉を囲むようにしてあるだけである。けばけばしい神社の奥に、一挙に古代を垣間みたような衝撃を受けて、私たちは生島足島神社の前に立っていた。

神社側の話だと、〈土〉のある場所を〈みむろ〉とも呼んでいるという。

諏訪神社前宮にも、〈みむろ〉がある。〈御室〉という字が宛てられており、今は御室明神が祀られている。

諏訪神社上社の、年七十五回というおびただしい数の祭祀で、最も重い意味をもつのは、この〈御室〉関係の神事である。そのなかで、〈第一の御體〉といわれる〈ミシャグジ〉と〈蛇〉が神事の中心を支えている。

諏訪の〈御室〉とは、〈土室《つちむろ》〉すなわち地面に大きな竪穴を掘り、屋根で覆って冬籠りをする穴倉《あなぐら》である。諏訪一円では、つい最近まで土のなかに室を掘り、仕事場にあてたり、大根などの植物をこのなかに貯蔵して春を待った例が多い。

この御室は、十二月二十二日から三月寅の日まで維持され、その間の神事の中心となるのである。

冬とは、折口信夫によれば、〈殖《ふ》ゆ〉につながるという。古代においては、植物の死であるこの時期の大地の闇に発芽の祈りをこめ、〈殖《ふ》ゆ〉ことへのさまざまな呪術・祭祀をおこなったのであろ

土室の中（『諏訪史　第二巻　後編』より）

う。

御室での神事は、そのような古代人の観念を凝集しているように思う。

十二月二十二日は、御室のなかに、「第一ノ御體ヲ入奉ル」（繪詞）とある。別の古文書では、「御左口神二ケ所ニ御入」とあり、第一の御体とは、〈ミシャグジ〉であることがわかる。

さらに、それ以後の日には〈蛇〉が納められる。その蛇は、長さ五丈五尺、太さ二尺五寸のはん（赤楊）の木をもって結った御房三筋と、長さ四尋一尺、まわり一尺八寸の又折よりなり、これに荘《かざり》の麻と紙とを加えた大きなものや、小型の蛇からなる。その蛇は、それぞれ大県・内県・外県に属する三体であることがうかがわれる。

「或ル人之云ク、十二月ノ祭ノ従〆日、次年ノ三月ノ祝之日時迄籠蛇形也」（神道縁起）と書き記し御室を、いつしか〈蛇之家〉ともいうようになったが、この蛇についてどう解釈すればよいのであろうか。

発芽を闇のなかでつかさどるその地と地上を、自由に往来する蛇、植物の発芽のように冬には土の中に籠り、春暖かくなると出現する蛇、脱皮をすることで新しく再生する蛇――人々は、この蛇に神霊の籠った生命の始源をみたのであろうか。

正月一日には、御室のなかに年の実（稲の実）を納めた後、「年のみ（實）は、ゑさら（掛声）、新珠（玉）ゑいさら」と歌いながら、綱引きがあるという。この綱は、納められている蛇の綱であろう。籠る蛇を地中から出すことで春をさきどりし、発芽を、植物の新魂を、現実の世界に呼びよせ、手に入れようとしたのではないだろうか。

十二月二十三日、〈蛇〉を入れたあとの詞の一節に「そそう神あま（現）わり給たれは、うれ（繕）しみよろ（悦）こひてつか（仕）へ奉つりぬ」とある。

つまり、蛇の御体と、〈そそう神〉とを同一視していることは、注目にあたいする。

宮地直一は「そそう神と蛇神とは、その起源を一にするといひ難いが、互に相結んで地上に降るそそう神は、蛇形に化現するといふやうな信仰心の発生に導き、延いて小蛇又は蛇形を以て御体とする思想をも起したのであろう」と述べている。

〈そそう神〉とは何なのか。二十二日から二十五日までの四日の間に、〈ミシャグジ〉と〈そそう神〉を、御室のなかに交互に入れているのをみると、二つは不可分なものであったように思う。

私は、〈ミシャグジ〉＝〈石棒〉（男性）との結びつきから、古代においては〈石皿〉のようなもの、すなわち女性なるものの象徴であったのではないかと想像している。

守矢神長の御頭御社宮神総社の御神体、あるいは祈禱殿にあった一対の石棒と石皿、また湖東山口から出たという、石皿の裏に彫り刻まれていた男性の象徴などから思いをめぐらすと、そう考えたくなるのである。事実、〈そそう〉という言葉には、そのような意味があるのである。生み殖やす女性の神秘が、御室の古代信仰のなかに息づいていたと理解した方が自然に思える。

渦状にとぐろを巻いている蛇、脱皮する蛇――蛇からの類推イメージのなかには、女性を思わせる一面がある、と『祭りの原理』の吉野裕子はいう。

「かや（萱）の正體入畢、昔も今もいひき（鼾）をかき賜霊神厳重なり」（神長本繪詞）と表現される御室のなかの蛇の姿は、とぐろを巻き冬眠している姿である。年に数回脱皮する蛇、とぐろを巻いている蛇、その女性的なものとしての蛇体と、そそう神とを古代人にとって容易に結びつけることができたのではあるまいか。女性なるものの豊穣の象徴が御室のなかにいますことになる。

日本の各地に残る蛇の伝説、例えば三輪山式神婚伝説にしても、沖縄の宮古島のものにしても、蛇が男性の象徴として扱われているが、御室の蛇は女性的なもののように私には想像できる。

石皿（『諏訪史　第一巻』より）

この御室に籠っていた〈そそう神＝蛇〉は三月の未の日の春の御祭（一之祭）の時、前宮境内にある所《ところ》末《ま》戸《っ》社《しゃ》に出現する。

この日、ここでは仮屋が構えられ、稲穂を積んだその上に皮が敷かれ、大祝が座る。

さらに神使・五官（神長《じんちょう》・権祝《ごんのほうり》・擬《ぎ》祝《ほうり》・副祝《そえのほうり》・祢《ね》宜《ぎ》大夫）により、土地を祀る神（所《ところ》末《ま》戸《っ》社にはその意味がある）即ち、地主神を祀るのである。

ここに〈そそう神＝蛇〉が出現するのは次の歌からもわかる。

> 春の御祭に、みち（道）のくち（口）にまんところ（政所）の本に、そそう神あまはり給たれは、うれ（嬉）しみ、よろ（悦）こひて、つか（仕）へまつ（奉）りぬとぬか（額）つ（突）か申

この神〈そそう神（蛇）〉は、土地神、春に訪れる稲霊としての性格をもっていることは、このことからもうかがい知ることができる。そそう神（蛇）の繁殖力のたくましい霊性にあやからんとして、春の一の祭がおこなわれるのである。

私は性的なものへの思考を強くさせすぎているのかもしれない。しかし、古代信仰を解くのには、性的なものを抜きにしては考えられないと私は思っている。

十二月の晦日に同じ御室でおこなわれる神事には、次のようなものがある。

「御年男ト小別当ト年神、釜ノ神ノ御盃ノ色代アリ」（神長本繪詞）

つまり、年男と小別当とが年神（稲の実）と釜神（釜戸神）とのそれぞれに擬せられて、盃事の所作をなすもので、宮地直一は、年神を男性として年男に、釜神を女性として小別当に代表せしめ、両者の盃事をもって陰陽合体の式に擬し、農業信仰の一方面たる性的行事の表示とするものと考えている。明くる新年の日、御室のなかに稲の実を入れることを考えあわせると、来る年の豊穣を祈るものとしてのこの性的神事の類感呪術は、重い意味をもってくるのである。

この一例をみても、性なるものが日本の農耕にまつわる祭祀のなかでも、または御室の神事としても、重要な位置を占めていることが理解されうると思う。

9　御室のなかのミシャグジ

さて私は再び〈ミシャグジ〉について語ることになる。

私は各地方に残る〈ミシャグジ〉の実態から判断するに、その御神体は石棒であると確信して、石棒に宿る精霊が〈ミシャグジ信仰〉の祖型ではなかったかと思っているが、記録されている文献からみる限り、御室の神事での〈ミシャグジ〉の御神体は、石棒ではないようである。

今井野菊さんの報告によると、前宮の神域のなか、それも二之御柱から二十五メートルほど離れた場所から、一メートル位の大きさの石棒（自然石）が出てきたという。その場所は、通称石塚と呼ばれている所で、積み重なっている石の下に、その石棒があったという。

その周辺には、縄文中期の土器の破片も出土しているという。この前宮境内地域での石棒と、御室の神事の〈ミシャグジ〉との間に有機的つながりがあったかどうかは、今は知るべくもないが、室町時代の文献に記録されているように、御室に籠っていた〈ミシャグジ〉が、春になり前宮に納められる神事の存在を考えると、前宮の近くにあったその石棒が、かつてはそのように扱われていた〈ミシャグジ〉の神体ではなかったかと考えてみたりもする。

それにしても、御室のなかでの〈ミシャグジ〉の御神体についての表現は、すこぶる明確さを欠いている。

「舊記」に「みさくうしくみ申あし（葦）はみむろ奉行役にて出」とあることから、あるいは「御笹」という表現などがあることから、これらの植物を用いてつくったものであることをうかがわせる。

しかし、「御符禮之古書」には、「御左口神之木ハ十二月二十四日大御祭ノ神主ノ役トノ造進申也、御符之紙ハ自神殿出、御左口神配申紙ハ神長之役也、ソクイハ（御飯を押しつぶした糊）自神殿出、御左口神干（乾かし）申炭モ、神殿ヨリ出」とある。これによると御左口神配申紙が御体となり、御左口神の木に御飯を押しつぶしてつくった糊ではりつけ、炭火で乾かしたものであることが想像される。

その紙には、「神使六人之御左口神には印判三充」「神主等々之御左宮神には印判二充」とあることから、印判が押されたことは前にも記した通りである。

それは、専ら神長の役として、神使及び神主等二十人の人々につく、御左口神を造立していることがわかる。

前宮御社宮神勤請段（中世の頃の作と思われる）の歌詞に

前宮は二十の御社宮神の内の県外の県

御社宮神の四十の孫《いと》が百々結ぶ
百々結び
八重綻《やえほご》れて現象召《げぎょう》される

とあり、二十の〈ミシャグジ〉は、三県の神使六人、神主十四人をあわせた総計として理解されていくにいたる。

私は、この時の〈ミシャグジ〉とは、正月一日の深夜におこなわれる御占の神事で、当年の県巡りをする神の使者神使《こうどの》（あるいはおこうさま）六人を決めるときに使われたもの（今も神長守矢家及び上社に所蔵されているのでみることができるが）、藁馬の上に木の枝（剣先《けんさき》版《ばん》）がのり、それには紙が張りつけられ、〈内県介〉などと墨書され、印判らしきものが押してあるものではないかと思っている。剣先版といったのは、その頭に小刀子が刺されていることからいわれたのであろう。

私はこれが、〈ミシャグジ〉の本体ではなかったかと思う。

「古事雑録」に「御左口神ノ奉書ヲ御馬ニ乗タテ（奉）マツリ」とあるのはその証左になる。「御左口神ノタケ七寸五分」と室町末頃の「諏訪神道書」の一節にあるのは、剣先版のたけとほぼ一致する。その前までは鉾木（ミシャグジの木）につけられていたものが、やがてこのように変化したのであろうか。

占卜は、内県介・小県介・外県介の神使三人と、それぞれの宮付の計六名と、すでに定まっている十四人の在郷神主の分にあてられた二十枚の剣先版に〈ミシャグジ〉の神霊の発動をうながしておこなわれるのである。

ところで、この占卜の時使用される〈ミシャグジ〉の特異な姿は注目に値する。馬に乗っているのは、日本の古俗のなかで馬が神の乗りものであったことからも理解されよう。小刀子を上から刺しこんであるのは、神霊の封じ込め、あるいは悪霊の憑くのを妨げる魔よけの意味であろうか。諏訪地方には、死者の上に刀を置く古俗があることから推し測っても、そのような意味ではなかろうかと思う。

10　ミシャグジの憑依者神使と祭政体

正月から二月、三月と、御室を中心とした神事が続く。正月十四日の夜、葦のなかに五穀を入れ、蛇（お

頭郷御占式用具（馬形・剣先版・小刀子・竹筒）
（『諏訪史　第二巻　後編』より）

そらくは蛇体の綱の一部）を焼いて筒粥を煮、年中の作毛三十三種の善悪、吉凶を占う神事なども御室のなかでおこなわれる。二月の声を聞くと、県巡りの日より前三十日にあたって、神長によって〈ミシャグジ〉を勧請し、神使の厳しい精進が始まる。

「神長手扣記」には、「此神使ノ役ヲ勤ニ付テ精進始メノ為ニ御佐子神下《オロ》シシ又神事済《スミ》テ後御佐口神上ト云事ヲスル、此神徒ノ精進ニ付祭ル事也」とあり、〈ミシャグジ〉は精進をするときに不可欠な神でもあることがわかる。

「諏訪神道書」の一節には、仏教的色彩を帯びているが、〈ミシャグジ〉を付ける時の儀礼が記述してある。

一、御左口神付申時ノ作法、四方ヲ礼シテ左右ノ手ヲ内縛ニメ右ノ頭《づ》指ヲ立テテ去来シテ、南無廿ノ御左口神、来臨影向シテ護持ヲタレ玉へ、三反
ヲンアリ、ナウミリダセン
キリハラダウンタラタソワカ

神長による〈ミシャグジ〉付申す儀礼のあと、外県を巡る神使の二人は二月丑日、内県・大県の四人は、二月辰日をもって精進を始めるのである。

「諏訪上社物忌令」には、次のように書き記してある。

御左口神ノ御精進ノ事。上十日ハ一度ノコリ、中十日ハ二度ノコリ、末十日ハ日二三度ノコリ也。精進屋ノ内ノ人ハ女トアヒス事スヘカラスマシテサワリタル人ハ七度ノシホコリヲカキテ精進屋ヘハ可参、同神主モ如此可有《カクノゴトクアルベシ》。是則キヤクエムノ御道場ナル故也、カルガユヘニ御精進ヘ入ハ前二七日ノ精進ヲシテ入也

神使の身柄は、婚姻未犯の童子で、昔は、素性正しい神氏系の子供（神裔）六人がたてられたというが、時代の推移とともに変ってきた。文正元年（一四六六）には神長の子四才なるを神使にたてて、厳しい精進を果たした上、一番遠い外県巡りに出発させたという記録もある。中世においては、各県から二人ずつ六人選ばれ、徳川期には二人になったという。

近世では、その年の頭郷よりたてた十才以下の男子で、大祝部の輿舁の類、軽い神職の子とも、頭郷の名主または物持の家の幼男より物色するとも、慶長以降は五官または藩士中由緒ある者のなかより一人を選出する制が案れて、下男を出してこれに代らしめたともいわれている（『諏訪史　二巻』参照）。

神使（おこうさま）については、次のような口碑が伝わっている。今井野菊さんによると、諏訪大明神信仰の古い思想に、神殿のなかにおいて殺された者は必ず神裔の一員として生まれ変わってくるとされ、その一族もつながりをもつことができると信じられていたという。

酉の日の御頭祭《おとう》の夜、人々の手で神使は密殺されたといわれる。

そういわれてみると、不思議なことがいくつかある。

馬に乗った神使が、御手祓道《おてはらいみち》を逆さめぐりに三回すること、つまり葬式廻りである。

「諏訪上社物忌令之事」の神長本にのみであるが、次の一条があることも不可解である。

一、社内にて自然人をあやまつ事あらは地五尺掘て可捨也

（今井野菊さんの報告では、前宮にかつて一定の置かれ方をして無数の巨石があったという。これは何を意味するのか？お経のしるされた経石の出現は何を意味するのか？）

さらに、天文年中の記録には、「参詣人稚児を馬からおとして騒ぐ」ともある。

「信府統記（五）」には、

前宮ノ内ニ入レテ七日間通夜サセ、祭ノ日出シテ、葛ヲ以テ搦メ、馬ニ乗セ、前宮ノ西南ノ馬場ヲ引廻シ、打擲《チョウチャク》ノ躰ヲ為ス

とある。

諸外国に目をむけると、新しい年や季節の折目にあたって、王（＝神）が穀神の名代として殺された王権祭式がいくつも報告されているが日本ではどうなのだろうか。「古代諏訪でもありえたことかもしれない」と残念ながら今は闇のなかに想像をたくましくすることしかできない。

さて、郷村に種まきが近づく頃の三月初午の日、外県にむかって神使二人が、酉の日には内県・大県の神使四人が出発する。

「水干の紅葉色を交へ金銀の付物、日月の光をみがき草樹の花かたどる服飾

御手祓道

の美麗なる見物なり」（諏訪大明神繪詞）と表現された幼子の神使たちは馬上をゆく。「廻神と称して村民是を拝す」と記録に留められる神使は、その自らが〈ミシャグジ〉である。「御符禮古書」に「神使殿ニ御左口神付申儀式之事」とあることからも、神使は〈ミシャグジ〉の憑いた神であることがうかがわれる。

神霊の依代である榊の御杖に髪の毛を結び、さなぎの鈴（鉄鐸）を付け、村々の定められた湛を巡る。神使のその御杖と鉄鐸は、〈ミシャグジ〉の実権を握る神長より捧げられたものである。

その御杖には、現人神大祝自らも祝言の中立てをした。

神使の頭には、大祝から捧げられた玉鬘、藤白波がかかげられている。藤の木の内皮を白く晒した白木綿《しらゆう》である藤白波は、大祝の魂、神の依代である。

出発前、大祝の祝言を、その通り口まねした神使は、今、現人神大祝そのものである。そして、村々の湛の木のある〈ミシャグジ〉で、神使はさなぎの鈴をならしたにちがいない。

それは長い冬の日、弱々しい太陽の冬の日を過ごしてきた村の〈ミシャグジ〉に、新しい息吹きを与える儀礼であったのかもしれない。

神使の力で、湛木に活力のある精霊を呼び、地の霊の昂揚をはかったのかもしれない。

誓約の鈴でもあるさなぎの鈴をふることで、土地をつかさどる〈ミシャグジ〉の精霊と、豊穣を約束しあったのかもしれない。

村では農作がようやく始まろうとしている時期である。

秋、収穫の終った十一月二十八日、春と同じように神使の巡回がおこなわれる。

私はこれを春の「〈ミシャグジ〉降ろし」に対して、「〈ミシャグジ〉を天に上げ申す」儀礼ではなかったかと想像している。

〈ミシャグジ〉の神事には、いつもその二つが対になっていることからも考えられることである。

いずれにしても、神使の県巡りは、〈ミシャグジ祭政体〉の頂点にたつ諏訪神社と、郷民とを一つの絆で結びつける、最大の儀礼であったことはいうまでもない。

11 ミシャグジの憑く器《うつわ》

三月丑の日は、八日間の旅をした外県の神使、五日間の旅をした内県の神使の帰着の日である（大県の神使は、六日間の巡りを終え翌日の寅の日帰参する）。

さて、この日注目すべきことは御室にあった〈ミシャグジ〉を、前宮に入奉する神事があることである。

「御ササ御左口神ヲ前宮ニ入奉ル装束の木綿ハ行事ノ役」と諸々の文献にあるのがそれである。

御ササとは御笹で、笹に招請して憑いた〈ミシャグジ〉を、御ササ御左口神というのであろうか。文面から判断すると、笹を木綿で多くの結目をつくって神霊を封じ込めたように思える。

神使の帰参を機に、〈ミシャグジ〉は笹に憑けられて前宮の殿内に迎えられることになっている。

〈ミシャグジ〉は場所によって、神事によって、〈木〉、〈葉〉、〈人〉といったものに憑かすことができるもののようである。

前宮に常住する〈ミシャグジ〉――宮地直一がいうようにこの観念は、原始の信仰を過ぎ、神霊常住の観念を受けた時代の産物であろうと思われる。

〈ミシャグジ〉の前宮常住は、前宮を大御社宮神として、郷民の〈ミシャグジ〉の頂点に位置づけたことからくる当然の帰結でもあった。

「諏訪神道書」に

一、御左口神上申時ノ作法、左ノ手ヲ外《ホカ》ヘムケケタレクタメ右ノ手ヲ拳ニナシテ頭指ヲ以テ大指ノ爪ノ甲《カシラ》ヲヲシテ頭トヒトシクメヲントダハハクウンカカソワカ、三反

とあり、神長の手によっておこなわれる。

「御符禮之古書」には、神使についた「御左口神上申儀式事」も記録している。

三月寅の日、一日遅れて大県から帰ってきた神使二人は、〈ミシャグジ〉の常住された前宮にいき、四之御柱附近にある橡《とち》の木湛を馬上にて三回まわるという。

〈ミシャグジ〉の憑く器としての役割を終え、湛木に上げ申すのであろうか。

この日ついに、長い冬の神事の中心であった御室が撤去される。

これ以後、次の冬の訪れまで〈ミシャグジ〉という言葉は、古文書にもどこにもみあたらない。

この土のなか、〈御室〉を中心に、冬から春にかけて〈ミシャグジ〉は頻繁に活躍する。この時期の神事では、蛇（そそう神）もさることながら、やはり〈ミシャグジ〉が主役の座を占めていることがわかる。

御室関係の神事全体が、農耕儀礼と深く結びついており、蛇（そそう神）と同じように、

〈ミシャグジ〉が発芽の母である地の世界を鼓舞する、精霊としての意味をもっていたにちがいないが、必ずしもそれについての明確な説明がなされていない。

〈ミシャグジ〉は、時には精進を執行させる〈あらたかな神〉であり、また、御占で神使を決めるなどの重要な神事に立会う〈神聖を誓うべき精霊〉であったりしている。神事全体と直接つながりをもつ〈祭神〉の役割をも果している。また、祀る者の守護神であったり恵みの神、祟りの神などをかねそなえた〈全体神〉としての性格もそなえている。

〈ミシャグジ〉は常に神事の中心にいる。

その〈ミシャグジ〉は、〈木〉や〈笹〉〈葦〉などの植物、さらには〈剣先版〉や〈人〉に憑いたりする。それらのものは、〈ミシャグジ〉の宿る容器でありながら、憑いた時は〈ミシャグジ〉と呼ばれ崇拝の対象となる。

しかし、それを憑けるも上げるも神長の役で、紙に押された神印の〈ミシャグジ〉などをみても、〈ミシャグジ〉の祭祀権を完全に握っていたのは、古代以来、連綿と血をつなげている神長守矢氏である。

中世の記録をみると、諏訪神社前宮の御祭神は〈御左口神〉となっているというが、諏訪神社祭政体の〈政〉の面が、諏訪総領家に移る以前まで、前宮は〈ミシャグジ〉信仰によって呼吸をし、胎動していた〈ミシャグジ祭政体〉の中枢地であったのだ。

この論考は諏訪の郷土史家今井野菊さんの二十数年にわたる研究、資料を参照させていただくことで完成をみた。何よりも今井野菊さんに心から感謝する。

蛇体と石棒の信仰
――諏訪御佐口神と原始信仰――

宮坂光昭

一

諏訪神社の祭式の研究はすでに、多くの先学が試みているが[1]、まだ充分解明されているとは考えられない。われわれも考古学の面から追求しつつあるが、参考文献である諏訪神社関係古文書は極めて難解である。しかもなおかつ優れた上代史、諏訪神社史の研究者である伊藤富雄先生、考古学の研究から諏訪神社、御佐口神の研究を追求していた藤森栄一先生を失い、この研究はストップしている。この研究はこれら諸先学の志を継続するべき緒口となればと、非才をかえりみず、手を出したのである。

二

昭和四十四年四月、寒風の吹きまくる信州の井戸尻において、私達が発掘した曾利遺跡29号住居址は、極めて、不思議な様相を持って現われてきた。住居址の堅い床面に密着して大小二個の釣手土器と、埋甕を持つもので、床の中央にある大型の方形石囲炉には、ほんのわずかな焼土しかみられないというものであった(2)。

発掘時に武藤雄六氏と詳細な検討をしてみたが、大型の釣手土器の正面は、この時期にみられる釣手土器と共通の文様がつけられている。例えば近い例で、上伊那郡御殿場遺跡発掘例(3)の顔面付釣手土器とにているが、この釣手土器は、直立して発見されている点から、顔面が、耕作によって欠損されていたと考えられる。しかしこの釣手土器の背面は、実に奇怪な、人面ともみえるような造作をしたものである。釣手土器全体は赤褐色で明るいしっかりした焼成の土器であるが、底部等をみるにススけたり、油脂燃焼痕らしきものが認められないきれいな点、不思議である。一方の小型の釣手土器は、真黒にススけ、油脂の浸透したもので、前者と対象的な様子をみせている。

この二つの釣手土器は、大型の方が北西隅に、そして約一メートル手前に、小型釣手土器が位置していた。その有様はあたかも大型奇怪な釣手土器を、小型の方が黒くいぶるほのかな灯で、陰影をみせていたと考えざるを得ないものである。暗く深い竪穴住居址の中で、この奇怪な二個の釣手土器を持つ、呪術の家は、何であったのであろう（曾利式初期）。

同じく曾利28号住居址は、竪穴内の石囲炉の一角に、三〇センチをこす有頭石棒が、頭部を出す程度に埋め立てられ、そして北側に伏甕を持っている状態であった（曾利式中葉）。

31号住居址も石柱が住居址内北東に、南側には埋甕が認められている（曾利式後半）。

同じ井戸尻遺跡群中の藤内遺跡でも、台地中央の7号住居址では、南西隅に有頭石棒、東南隅に石柱が直立し、かつ顔面把手と釣手土器も共存している（井戸尻Ⅱ期）。藤内2号住居址は、約六〇メートル南にある住居址だが、台地の南端に位置し、これにも石柱が発見されている(4)（井戸尻Ⅱ期）。

尖石遺跡では、約八〇個の竪穴住居址が発掘されているが、27号住居址で炉北側に石柱があり（曾利Ⅲ式期）、28号住居址では、北壁下に石壇が施設されていた(5)（曾利Ⅲ式相当）。

曾利遺跡出土品
釣手土器（29号）　有頭石棒（28号炉辺部）　埋甕（29号）

尖石の北隣にある与助尾根遺跡では、二八個の竪穴住居祉が発掘されている。西方の4号住居址には石棒が（曾利Ⅲ式以降）、また東側の26号住居址にも存在した（曾利Ⅲ式以降）。15号はほぼ中央の住居址で、北西奥壁下に石柱石壇（曾利Ⅲ式以後）。7と17号住居址にも北側に石柱石壇施設がある(6)（曾利Ⅲ式以後）。

茅野和田遺跡では、約九〇余の住居址が東西地区から発見された。西8号住居址入口に石柱（曾利Ⅰ式）、東地区45号住居址にも、入口部に石棒（曾利Ⅲ式）がある。(7)

以上諏訪地方の縄文中期大遺跡を概観したが、発掘によって発見された石棒、石柱はこれら以外に案外多いのである。

一方遺跡地から農耕や工事によって発見されるか、あるいはすでにいつ頃からか掘り出されたりして、小神社の倉に、または御神体として伝世されている例も数多い。

地元出身の後輩、大正大学生渋谷昌彦君の最近の資料集成によると、当地方で約七五本を集成し、その他、筆者が教示して未調査の石棒もあって、現認できるものは百本をこえるのではなかろうかと思われる。

石棒研究を概観すると、戦前は鳥居竜蔵氏(8)の性器崇拝対象物説に集約されたかっこうであるが、一方河野広道氏（『斜里町史』昭和三十年）は、大型石棒はシャーマニズムの用器と考えている。

諏訪地方では昭和四十年代から、縄文中期農耕の存否に対する研究が盛行し、その中で石棒の社会的位置づけの研究が取り上げられた。そして幾人かの研究が試行錯誤の段階を経て(9)、近年になって大規模な発掘、資料の集積がなされた。その結果、地元出身の長崎元広君により大胆な縄文中期の祭式の組立復元が試みられたのである(10)。独善的な面もみられるが、大筋については賛同できるものであろう。

筆者の後出論文(11)はその時期では、資料の不充分さもあって、宗教的遺物の推移という点に主眼をおいたので、縦の編年的な観点で把えたが、一地域、あるいは一集団内の、一時期という限時性をもって把握ができずじまいであった。長崎君はこれを、一地域一時期におけるあり方として、すなわち横への広がりを主体として、祭式の確立を試みたものであった。この操作の集落の分類は、水野正好(12)氏によって論ぜられた方法論によるが、群別する方法には問題を感ずるものである。

祭式の組立過程、資料等については、その論文にゆずるとして、大綱についてみよう（次ページ表1）。

表示した祭式が八ヶ岳西南麓に一般的にみられるものであるが、まだ不明確の部分も少なくなく、内陸部における縄文時代の信仰形態として、海岸部における集落の信仰形態との異なりが、かなりはっきりしてきたのである。

この祭式の縄文中期という長い時間内における変遷推移をみると、大きく四段階になると考えられるものである。

第一段階、縄文中期初頭には土偶祭式、獣面把手、人体装飾、蛇体装飾があり、まだ実体把握はいかがかと思われる（梨久保期）。

第二段階は、第一段階の上に屋外立石が出現してくるが、比較的巨大な石棒が屋外に直立している例が知られている（藤内期）。

祭式の形	祭式の形態	伴う器具・施設
屋内形式（共同家屋祭式）	1 石柱、石棒祭式（男性祭式）	伏甕、石壇、釣手土器（埋甕）
	A型……出入口部石柱、石棒	
	B型……炉辺部石柱、石棒	
	C型……奥壁部石柱、石棒、石壇	
	2 土偶祭式（女性祭式）	土鈴、釣手土器（埋甕）
	3 埋甕祭式（女性祭式）	釣手土器、土偶、土鈴、石柱、石棒、石壇
	A型……出入口部埋甕	
	B型……炉辺部埋甕	
	C型……奥壁部埋甕	
屋外形式（広場祭式）	1 石柱、石棒祭式（祖先、葬送、収穫祭式）	小竪穴、石造遺構
	2 土偶祭式	石囲い
	3 埋甕祭式	小竪穴、石造遺構
	4 物送り祭式（収穫祭式）	吹上パターン、西耕地パターンの一部

表１

第三段階は、釣手土器の出現が特徴的であるが、石棒、石柱祭式は屋外、屋内とも行われはじめている。この段階で注目されるのは、石棒、石柱の住居址内出現と同時に、釣手土器が共存する点である（井戸尻期）。

第四段階は、縄文中期後半から縄文後期にかけてで、前段階とは大きな違いが知られている。住居中に石棒と、石柱石壇祭式が盛行し後者は敷石施設とセットをなし、ついには敷石住居に発展するようになる。また屋内でもっとも特徴的なのは埋甕施設であるが、入口部埋甕、奥部埋甕など用法に違いがあるらしい。屋外祭式としては、大規模な、あるいは規則性にそったと考えられる配石遺構が出現し、全国で約一七〇個所以上の報告がある(13)(曾利期)。

三

室内に存する石棒、石柱、石壇には、その発見された位置からみて、出入口、炉辺、奥壁部の三位置が知られている。しかしこれはあくまで発掘時の所見であって、石棒等が確実な姿で祭祀されていたと観察される確率の高いのは、炉辺と奥壁部例である。

炉辺部にみられる石棒は、火と関係の強い祭式が推考されよう。北方の奥壁部にある石棒、石柱あるいは石壇は、神秘性を強く示す姿相である。

いったい石棒という形態が、何を意味するものであろうか。すでに多くの人々から説かれているように、そのファロスににた形から、男性性器の象徴と(14)、それは蛇にも共通する観念の所産とも考えられるもので、男性的な祭式、または狩猟的な祭式とも述べられている。

九兵衛尾根15号住居址（竪穴住戸址北奥に立つ石棒）

吉野裕子氏によると、[15]「蛇を祖神とするのは原始日本にかぎらない。蛇は原始の人と深いかかわり合いがあって、世界各国、各宗教の創世記神話に登場する。それはおそらく蛇の形が男根を連想させるからであろう。（中略）日本原始信仰は、蛇の形から男根を、脱皮するその生態からは出産が連想され、蛇を男女の祖先神《おやがみ》に分ったと思われる」と考察している。

また日本の原始信仰における祭りを、第一型を「蛇形」とし、男女の祖先神として蛇を、何等かの形で顕現させる（藁か縄の蛇体等）型。

第二型を「巫女型」として、蛇を男祖先神として、蛇と巫女との交合により、巫女が神を妊り、巫女が神として人の世に臨《のぞ》む型（奇稲田姫をおそうヤマタノオロチの話等）に型づけている。第二型において、蛇は男根と神木を同一の考え方においており、「巫女は神木によって象徴される常世の神、蛇、男根と交り、神霊を受胎し、最終段階においては自ら神として生れ、人の世に臨む。巫女型は従って祖神の蛇をそのまま出現させる蛇型の祭りより、はるかに曲折の多い祭りの形態といえよう」と述べ、蛇と男根を神木が象徴するとし、神木は杉などを考えている。

神木――蛇――男根の考え方は、縄文中期にまでさかのぼると、神木――蛇――男根――石棒という図式になるのは、否定できそうにない考え方といわざるをえない。

一方各地民俗例からすると、蛇体を祭る祭式例は、狩猟農耕民間に広く認められるものであり、日本の蛇体に関する民俗例には、縄を蛇体にみた行事、茅ノ輪くぐり、竜神、竜姫、倉の主、白蛇信仰など、稲作と関わりの深い伝承例が多い。縄文時代にさかのぼるような例としては、その抽出はきわめて稀少といわざるをえない。しかし、縄文文化の蛇体信仰をうかがうと、数多くの例を指摘することができるのである。縄文土器という土製のキャンパスの上には、数多い蛇体文様が表現されており、土偶という女性神の頭部にマムシを乗せ、巫女と考えられる

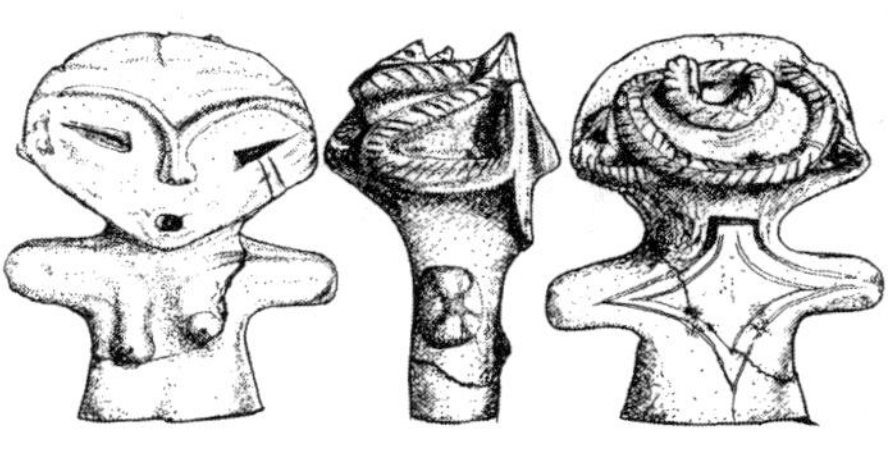

頭上にまむしを乗せた土偶
長野県藤内 16 号住居址発見（縄文中期前半）

土偶、有頭（亀頭）石棒に代表される石製蛇体神――これは縄文中期以降、土製の小型ファロスとして製作される例。[16]後晩期には石剣の形に丁寧に加工細工され、一族の呪棒として存在したと考える国分直一氏の考え方は、[17]蛇体信仰と重複する姿と考えられる。

有頭石棒に代表される蛇体信仰は、縄文中期中葉から発生し、その姿は石のみに具現したのではなく、土製ファロスとか、美麗な石材を用いて、美事な有頭を加工した、いわゆる石剣といわれるものになり、その蛇体作成の素材が、おそらく植物質による蛇体の表現となり、木製ファロスとか、草やわらによる縄状の蛇体が作成されて、ファロスと蛇体が重なり合っていたことは、否定できない事実と考えたい。

植物質素材による蛇体を想定したとき、諏訪神社の御柱祭には、長さ五丈余の御柱と、引き綱も五丈五尺とされ、郷民奉仕で祭られるが、御柱は石棒の木製化して伝承されたものかも知れない。巨大な引き綱も藁で作った蛇体の表現と考えられるのは、御室神事からも推考できるのである。

東南アジアに起源を有すといわれる樹木崇拝は、蛇と大地と樹の三者が密接に関係し、土地神として北方へも拡大しているが、[18]諏訪神社、御柱祭もこの範囲に入るものであろうが、その流入過程については、今、解明はとてもむずかしい。

しかし言える事は、縄文中期中葉から、土器、土偶、石棒に表現されるように、蛇体信仰としての一つの文化圏を形成していた事で、土地神として、生き続け、その後の姿は、石棒を祭る御佐口神[19]として小単位ごとの信仰形態を残してきたと考えたい。その小単位ごとの御佐口信仰の連合体を統括するのが、諏訪神社上社の守矢神長であり、神長屋敷内の神長御頭御佐口社である。

守矢神長と、諏訪大祝との祭式の形は、守矢神長に代表される御佐口神連合体＝郷民が、あとから入ってきて主権の座についた大祝を奉じて祭るが、大祝の入る以前から続いている信仰形態を継続、融和させ、大祝と郷民の一致形態をとってきている。

今、諏訪神社の御神体が蛇体であるという説[20]から、その起源を考えるに、今日までに習合し合った信仰形態、祭式を一枚一枚はいでそのもっとも古くからある、原始信仰を取り出すには、縄文中期中葉からの蛇体を表現した具体例から推考する方法をとってみた。

各地に存在する御佐口神の神体が、石棒である例の多いことは、あながち、無視するわけにはいかない。この

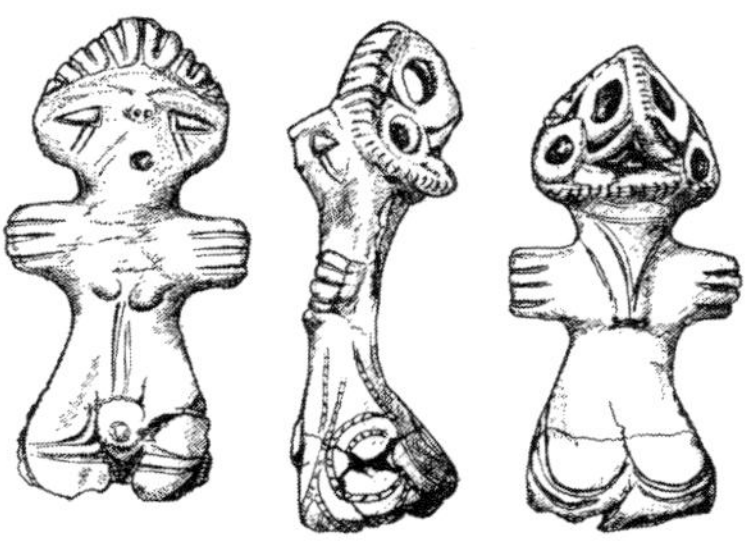
頭上に隆帯文のある土偶（中期中葉末　長野・広見）

土地に住む研究者として、諏訪神社蛇体信仰――守矢神長＝御佐口神連合体――蛇体植物質表現期――石棒、土器に表現された蛇体文（縄文中期中葉）という図式が証明の不足をもかえりみず、先行してしまうのである。

四

諏訪神社の御神体蛇体説。祭神の建御名方・八坂刀売命という二人の人格神という関係は、どうしても結びつかない。伊藤富雄先生の晩年、お聞きした説によると、この人格神は奈良時代以後、人格神崇拝の起ったときからで、原始信仰の頃は、もっと自然物崇拝であって、蛇体信仰もその重要な信仰の一つであった、というのである。

では諏訪神社信仰のうち、根元的なもので残り伝わっていると考えられるものを取り出してみよう。上社関係では前宮の御室神事における様相（竪穴住居、芒葺上屋、蛇体の御神体）。酉ノ祭（四月一の酉の日における狩猟形の神事）。本宮の神体山である宮山とその奥社である守屋山信仰、本宮境内本殿下の磐座信仰。一方下社関係では春宮前面の「結びの杉」に代表される宝殿奥の神木信仰。秋宮ではやはり正面に巨立する「根入りの杉」に表徴される、最奥所の神木信仰である。

上社、下社ともその奥社とされるのは、はるかに遠方の、前者は八ヶ岳山麓原村の御射山神社。後者のほうは奥霧ケ峯高原、旧御射山神社である。いずれも古文献によると、中世からの祭事が現代まで記録現存して続いている。

御射山の祭りは、[21]その一部を取り出してみると、穂屋（芒の屋根造りの小屋）を作り、この祭りに奉仕する人の仮屋とし、三才の子がうなぎを放流して健康祈願をする。下社では三才の子が茅ノ輪くぐりをすることにより、健康に育つとされ、上社には競馬行事が行われていた。

これらの諏訪神社関係行事を取り出してみても、茅ノ輪くぐりは、沖縄の例によると、茅ノ輪を蛇体とみなしている行事があり、うなぎの放流行事は、仏教思想の放生会であり、競馬行事は狩猟的であるなど、原始的なもの、仏教的なもの、さらには陰陽五行思想とみなされるものなど、祭事、信仰に習合していることがうかがえるのである。

それらのうち、もっとも原始的と考えられる蛇体信仰についてみると、諏訪神社と蛇体信仰については、故伊藤富雄先生から聞いた話と、論文から要約してみるのが、もっともはっきりしている。[22]

「諏訪大明神絵詞」は、諏訪出身の鎌倉幕府の政治家であった小坂円忠によって作られたもので、古来より諏訪に残る信仰風俗などを残しておくべく、絵巻物と、文章に作成したもので、絵巻物は紛失しているが、説明文のほうは残っている。この中に諏訪神社の蛇の信仰について記録されている。その「絵詞」(巻三)には鎌倉時代の蒙古襲来の際、諏訪大明神が竜になって出現し、蒙古軍を退散させたというもの。また同じ事件を、「太平記」(巻三十九)にも載せているが、諏訪の湖の上より五色の雲西方へ向い、大蛇の形にみえたというものである。

また「絵詞」(巻三)によると、蒙古襲来ののち、鎌倉末期の蝦夷の反乱の折、大明神が大竜に乗って奥州に赴き、反乱を鎮定したという。

そのほか「絵詞」(巻五)には、信濃国の御家人小諸太郎が、諏訪上社御頭役を勤め、その家来が上州で事件にあい、守護代の平頼綱の家来と争う事になった。守護代の家来は主人の権勢をかさに、斬りつけてきたが、太刀は折れ、斬手は目がくらんで果せなかった。その事件を鎌倉幕府の裁判所に持ち込んだが、執権北条貞時はある夜、大竜が裁判所に現われた不思議な夢をみた。その事を左右の人に聞くと、それは諏訪明神の眷属で、小諸の味方のものと答えたので、驚き、合掌して、小諸方を許した。しかし平頼綱方は遺恨に思って再三訴訟を起してきた。諏訪神社社家の人々もこれには恐怖していたが、御射山祭場の巫女が「来年五月までに命を召上げるから、神人達よ恐れる事はない」と御神託を下した。果して翌年四月末に、平方は一家みな滅亡する事件があった、というものである。また僧侶の修業や、産婦の病を、蛇の使いとして諏訪明神が現われて、結願させた話がみられる。これらの話は、諏訪明神が戦陣以外の庶民の中に出てくるもので、つねに竜、蛇として出てくるのである。

甲賀三郎伝説は、鎌倉期の「安居院神道集」に収められている、『諏訪縁起』にあるが、三郎が蛇の国へ行き、蛇体で帰ってくるが、脱皮するという話で、近江甲賀郡と信濃諏訪郡を主舞台としたものである。

中世にこのようないくつかの竜蛇説話が、諏訪明神の御神体として出てくるが、その根源をさぐる必要がある。それには、中世までの諏訪神社信仰の、原始信仰の上に、仏教思想、陰陽五行の思想などが重なり習合し合った姿から、仏教、陰陽道などを取り去って、原始信仰の姿をみいださなくてはならないのである。

五

日本民族は古来よりタマ（霊魂）の信仰を持っていたと述べるのは伊藤富雄先生である。この信仰は神道が起っても生き続け、両者相交じり合って信仰形態を形成してきた。タマは神の信仰に先行した崇拝で、これは宇宙間の万物は皆霊魂を持ち、霊魂の作用であらゆる物は生長発展をとげ、ある一定の時期がくれば増殖し、あるいは古いタマも更新されると信じたものである。日本の祭りを季節的にみると、春夏秋冬の祭りがあるが、春祭りは一年の豊饒を祈念する祭り。夏祭りは夏越《なごし》の祓《はらい》の祭り。秋祭りは今年の豊饒を感謝する祭り。冬祭りは民俗学者の説ではタマの増えるを祝う祭りであるというものである。

諏訪上社の冬祭りを取り上げて、その特異な祭式をみると、上社は神氏族の氏神であるから、全氏族の協力で極めて盛大に行われている。「諏訪大明神絵詞」(23)によると次のように記録されている。

十二月二十二日、一ノ御祭。大祝以下ノ神官、所戸未社ニマウツ、行列例ノ如シ、饗膳ノ儀又常ノ如シ。同日御室入。大穴ヲ掘テ、其内ニ柱ヲ立テ、棟ヲ高メ茅ヲ葺キテ、軒ノタル木ヲササヘタリ。今日第一ノ御体ヲ入奉ル。大祝以下神官参籠ス。(中略)同廿九日大夜明大巳祭。又御体三所ヲ入奉ル。其儀式ヲソレアルニヨリテ、是ヲ委クセス。冬ハ穴ニスミケル神代ノ昔ハ、誠カククコソアリケメ。

これは諏訪上社の前宮大祝居館内に大きな土室を掘り、茅葺きで掘立柱、棟太く垂木は土にとどくという、縄文時代の竪穴住居址そっくりであり、これを御室《みむろ》という。一の祭りは「いつく」で斉きの祭り、すなわち、物忌みの祭りである。御室を掘って葺きあげる作業は、二十二日の前に、課役で造営される。そして御室入りが行われるが、「神官参籠ス」とあるは物忌みのため入る事をいい、物忌みとは神事にあたるため、ある期間うす暗い場所にじっと「籠る」ことで、のちの精進である。

「御体」については「年内神事次第旧記」(24)「年中神事次第」(25)の記録からみると、二十三日には、御室に入れる御神体は、藁で作った小型の蛇体を三筋入れ、二十五日にはまた儀式終了後、御神体の蛇体を三筋入れるが、このほうは、長さ五丈五尺、太さ八寸という巨大な蛇であった。この蛇体は郷民の奉仕によって作られ、担われて、御室に入るわけだが、迎えには神長と、神使（上社の憑坐童《よりましわらし》）が出て、御室内へ安置する。この蛇は来年三月寅の日、御室を取り去るまで重要な御神体として、竪穴内にいるわけである。そして、この御室は冬祭りから三月まで、上社最重要の祭事の行われた所である。例えば神使御頭役の決定は、元旦の深夜、御室社の御占神事の神意により決められる。それは御室内の土間に萩の座を作り、厳冬の深夜より暗き竪穴内で、対座して奇怪な占いをするのは、大祝と神長だけである。占いは神長によって進められるが、この占卜を主掌する神は御佐口神だという。守矢神長が御佐口神を請い、巨大な蛇体と同居する竪穴内で、一年間大祝に奉仕する重大なる役の神使と、経済的責務を負う郷村が決定されるのである。

このように御室は冬期間、上社神事の重要な場所であるが、冬祭りを終ると春がくる。春には植物のタマをはじめ、すべて生命のタマは新しくなるという考え方から、新玉《あらたま》の日である正月一日には、大祝以下、前宮の新玉社に参詣するのである。続いてこの一行は本宮に参拝し、蛙狩の神事を行う。これは蛙を厳寒の川を掘って弓矢で射て、神前に供えるのであるが、蛇神に蛙を捧げる生贄の行事であろう。

蛇は生命力の強い、また繁殖力の旺盛な動物である。九月に穴に入り地中の暗い所で冬眠し、春には穴を出て活発に動きまわり、そして脱皮して成長してゆく。この姿を、古代の人々は、冬眠が理想的な物忌みの姿にみえ、春に穴から出た姿と見事な脱皮成長を、驚嘆すべき生命の更新現象とみたものに違いない。

蛇形を御室に籠らせる祭りは、冬祭りのミタマのフユから、春のアラタマに至る蛇の姿を理想と考え、すべての生命のあるものにこの蛇の行為を求め、人間自身も蛇と同様な行為により、蛇と同じく物忌みと生命の更新ができると考えた、いわゆる類感呪術というものが諏訪神社の蛇体信仰になったものであろう。

さかのぼって、古代の諏訪人が、蛇を身近く感じ、用いたのは縄文中期中葉であるが、この頃、蛇体の生態をみていわゆる類感呪術を取り入れたのではないかと考えたい。それは蛇体信仰――石棒信仰――御佐口神信仰という形として、守矢神長により伝え来ったのであり、諏訪神社信仰の根元であると考えられるのである。

六

諏訪地方の民間には、諏訪神社の御神体は、蛇であるということが、昔から広く信じられている。いわゆる上社、下社の祭神が建御名方命と、八坂刀売命である事を知らない人でも、蛇の御神体は知っているのである。前宮の御室神事にみる蛇体信仰のように、祭られ奉られる大祝に対し、諏訪原住民を代表する守矢神長が、一年の奉仕を誓う神託を述べ、奉告し、郷民が奉仕して蛇体を御室内へ搬入するという祭式。これは郷民がその郷の神である御佐口神――蛇体・石棒信仰を通じ、御佐口神の連合体の長である守矢神長に従って、大祝に誓い、奉仕する姿ではないであろうか。土地神であり、祖霊神であり、人間や動物・植物のタマの更新成長を祈る神である御佐口神＝守矢神長は、土着の郷民の神であったのが、出雲系の侵入してきた神に主座をゆずって、サブヂェクトツーの位置になって以来、守矢神長は御佐口神を奉じて、大祝に奉仕するのであるが、その配下の各郷村の御佐口神は、次第に勢力を失い、日本国家の統一による政治力によって神の正流を正す政策により、一層邪神化され、野末の忘れ去られた神になって今に伝えられてきたものであろう。

御佐口神がその神体である石棒を奉じてきたことが、朝廷の神の正統化からは邪神化してみられ、のちの人格神を与えられず、ミシャグチサマ・シャクジンサマ・シャゴジンサマ・サクジンサマ・オシャモジサマはては御神体から、大麻羅《マラ》様、金精様にされてしまったのである。

自然物崇拝という原始信仰は、今みる神社祭式の姿相のなかに、ほんのわずか残るか、あるいは失われたものもある。ほとんどの神社祭式がそうであるように、発生期の原始信仰形態を、そのまま伝えているものは極めて少ないのではないだろうか。自然物崇拝という原始信仰の発生、そして古代呪術である中国より渡来の陰陽五行思想や、十干十二支が祈とう術という形をとって習合し合い、さらには仏教の本地垂迹説が加わって、今の複雑な祭事、行事が成立しているのである。

この習合し合っている今の神社の祭式から、その一枚一枚をはがして、根元にある信仰形態を窮極することによって、その神の信仰が判ってくるのであるが、諏訪神社祭式にある蛇体信仰は、幸せにも記録に克明に残されていて(25)、信仰形態を考察する上に、実体にせまることができると信じている(26)。一方考古学の面では、蛇体文様の盛行、蛇体と同一の発想と考えられる石棒信仰が、中部山岳の諏訪を中心に、井戸尻、曾利（勝坂）文化圏を形成している。その文化圏は、御佐口神の分布圏(27)と大体一致している事は調査により知られている事である。

諏訪神社蛇体信仰、御佐口神信仰（石棒）、縄文中期蛇体文・石棒の三者は、諏訪地方に今なお残っている、厳然たる事実である。

（1）a山田肇『諏訪神社誌』昭和五年
b諏訪史談会「前宮及本宮史蹟踏査要項」（プリント）昭和五年
c伊藤富雄「諏訪神社磐座の研究」（プリント）昭和八年
d今井黙夫『諏訪神社上社の成因をさぐる』昭和二十五年
e宮坂清通『諏訪の御柱祭』昭和三一年
f宮地直一「諏訪神社の研究（上・下）」『諏訪史二巻』昭和十二年
g伊藤富雄「上代の下諏訪」『下諏訪町誌』昭和三十八年
h藤森栄一「古代の下諏訪諏訪神社の考古学的研究」『下諏訪町誌』昭和三十八年
i宮坂清通「諏訪神社の歴史」『下諏訪町誌』昭和三十八年
j藤森栄一『諏訪大社』中央公論美術出版　昭和四十年
k長野県教育委員会『諏訪信仰習俗緊急調査』昭和四十七年
（2）長野県富士見町井戸尻考古館調査、未発表資料、同館の厚意による。

(3) 藤沢宗平「伊那市御殿場遺跡緊急発掘調査報告」伊那路十一―一
(4) 藤森栄一編著『井戸尻』富士見町教育委員会　昭和四十年
(5) 宮坂英弌『尖石』茅野市教育委員会　昭和三十二年
(6) (5)と同
(7) 宮坂英弌他『茅野和田』茅野市教育委員会　昭和四十五年
(8) 鳥居竜蔵「吾人祖先有史以前の男根崇拝」人類学雑誌三八―三　大正十二年
(9) a宮坂光昭「縄文中期における宗教的遺物の推移」信濃七―五　昭和四十年
b桐原健「住居と集落の変遷」『井戸尻』所収　昭和四十年
c宮坂光昭「縄文中期勝坂と加曽利Eの差」古代四四　昭和四十年
d藤森栄一「立石、石棒と特殊遺構」井戸尻所収　昭和四十年
e藤森栄一「縄文の呪性」伝統と現代　学燈社　昭和四十四年
f桐原健「縄文中期にみられる室内祭祀の一姿相」古代文化二一―四　昭和四十五年
g御子柴泰正「石棒の性格と顔面把手との関係について」信濃二四―六　昭和四十七年
(10) 長崎元広「八ヶ岳西南麓の縄文中期集落における共同祭式のあり方とその意義」信濃二五―五　昭和四十八年
(11) (9)aと同
(12) 水野正好「縄文時代集落研究の基礎的操作」古代文化二一―三　昭和四十四年

(13) 静岡県富士宮市大石寺において、千居遺跡発掘調査団主催の「日本の配石遺構」シンポジウムの報告　昭和四十六年
(14) a (8)と同
b 水野正好「縄文の社会」『大地と呪術』学研社　昭和四十五年
c 野口義磨「信仰」『日本の考古学Ⅱ』河出書房
(15) 吉野裕子『祭りの原理』慶友社
吉野裕子『日本古代呪術』大和書房
(16) 武藤雄六、宮坂光昭「井戸尻遺跡第二次調査概報」信濃二十―十　昭和四十三年
(17) 国分直一「呪術その役割」『大地と呪術』学研社　昭和四十五年
(18) 松本信広『東亜民族文化論攷』昭和四十三年
(19) 藤森栄一「諏訪神社の考古学的研究四」信濃十四―四　昭和三十七年
(20) a 中山太郎『日本民俗誌』昭和一年
b 宮坂清通『諏訪の御柱祭』
c 松前健『日本神話の形成』昭和四十五年
d 伊藤富雄「諏訪神社の竜蛇信仰」諏訪六号　諏訪地方文化研究会
(21) 金井典美『御射山』学生社

(22) 伊藤富雄「諏訪神社の竜蛇信仰」諏訪六号　諏訪地方文化研究会
(23) 小坂円忠『諏訪大明神画詞』諏訪史料叢書二　諏訪教育会
(24) 『年内神事次第旧記』諏訪史料叢書一　諏訪教育会
(25) 『年中神事次第』諏訪史料叢書　諏訪教育会
(26) 諏訪上社・御室の蛇体神事は、天正年間、神殿（大祝居館）が諏訪市神宮寺宮田渡に移転してから、漸次廃絶している。
(27) 今井野菊　御佐口神の調査（本書収録）

縄文中期における宗教的遺物の推移
――八ヶ岳山麓の住居址内を中心として――

宮坂光昭

日本の中央部山地のうち、最も広大で、なだらかな山麓をもつのが八ヶ岳である。この広い火山灰台地は、諏訪側では南および西に向いて、幾条かの渓谷と河川とによって縦に区切られている。その斜面は、冬期など、午後の傾いた太陽光線を、より直角に近く受けるので、平坦地などより日射量が多い。こうした山麓の標高八〇〇メートルから一二〇〇メートルにかけ、横に帯状に数多くの縄文中期の集落が発達している。これまで学術的に住居址の発掘調査されたものとしては、南麓では富士見町の井戸尻・藤内・曽利・徳久利・大畑遺跡その他、西麓では尖石・与助尾根遺跡など、二百数十におよぶとされている。

近年、富士見一帯の遺跡調査に参加し、報告書の一部を受けもち(1)、土偶・顔面把手・石棒をはじめ、石壇遺構の姿相や消長などに興味ある傾向を認めたので、その検討を試みた。さらにこれを県内の他遺跡(2)についてみたところ、縄文中期という一つの時期の勝坂期、加曽利E期間の差として認め得るものと思われる。

縄文中期という言葉で表現されている中部山地の勝坂・加曽利E両期の遺跡は、その立地上では、火山灰台地闊葉樹灌木林地帯にあり、同じような所に集落住居を構えていながら、その本質的文化内容に差の認められることは、以前から知られているようだが、藤森栄一氏は、「勝坂式文化内容の不思議」(3)として、縄文中期文化を全般的にとらえ、原始陸耕論を述べている。ここでは、藤森氏論中の特に土偶・顔面把手・立石について、縄文中期の勝坂・加曽利E両期の差異、消長を、縄文中期という概念の中から抽出して検討を試み、宗教的遺物の変化の背景を摸索してみることとした。この点については、桐原健氏が縄文中期の集落構造を論じた中でもふれており(4)、また、藤森栄一・武藤雄六両氏からは、発掘作業中の対話などのうちにいろいろな教示やヒントを得た。こうしたことをもとにして、私の考察に加えて、藤森・桐原両氏の論考への批判を述べ、批判と教示とを賜りたいと思う。

一

八ヶ岳山麓地帯の縄文中期土偶の発見数は、遺跡数・土器数に比較すると甚だしく少数である。表1によってみられるように、使用した資料からは十数例があげられるだけである（尖石については、宮坂英弐氏の調査以前の古い報告として、勝坂期の炉址を中心とした報告が長野県史蹟名勝天然記念物報告第一四輯に今井真樹氏によってなされているが、住居址単位に資料を集めて操作を行なうので、ここでは使用していない）。

　発見した土偶は、いずれも住居址内からであり、それを土器編年に当てはめてみるならば、勝坂期初期の新道期に一例、勝坂期の最盛期の藤内

資料				土偶		顔面把手		立石	
編年対比	遺跡			南麓	西麓	南麓	西麓	南麓	西麓
	関東	八ヶ岳山麓							
↑	阿玉台	新道	↑	1					
		狢沢		2		1			
勝坂式		藤内Ⅰ	尖石Ⅰ	3		2			
		藤内Ⅱ		3					
		井戸尻Ⅰ	↓ ↑	1		1		1	
		井戸尻Ⅱ	尖石Ⅱ			4			
↓		井戸尻Ⅲ	↓			1			
↑		曽利Ⅰ	↑			1			
		曽利Ⅱ							
加曽利E式		曽利Ⅲ	尖石Ⅲ		1			1	4
		曽利Ⅳ						1	
↓		曽利Ⅴ	↓						

表1

Ⅰ・Ⅱ期に各三例ずつ、井戸尻Ⅰ期に一例、以降、勝坂期の終末に当る井戸尻Ⅱ・Ⅲ期に発見なく、また、加曽利E期に相当する曽利期には、最近の大畑遺跡(5)の住居址七個以上の発掘においても、曽利遺跡(6)その他の富士見方面同期の住居址にもみられず、西麓の尖石・与助尾根方面の五〇例以上の加曽利E期相当の住居址には、与助尾根8号住居址において飾られた土器中より発見された土偶の首の特殊な出土一例以外、発見されていない。では、新道期以前の様子はどうかというと、中期初頭の九兵衛尾根期に、楕円平板形の発生期的な形態をもつ土偶が一例知られているだけである(7)。

このように、住居址内から発見された土偶を編年に当てはめてみると、新道期に初現がみられ、順調に発展し、藤内期に最盛期があり、井戸尻Ⅰ期を境に住居址内から土偶の姿がみられなくなっていることがわかる。編年からみた土偶の最盛期が藤内期にあるといったが、実際に藤内期という時期はどのようであったか。

土器では、区画文・象徴文で飾られた勝坂期の最盛期土器であり、また、鍔付有孔土器の出土が特に多い。もっともりっぱな大型のものが出土する時期である。土偶では、藤内Ⅱ期の藤内16号址出土の頭上に蛇体がトグロを巻いた土偶(8)を頂点に、質・量ともすぐれていると認めることができる。この勝坂期の前半に当る期間の、勝坂最盛期の藤内Ⅱ期までの土偶の形態を通観するに、中期初頭に発見されるものは楕円平板形で、顔がまだみられず、乳房・正中線がうかがわれるだけで、狢沢期のものは胴部がずん胴でごろごろしているが、阿玉台期土偶にはこうした形態がみられるといわれている。

関東・中部山地を中心とし、一般的に中期土偶にみられる顔面の特徴とされている細く長い眉、柿の実状のつり上った目、上向きのシシ鼻、丸いおちょぼ口、こうしたものを全部合わせもつ土偶は、井戸尻Ⅰ期の藤内Ⅱ号址出土の土偶のみで、その他では、そうした諸特徴の萌芽がみられるもの、あるいは特徴の一つ、ないし二つをもつといった形で、中期的特徴の土偶への一段階前という感じである。もちろん藤内16号址の蛇体装飾土偶の顔も特徴を合わせもっているが、完成一歩前ともいうべき顔のものである。

では、中期中葉井戸尻Ⅱ期以降、この山麓の住居址内から姿のみえなくなった土偶はどうなったのであろうか。井戸尻Ⅱ期以降の勝坂期土偶のあり方については、いまのところ、何ともいえるような資料はない。このことについては顔面把手の項で論ずるとして、加曽利E期の土偶は、最近例の諏訪湖畔の杉ノ木遺跡(9)・下伊那郡新切遺跡(10)などからみて、その特徴として、極端なまでに誇張されて突出した臀部、そしてその大きさで下肢から足部へつらなり、独立立像を保っている姿体、さらに誇張された臀部の面に一本、ないし二本の沈線によってハート形が画かれている点、そして臀部・下肢などに渦文・懸垂文が施されている点などがあげられるが、顔は中期土偶の特徴をわずかに彷彿しているまでに退化し、全体的に小型化するらしい。それも時期の下降とともにその特徴はいっそう退化し、臀部には、懸垂文や渦文が盛行するようになる。要するに、土偶のみせどころは、顔面より腹部とか臀部などの下半身部に主点をおいているといえよう。こうした特徴をもつ中期末の加曽利E期土偶は、八ヶ岳山麓の住居址内からは発見されていない。与助尾根8号址の土器中から出た土偶(11)は頭部のみで、下半部が不明なので、加曽利E期の特徴は充分判らないが、顔面の様子からこの期のものであるらしい。

このような特殊な出土例を除いて、八ヶ岳南麓の曽利・立沢・居平・大畑・藤内・井戸尻などの諸遺跡、西麓の尖石・与助尾根遺跡など発掘した住居址は、表2でみるように、約半数が加曽利E期に相当するが、土偶の発見例はない(12)。この実例は何かを語るものであると思うがどうであろうか。この事実は、住居址中よりの資料を集めた上でのものであるから、表1でもみられるように、土偶の存在位置は、住居址内になくなったものと解されよう。この見方は、表2でみられるように、県内の他遺跡、平出・熊久保遺跡などの住居址内についてもいえることである。

そこで加曽利E期の土偶のあり方はどうであろうか。資料はやや弱い感じもするが、一つのヒントを与えてくれる土偶がある。それは、古い報告例であるが、尖石近辺の広畑遺跡発見のもので、東大人類学教室所蔵の下脚をわずか欠損しているだけの完形に近い土偶である。(13) 報告によると、住居址以外の所に小石をもって囲まれて出土したとされている。どの型式の土器を伴ったのか不明なのは残念だが、観察によると、手や顔面の造作は勝坂期の特徴を合わせもっているが、目などのつり上り方がやや弱く、水平になっている。また、後頭部の隆起による飾り方、懸垂された穴とみられる貫通する三個の穴、こうした頭部の飾り方は、後にふれる顔面把手のもつ飾り方と同一方法であって、顔面把手の盛行期である井戸尻Ⅱ・Ⅲ期、すなわち勝坂期終末の特徴をもつものである。さらに、目を引く箇所は、誇張された臀部と、そこに沈線で画かれているハート文様、体部の渦文等で、臀部の張り出しは下肢へつらなって独立立像を保ち得るとみられる下半身部を形成している。やや渦文やハート文に弱い点があるが、加曽利E期土偶における施文法の特徴のすべてをもっている。

この土偶は勝坂期と加曽利E期との両特徴をもっ両期の過渡期に当るもので、加曽利E初期のものとみていいと思うが、住居址外から特殊な形で発見されていることに注目したい。加曽利E期土偶のあり方については、表1において示したように、住居址内から姿を消していることから、その存在する位置は、住居址以外の箇所にあるようになったのではないかと考えたいのである。

次に、勝坂期と加曽利E期土偶とのもう一つの差を述べておきたい。勝坂期で発見された土偶のうち半数以上には、頭・手などの上半身部に貫通せる小孔がみられる。一、ないし三個もあるものがみられるが、これは吊すための穴であったと考える。(14) 勝坂期の懸垂用小孔をもつ土偶はいずれも胴部が平板であり、藤内期の土偶最盛期に頭部が立体的になっているものでも、胴部は平板形であって、独立立像としてはまず不可能な形態のようである。おそらく勝坂期前半の土偶は、住居址内のある部分に懸垂されていたのが普通の姿であったのではないだろうか。

それに対し、加曽利E期の土偶では、初期のものは頭部に顔面把手と同様な飾りがあり、懸垂もできると思われる穴があるが、主体は下半身部に移り、臀部以下の太い脚部によって独立で立像を保ち得る形に変化していくようである。加曽利E期も降ると、さらにこの傾向が強まり、懸垂用の小穴はみられなくなり、独立立像をとる形態一方となる。すなわち、地面上とか、壇上とか、平たい場所へ安置し得る形になっていくようである。これらのことから、住居址以外のある種の平らな所に立っている姿が多かったとみられないであろうか。

縄文中期土偶といわれていたものの所属する時期については、いままで詳しく判明しなかった。(15) 一概に縄文中期といっても、その内容は非常に変化しているらしいのであって、勝坂期にすら前半と後半で変化をみせ、加曽利E期でもまた変転をみせている。こうした変化は、この期の文化の背景に大きな変化があったとみられるのであり、精神面における変化も大きかったと考えられる証拠を提供しているものであろう。

二

土器に把手の萌芽のみられるのは、前期末からであるが、顔面把手としては動物意匠が多い。人面把手が付くのは、中期になってからのことであるようである。この地方で最も古いとみられるのは、狢沢期の九兵衛7号址出土の顔面把手の、目のあたりに横に一本の押圧文をもち、頭部に渦文が作られているものである。それが藤内期になると、確実に人面になって、目・鼻・口が画かれるようになり、いわゆる中期的な特徴といわれる柿の実状の目、長い眉も現われてくる。さらに井戸尻期になると、そうした中期的特徴の顔には、上向きのシシ鼻やおちょぼ口が付き、井戸尻Ⅱ期になると、そうした特徴をもつ土偶とまったく同一造形をもつ九兵衛尾根6号址のものを頂点として、その最盛期を現出している。そうした顔面把手は、井戸尻Ⅱ期以降のあり方として、これまで器内をみつめるようにしていた顔面が、外向きの形にかわってくる。(16) 曽利Ⅰ期の曽利4号址の壺には、顔面把手ではなくて外向きの顔面が、対象的位置の器壁に二面画かれているが、この期を最後に、

尖石遺跡

住居編年	住居番号	住居内施設
尖石Ⅰ式	尖石18	
尖石Ⅱ式	尖石6	立坑
〃	未完窟	
尖石Ⅲ式	尖石1	埋甕(A)
〃	2	
〃	3	
〃	4	
〃	5	
〃	7	立坑
〃	8	埋甕(A)
〃	9	
〃	10	
〃	11	
〃	12	埋甕(A)
〃	13	
〃	14	
〃	15	埋甕(A)
〃	16	埋甕(A)
〃	17	
〃	19	埋甕(A)
〃	20	埋甕(A)
〃	21	
〃	22	立坑
〃	23	立坑
〃	24	
〃	25	

（続き）

住居編年	住居番号	住居内施設
尖石Ⅲ式	26	立坑
〃	27	立坑
〃	28	埋甕2(A)
〃	29	立坑
〃	30	
〃	31	

与助尾根遺跡

住居編年	住居番号	住居内施設
尖石Ⅱ式	与助尾根2	
尖石Ⅲ式	1	
〃	3	
〃	4	埋甕(A)石蓋・石棒石壇
〃	5	
〃	6	
〃	7	石棒石壇
〃	8	土偶首壺内
〃	9	
〃	10	
〃	11	
〃	12	
〃	13	
〃	14	
〃	15	埋甕(A)石蓋・石壇
〃	16	埋甕(A)
〃	17	立坑・石壇
〃	18	
〃	19	

（続き）

住居編年	住居番号	住居内施設
尖石Ⅲ式	与助尾根20	
〃	21	
〃	22	
〃	23	
〃	24	立坑
〃	25	
〃	26	石棒有頭
〃	27	
〃	28	

八ヶ岳南麓各遺跡

住居編年	住居番号	住居内施設
九兵衛Ⅰ式	九兵衛5	
九兵衛Ⅱ式	九兵衛3	
〃	猪沢6	
〃	徳久利13	土偶
新道式	新道1	
猪沢式	猪沢1	
〃	〃7	
〃	井戸尻2	土偶
〃	九兵衛4	
〃	九兵衛7	土偶
〃	徳久利12	
藤内Ⅰ式	九兵衛1	
〃	〃2	
〃	〃8	
〃	〃9	
〃	猪沢5	

表2－1

八ヶ岳南麓各遺跡

藤内I式	藤内	15	
〃	〃	17	土偶
〃	立沢	1	
〃	徳久利	1	土偶・顔面把手
藤内III式	藤内	8	
〃	〃	12	
〃	〃	13	顔面把手
〃	〃	14	
〃	〃	16	土偶
〃	乙事沢	1	
井戸尻I式	井戸尻	4	土偶・立坑
〃	狢沢	4	顔面把手
〃	藤内	2	
〃	藤内	7	埋甕・顔面把手・立石
井戸尻II式	藤内	9	
〃	九兵衛	6	顔面把手
〃	徳久利	10	
〃	〃	11	
〃	大畑	2	
〃	藤内	3	顔面把手
〃	曽利	20	
井戸尻III式	藤内	4	
〃	〃	5	
〃	曽利	3	
〃	井戸尻	3	顔面把手
曽利I式	曽利	4	顔面把手
〃	〃	5	埋甕(B)石蓋
〃	〃	12	立石
〃	〃	18	
〃	〃	19	

曽利I式	立沢	2	
〃	〃	4	
〃	狢沢	2	埋甕(A)
〃	〃	3	
曽利II式	曽利	11	
〃	曽利	17	
〃	居平	1	
〃	〃	2	
〃	大畑	3	
曽利III式	居平	4	
〃	曽利	6	
〃	〃	7	
〃	〃	9	埋甕(A)
〃	〃	13	
〃	〃	15	
〃	大畑	7	埋甕(A)
〃	〃	4	
〃	藤内	1	
曽利IV式	曽利	8	
〃	〃	16	埋甕(A)
〃	立沢	3	
〃	大畑	1	埋甕(A)
〃	〃	6	埋甕(B)立石
〃	〃	8	埋甕(A)
曽利V式	曽利	10	
〃	〃	14	
〃	居平	3	
〃	藤内	2	
〃	井戸尻	1	
〃	大畑	5	

熊久保遺跡

勝坂式	熊久保	4	立坑
加曽利E式	〃	1	
〃	〃	2	埋甕(A)2・立坑
〃	〃	3	立坑
〃	〃	5	埋甕(B)石蓋・石棒配石
〃	〃	6	
〃	〃	7	
〃	〃	9	
後期	〃	8	

平出遺跡

曽利V式	大畑	9	
加曽利E式	広原	1	埋甕・石棒石壇
〃			
平出3・4類	平出	ヘ	
〃	〃	ワ	立坑
平出5類	〃	ホ	
〃	〃	ト	
〃	〃	リ	石棒有頭
〃	〃	ヨ	
〃	〃	タ	鍔付有孔土器
〃	〃	レ	土偶・立坑
平出5・6類	〃	ヌ	
平出6類	〃	イ	
〃	〃	ロ	埋甕(A)
〃	〃	ハ	埋甕(B)・石棒
〃	〃	ニ	埋甕(A)2
〃	〃	チ	
〃	〃	ル	土偶
〃	〃	ヲ	
〃	〃	カ	

表2－2

東伊那山田遺跡	加曽利E式	山田1	埋甕2・石棒配石
	〃	〃2	
	〃	〃3	
	〃	〃4	
	〃	〃5	
大深山遺跡	勝坂式	大深山6	埋甕
	〃	〃1	立坑
	〃	〃2	立坑
大深山遺跡	勝坂式	大深山5	立坑
	〃	〃8	立坑
	〃	〃9	立坑
	〃	〃15	立坑・鍔付有孔土器
	〃	〃3	埋甕石蓋
	加曽利E式	〃11	埋甕2
	〃	〃16	埋甕
岡谷市広畑	加曽利E式	広畑1	埋甕
巾田遺跡	加曽利E式	巾田1	埋甕(B)石蓋・配石址
	〃	〃2	埋甕・立石

表2－3

顔面把手、あるいは顔面は土器からまったくみられなくなる。

表1について顔面把手をみると、第一にあげられることは、藤内期にあった住居址内における土偶の最盛期が井戸尻Ⅰ期におよんで退化減少の傾向をみせると、とってかわるように、井戸尻Ⅰ・Ⅱ期に、住居址内に顔面把手の最盛期が現われてくることである。それも同一住居址内に土器が多量に存在しても、顔面把手のある土器は一個くらいで、用途の特別であることが考えられる[17]。この顔面把手の顔の造形はいわゆる中期的特徴をすべてもつものであって、八ヶ岳山麓では、こうした顔は比較的にみられなく、かえって山梨県方面に多い傾向にある。

次に第二としてうかがわれることは、顔面把手が大型で、頭部は立体的となり、その後頭部には隆起帯による渦文や水流文が付けられていることである。この隆起文は土偶の頭上に飾られた蛇体を抽象化したものともみられる。この部分には人差指大の貫通する穴が三個くらい付けられるのが普通のようで、多くは左右の耳のあたりに二個、前後に貫通しており、一つは後頭部頂上に横に穿っていることが多い。こうした大型の顔面把手は、発掘の場合、本体である器体と一体となって出土する例はまずない。単独で出る例が多いようであるが、このことは何を物語るものであろうか。

勝坂期前半の、藤内期までの土偶の上半身部の頭・手・耳などにある貫通せる小穴は土偶を懸垂するためのものであるが、その後半井戸尻期の住居址内から発見される顔面把手にある人差指大の貫通孔は、それらの土偶の懸垂用小穴と同一箇所に付けられている。このころから、土偶にみられた小穴の懸垂するという本義がそのまま土器に伝えられ、あるときには把手の穴によって懸垂されたり、指などでもたれた結果、物理的な現象として折損したことが想像される。しかし、折損した後も、それ自体は居祉内において何等かの形でその地位を保っていたから、応々にして単独の出土があるのではなかろうか。

住居址内に存在する位置を得た井戸尻期以後の顔面把手のあり方は、その向きが、当初内面を向き、何かをみつめるような表情とうかがわれたものが、外向きの顔にかわり、加曽利E期に当る曽利I期になると、顔面把手は全然見当らなくなり、ただ、小型壺の外壁に二個の顔面が付けられているのみで、土器から顔面把手と顔面とは消えている。このように、加曽利E期になって、土器から全然みられなくなるということは、縄文中期の勝坂・加曽利E両期文化間の大きい差として、抽出して考えるべき問題であると思う。要するに、勝坂期にあっては、土偶と顔面把手との関係は、時間差をもつもの、すなわち、シリウス（直列）の関係で住居址内に精神的対象物として存在していたのであるが、加曽利E期におよんでは、この両者が全然みられなくなるという現象を把握できるのである。

三

石棒は、その形状からして、男根をシンボライズしているものとされ、用途は、生産に関係ある信仰的対象物、地母神とされている。石棒・有頭石捧・石柱および往々付随する石壇などを立石遺構とし、ことに巨大な石棒を含めて中期の代表的な出現物とされているが、この内容はどうであろうか。

表1にみられるように、勝坂期では井戸尻I期の藤内7号址に知られるのみである。資料に勝坂期住居址がやや少ないという点もあるが、他の県内遺跡の縄文中期勝坂期相当の住居址内をみても、まず例がないとみてよいようである。しかるに、加曽利E期についてみると与助尾根4・15号址などをはじめとして四例、南麓富士見町方面では曽利6号址、

広原1号址、大畑6号址などにみられる。県内他遺跡では、熊久保5号址、巾田1・2号址、東伊那6号址など類例は少なくない。

こうした立石遺構における勝坂・加曽利E両期間文化の差異を検討してみよう。表1は、住居址内における遺物を抽出しているのであるから、勝坂期に立石遺構のないのは、住居址内には作られなかったものとみられ、加曽利E期にはその逆に、住居址内にしばしば作られるようになったものとみてよかろう。もちろん、同一時期に、同時性をもつ住居址のグループの上から、立石遺構をもつ住居の関係(18)というようなことも考慮さるべきであるが、ここでは住居址内に立石が存在するようになった、という点を強調したい。

勝坂期の立石のあり方としては、住居址内には例がないが、住居址以外の遺跡地からの発見例は多く知られている。下諏訪町駒形遺跡の勝坂住居址群(19)の中央から発見された有頭石棒(20)とか、上伊那郡宮田村中越遺跡・山梨県韮崎市穂坂・南佐久郡佐久町北沢例など、住居址以外の地点に立っていた例は、勝坂期には住居址外の集落のある地点にあったとみられる例であろう。このことは、勝坂期には、住居址群のある地点に立石が作られ、立石が一住居とか、一個人の所有物でなかったことを物語るものであるが、加曽利E期になると、住居址内からの発見が広く普遍的になってくる。恐らく、勝坂期の集落共有物、氏族的共同体の共有物が、家族共有物か、近親共有物に変化をみせたとみてはどうであろうか。

こうした変化の一つとして、桐原健氏は、勝坂期集落は標高九〇〇〜一〇〇〇メートル間に集中的に大規模性をもって存在するが、加曽利E期集落は、標高八〇〇〜一二〇〇メートル間に広く小規模性をもって分散的なあり方を示し、引いては、勝坂文化の中部山岳地帯の一文化性に対し、加曽利E文化は全国的に広い文化性をもつといっている(21)が、住居が加曽利E期では分散性をもつものであることを示す例であろう。

また、武藤雄六氏の分類によると、加曽利E期に相当する曽利期の曽利・大畑両遺跡（大畑遺跡については、台地上に未発掘住居址が数個存在することが確認されている）の同時性をもつ住居址は、表3のようになり、同時に住居を構えたグループは、三、ないし六個となるようである。このこともやはり、勝坂住居群の集中的大規模性に対し、加曽利E住居群の分散的小規模性の一つの証ともなろう。

形　　式	曽利遺跡	大畑遺跡
曽利 Ⅰa	3	2
〃 Ⅰb	2	
〃 Ⅱa	6	1
〃 Ⅱb	1	
〃 Ⅲa	1	1
〃 Ⅲb		1
〃 Ⅳ		3
〃 Ⅴ		2

表3

こうした住居址のあり方からして、立石のあり方は、勝坂期の部落共有物的性格が、加曽利E期では、住居址の分散的小規模グループ性とあいまって、小グループの中に一つもつとか、単一家族でもつようになったということを示すものではないだろうか。たとえば、神社にみられる分社とか、末社という形態に似たものと考え、勝坂期の集落のある地点にあった立石が、何らかの生活背景の変化から、住居が分散して小グループ化した加曽利E期に、やはり勝坂期の立石の風習を伝え、小型化して住居址内にもちこまれたとみることは、いかがなものであろうか。

四

縄文中期全般にわたり、住居址内の宗教的遺物を中心に、統計的にその変遷をとらえてみたが、すでに述べてきたように、勝坂期前半（藤内期）には、土偶は住居址内のある部分に懸垂されており、石棒は比較的大型のものが集落のある地点に存在する形をとる。次いで、勝坂期後半（井戸尻期）では、住居址内に土偶の存在がみられなくなり、これにかわって中期的な特徴を完備した顔面把手が、単独で比較的多くみられるようになる。こうした変化も中期後半の加曽利E期（曽利期）にかかると、住居址内に土偶はもちろん、顔面把手土器やその部分は全然見当らなくなり、宗教的構造物として石柱、石棒、石壇遺構が認められてくる。

こうした宗教的構造物上での三段にわたる変化は、同時に、生活文化上にも認めることができる。例えば、小鍔付有孔土器は藤内期に中心があり、(22) 井戸尻期で退化、小型化し、曽利期では初期のわずかな例を除いて消滅している。また、貯蔵形態の面からみても、勝坂期の前半、後半を通じて鍔付有孔土器は貯蔵器具として存在したが、加曽利E期にはみられなくなり、かわって貯蔵用施設として、埋甕の風習(23)が考えられるが、鍔付有孔土器を防湿的、乾燥性の貯蔵用器とみれば、埋甕施設は恒温、恒湿性をもつ貯蔵庫であって、おのずからその中に貯える「物」の性質に大差があることが知られる。さらに集落構造においても、勝坂期と加曽利E期の変化、なお、打製石斧においても、曽利Ⅱ期以降は、勝坂期の量に比すと、大巾な減少をみせること、などである。

このような宗教・文化・生活・経済というような社会を構成する要素の変化は、一口にいうならば、勝坂式文化は時間的・空間的にも中部山地において特異的に発達した文化で、加曽利E期以後は退化の途をたどるものとされ、その特異な文化が、例えば、農耕を自生させたとしても、加曽利E期以後の衰退する状態からして、農耕説を決定的に否定している状態である。もちろん、そうした衰退してゆく変化は、農耕をもつような状態でなくなる方向へ進んでいるとみられるが、そうしたすべての様相をみるなかで、勝坂期前半に、中部山地の勝坂人達は、良好な条件下で原始的な農耕方法を自生させ得たものと思われるのである。

その自生させ得た農耕は、その以後、勝坂後半でわずかずつ退潮のきざしをみせ、中期後半の加曽利E期では急激な退化衰退をきたしてゆく。そうした進んだ文化が、周囲の条件が整わず、受け入れ体制がなされていないがため、文化が退行したというようなことは、歴史上においてもしばしばみられることである。

勝坂人達が、良好な条件下に、その叡智によって自生させた農耕も、まだ農耕を主体として生活を賭けることがゆるされず、自生させた農耕を、周囲の諸条件（気象による動・植物相の変化とか、土地収量の減少など）はその発展を妨げ、ついには、農耕も再び採捕経済（狩猟・漁撈）へと退行してゆかざるを得なかったものと思われる。

人類が苛酷な自然条件の変化に巧みに順応できるか否かは、周囲の条件が整わない時期に農耕を自生させ、それに生活を賭けたものより、自然の提供する食べものによる採捕経済の方がはるかに容易である。叡智ゆえに農耕を自生させ、農耕に生活の比重をかけた勝坂人は、当然、諸条件の変化により、みずからその進んだ文化を放棄する苦悩の途をあゆまねばならなかった。こうした途をあゆむ中部山地の縄文中期において、その文化を担った人々は、精神面においても真摯なものがあったであろう。そのような精神面の苦悩こそ、縄文中期における宗教的遺物の推移となった背後の要因をなすものであろうことが示唆されるのである。

きわめて不完全な論旨や要点の多い論稿であるが、縄文中期の土偶・顔面把手を扱うちに気付いた点を摘出したもので、宗教的遺物の変化をきたした要因は、中期農耕にあるとの考えからのもので、叱責、教示を期待したい。藤森栄一・武藤雄六両氏の資料や教示によるものが多かったことを記して謝したい。

（1）宮坂光昭『井戸尻・土偶と顔面把手』―富士見町教育委員会刊
（2）平出遺跡調査会編「平出」―昭和三〇年
樋口・横山・小松「長野県東筑摩郡朝日村熊久保遺跡調査報告」―信濃一六ノ三・七
藤森栄一『下諏訪町誌』上下―下諏訪町誌編纂委員会編
川岸村誌刊行会編『川岸村誌』
八幡一郎「長野県南佐久郡大深山遺跡調査」―信濃一二ノ八、一三ノ七
森島稔「埴科郡戸倉巾田遺跡」―長野県考古学会誌創刊号、その他
友野良一他四氏「駒ケ根市東伊那山田遺跡」―信濃三ノ六
（3）藤森栄一「縄文中期文化の構成」二―考古学研究九ノ四

(4) 桐原健「南信八ヶ岳山麓における縄文中期の集落構造」—古代学研究三八
(5) 武藤雄六「大畑遺跡第三次発掘要旨プリント」— 富士見町教育委員会　昭和三九年
(6) 藤森栄一・武藤雄六「曽利遺跡調査報告」—長野県考古学会機関誌一号
(7) 註(1)に同じ。
(8) 武藤雄六「蛇体装飾のついた土偶と土器」—考古学雑誌四九ノ三
(9) 註(2)『下諏訪町誌』
(10) 佐藤甦信「長野県下伊那郡高森町増野新切遺跡出土土偶」—信濃一六ノ九
(11) 宮坂英弌『尖石』—茅野市教育委員会刊
(12) 妊婦が壺を抱いて座しているものが藤内1号堆土中より出土とか、尖石考古館に資料としてあるが、特殊な土偶に思われる。
(13) 八幡一郎「諏訪郡豊平村広見発見の土偶」—人類学雑誌三七ノ八
鳥居竜蔵『諏訪史』一巻—諏訪教育委員会刊
(14) 註(3)に同じ。
(15) 江坂輝弥『土偶』—校倉書房、昭和三五年
(16) 顔面把手の顔が、内面を向いているものが、外向きになるという問題点は、勝坂式文化内の一つの変化として面白い点だと思う。

(17)小野真一「駿豆地方における土偶と顔面把手」—上代文化二九
(18)水野正好「縄文文化期における集落構造と宗教構造」—考古学協会第二九回発表要旨
(19)註(2)『下諏訪町誌』上
(20)中村竜雄「環状住居址群と立石」—古代四二、四三合併号
(21)註4に同じ。
(22)鍔付有孔土器と、埋甕については、貯蔵形態の変化として、「古代」近刊に発表予定。
(23)埋甕は加曽利E期の特徴的施設であり、住居址内にしばしば立石遺構を北側に伴っていることがある。宗教的に有機的関連性があるかとも考えている。

※　この論文は、雑誌、「信濃」に昭和四十年五月に発表されたものである。縄文中期の宗教的遺物と集落の関係を捉えた貴重な論文でありながら、読者には容易に入手できないこともあり、転載させていただくことにした。宮坂氏の新たな書きおろし論文「蛇体と石棒の信仰」は、この基礎の上に執筆されたものである。

御作神

今井野菊

神徒《こうのと》は諏訪大神の直裔
神使《こうどの》はその枝葉族
神主も神使に同じなるも力うすし

稲の種禾穀《たねもみ》を手に入れることが容易でなく、また、育てる事のむずかしかった古代《むかし》の先祖は、稲を育ててその稔りを祈る心は、子供を育てるにもまして真剣でありました。そして、東《あずま》の国、東海道・東山道に、稲の種を持ちこみ、先住民に「いねづくり」を教えられた諏訪大神建御名方命《たけみなかた》を「農耕の神」と崇めました。また、年々土地を闢《さく》り、稲を作るのに、天災地変を除いて、保護してくださる神、「さく神」を憑《たの》み、真剣に稔りを祈りました。

石器時代の太古《むかし》から、人間は「生れ出る」ことの神秘さ、その不思議さを、神さまのお恵みであり、お与えであると信じ神を尊び、石棒、石皿を御神体として祭りました。また、食物を搗き砕く時使う石棒や石皿は、使用したあとは、大切に飾っておきました。現在も餅を搗く石臼・木臼・杵を小正月の年中行事には注連《しめ》や供物をそなえて祭ります。

私たちの大祖先も、石棒・石皿の「石神《いしがみ》」を第一の神「さく神」のご神体として祭っています。「御頭御左口神」の総社・神長祈禱殿の極秘のご神体は石神であります。この石神たちによって担われた、さく神信仰であります。

古代、種禾穀を渡された氏子は、稲づくりのため天候の恵みを祈り、天災から逃れるため、潔斎《みそぎ》をして神祭りをしました。村中の氏子が集まって、村の共同のさく神を祭り、順番をきめて、祭りの頭《かしら》をつとめて、春祭・秋祭を行い、また、お諏訪さまも分祀しました。この村中で祭る、さく神を「御頭御左口神」と呼びました。また、神を祭ったり、稲づくりの指導を受けるため、お諏訪さまの系統を誇る神使《こうどの》を迎えました。

神使の政治がさきか、氏子の要望がさきか。さく神信仰の氏子を統率する、お諏訪さまの神使の権力は、稲づくりの発展と共に、地方豪族諏訪官として栄えました。が、底辺の力は御頭御左口神を祭って稲を作る氏子にありました。

神徒《こうのと》や神使は、自分の屋敷の酉之《とりの》方位にさく神を祭り、厳しく潔斎をして、さく神に仕え、お諏訪さまに任え、五穀豊饒・無事息災を祈りました。この事は祭事と政治を掌る事でありました。

こうした東山・東海道両の、さく神・お諏訪さまの信仰の氏子の団結は、地方の神使を中心に動いていても、信仰の目標は、中央神建御名方命の直裔を「共同神体」として信奉する、前宮大祝《おおほふり》に集まっていました。

この底辺から盛り上っているさく神信仰の氏子を率いる神使は、現人神大祝へ奉納する貢物と、その交流によって「神氏《みわし》同族」である事を証明されねばなりません。

それを氏子に認められるには、はるばる科野の諏訪の国前宮《まえみや》に来て、大祝につながる神氏であることの「御神印」を必要としました。

それは、神長によって掌握されている、御左口神の「神札」を毎年頂くことでありました。御神印は、本筋として神氏一族に限られていました。

神徒は　御宝印　三つ充《づつ》
神使は　御宝印　二つ充

と堅く定められていました。

この神札は笹に結び、櫃《ひつ》に入れて担がせて帰り、氏子に披露して自宅のさく神の祠に祭りこみました。

神徒の縣主《あがたぬし》は、諏訪大神のご神意によって、年一回行う総氏子の御頭祭（一名酉のまつり）の頭役《とうやく》を輪番に指命されました。この神事奉仕のときは領内の神使はじめ御頭御左口神を祭る郷、村の氏子をはるばる率いて来て奉仕しています。

さく神信仰を牛耳った稲づくりの、さく神即諏訪神社信仰団結は、現人神大祝を、連合の共同体神として結束していました。「諏訪明神物忌《ものい》み令《れい》」に基づいて、神を祭るには厳しい潔斎《みそぎ》を行う事を誇りとし、その信仰民の底力は、古くさかのぼるほど堅く偉大でありました。

さく神は、地方の訛りのため、宛字は雑多でして、日本国中では、二百余種にのぼっています。

諏訪の宛字は

神長官　御《み》左口神

他　御《み》社宮神　御《み》社宮司　佐久神

御《み》射軍神(司)　御《み》佐軍司　曲口
左口　佐口

等古記録に見えます。また、「諏訪大明神縁起画詞《えんぎえことば》」の新玉《あらたま》神事の条には「御《み》作神」とあります。

稲は「年《いね》」であります。禾穀《もみ》から生れ出る清浄の米粒は、年《いね》の年の神霊・新魂《あらたま》（荒魂・新玉）であり、このあら魂こそ、諏訪明神信仰の共同体の神体「現人神《あらひとがみ》大祝」であります。「御作神」とは、農民が大切の稲を闢りたがやすにあたって、守護を憑《たの》むさく神に、御《み》をつけて「御《み》作神」と呼ぶを原義とします。

昔は稲の実に霊格を認め、禾穀《もみ》は年《いね》の神を守護する神、ひいては年（歳）の神であり、また、定量の縄はじめ、縄おさめの神でありました。

生活第一の稲の御作神は、あらたかであって組末にすれば風雨や旱等の祟りの起るおそろしい神とされました。

大祖先たちは、旱や暴風雨の災害を除いて豊饒をもたらして下さる、御作神に仕えるのには、どんなきびしい潔斎や神仕えをもいといませんでした。

後世、文字の到来と神官の筆のさき、また、祭る守護事情、土地の発音事情によって、

幾多の変化が見られますが、然し発音は敬称の有無を除けば

さく・しゃぐ・さく・じょぐ

さこ・しゃご・さご・じょご

に基づいた靴りとなっています。

新玉の稲の穂は、正月の神饗《かみあえ》として羊歯《しだ》・燈・昆布等を添えて、一ヶ年の無事、豊作を祈っています。洗米のハツハナ米を供え菩薩さまであるとも訓えています。

とにかく熱帯値物である稲を、寒冷地の信濃の土地に、現在の多収穫を見るまでに、幾代々のあいだたゆまない情熱を傾けつづけた大祖先の努力の賜である稲文化の高さを省みます。

現在、御作神は郷社・村社の産土神・氏族の祝神・家の屋号となっている場合も相当多く、亡びた氏族の祝神と伝えるもの、氏族の移転のとき移したもの、更にそれを置き去りにしたもの等、さまざまであります。

しかしその多くは、産土神が御作神であることを氏子が知らなかったり、祝神が御作神

であっても、由来の伝わっていないこと等、御作神の由緒はわからないのが殆どかと見られます。

時代の政治のため、悲惨な滅亡を遂げた氏族の屋敷跡に残る御作神は、祟るという口碑を残しています。然し大部分の御作神は由緒不明のまま土俗信仰によって守られ

古い草分け神であること
あらたかな神さまであること

と伝えています。

御作神は殆ど「子供の守護神」と伝え、風邪・咳・夜泣き・安産・子授け・腰から下の病気・つんぼ等々の神、また、入学成就の神とされ、そのお果しのお礼の方法は、お茶・こんにゃく・糯米・団子・ぼた餅・つんぼの場合は火吹竹・穴をあけた椀等、地方色ある器物に入れてあります。

御作神は、東海道・東山道の本通り添い、岐れ道・枝道・小枝道添いの、海浜から山地へ、山地から平地、平地から峠、峠から谷あいと、山河を要領よくつなぎ、この古道に添

った天恵の要所、要地の草分け古村から、草分け古村をつないで遺跡を残しています。

この古道は、古代祖先の塩運般の理想道であり、物交《あきない》の道でありました。

現在は、どこでも、高速道の拡張が激しく行われています。この拡張や開発に民家をつぶすを憚り、「由緒不明の神」とされているためか、世紀の保護から見おとされた御作神の社、御作神の小字地を、つぶし去る例があまりにも多く見られます。

思えば古代祖先の理想道・塩の道は、二十世紀の理想道との一致から破壊され去るのでありまます。

洩矢祭政体の原始農耕儀礼要素

田中 基

氷河期がひき去ったあとに、高地に陸封された生物のように、ここ日本島の中部山岳地帯・諏訪湖盆に奇しくもポッカリと残存した古層な祭政体がありました。

この祭政体は、日本島を国家広域社会が被覆し尽す以前の一先住種族の表象体であり、それでもって自然にかかわっていく一つの単位体でありました。その祭祀は少なくとも中世に至るまで、その原始信仰を強持してその中核においては仏教や神道の侵入を拒絶し、「極秘にして述べ難し」という秘儀でありました。

僕らは眼前に書き残された祭祀構造そのものの中に、それを担った種族の生命観が隠されている、と考えるものです。

そこで祭祀構造の中に内包されている基本的なモティーフを列挙し、祖型復元の手がかり、下準備としたいと想います。

1　ミサグジ降ろし

なによりも第一の切口となりますのは、祭政体の核をなす御左口神＝ミサグジという生命観であります。

御左口神信仰は現在も土着信仰として残存しているもので、その神体は、主に縄文中期の祭祀に用いられたであろう安山岩製の石棒、石皿であります。それぞれ男性陽物、女性陰部をかたどったもので、新たに生れ出る生命の不可思議に対する原始信仰で、自然に対する考え方を表わしたものです。

今井野菊さんの踏査によりますと、この石棒、石皿を祀る古祠は、御左口神に限られておりません。一つは北伊勢から諏訪湖盆にわたって分布する天白＝テンパクという古祠も石棒を祀っており、それは主に河川の主要部に位置する古い漁猟神ではないかと言っておられます。また、千鹿頭＝チカト神という古祠は諏訪湖盆から東北にかけて分布し、やはり石棒を祀るもので、これは古い狩猟神でなかったかと判断されています。

そして、中部地帯全域に広がって、「天白や千鹿頭神に対して、村では幅をきかす」主要地に存する御左口神が被覆していると言っておられます。この重なりを頭に入れて次に移ります。

石神だけをミサグジと言っておりません。「酉の祭」に神使巡行がありますが、その時、神使が古郷を廻るとき、神事は各古郷のタタエ木の下で行います。湛＝タタエの樹、タタエは神霊が出現する、という意味で、主に水稲農耕に適した沖積地を見下ろす台地に生えた巨樹が多いと藤森栄一氏は報告されています。それはミサグジの樹とも言われます。

大祝の即位する鶏冠社の樹と石
（『諏訪史　第二巻　後編』より）

これで石と樹の神が出揃ったわけですが、ミサグジは石神か樹の神かと争った柳田国男と山中笑の『石神問答』の事を語り合った時、北村皆雄さんが断案を下しました。巨樹の根元に石神を祀っているのを見て、神霊を巨樹に降ろし、その元にある石に宿すのだ、と。

諏訪祭祀においてミサグジをとりあつかう事のできるのは神長・守矢氏のみです。そして守矢氏がつくるミサグジは、原始的な陰刻のある鹿角の印判をつき、その紙をのりで封じた笹の葉につけたものです。しかし僕は、この笹と封印じたいをミサグジ神体とは考えません。ミサグジを振り降ろす媒介物で

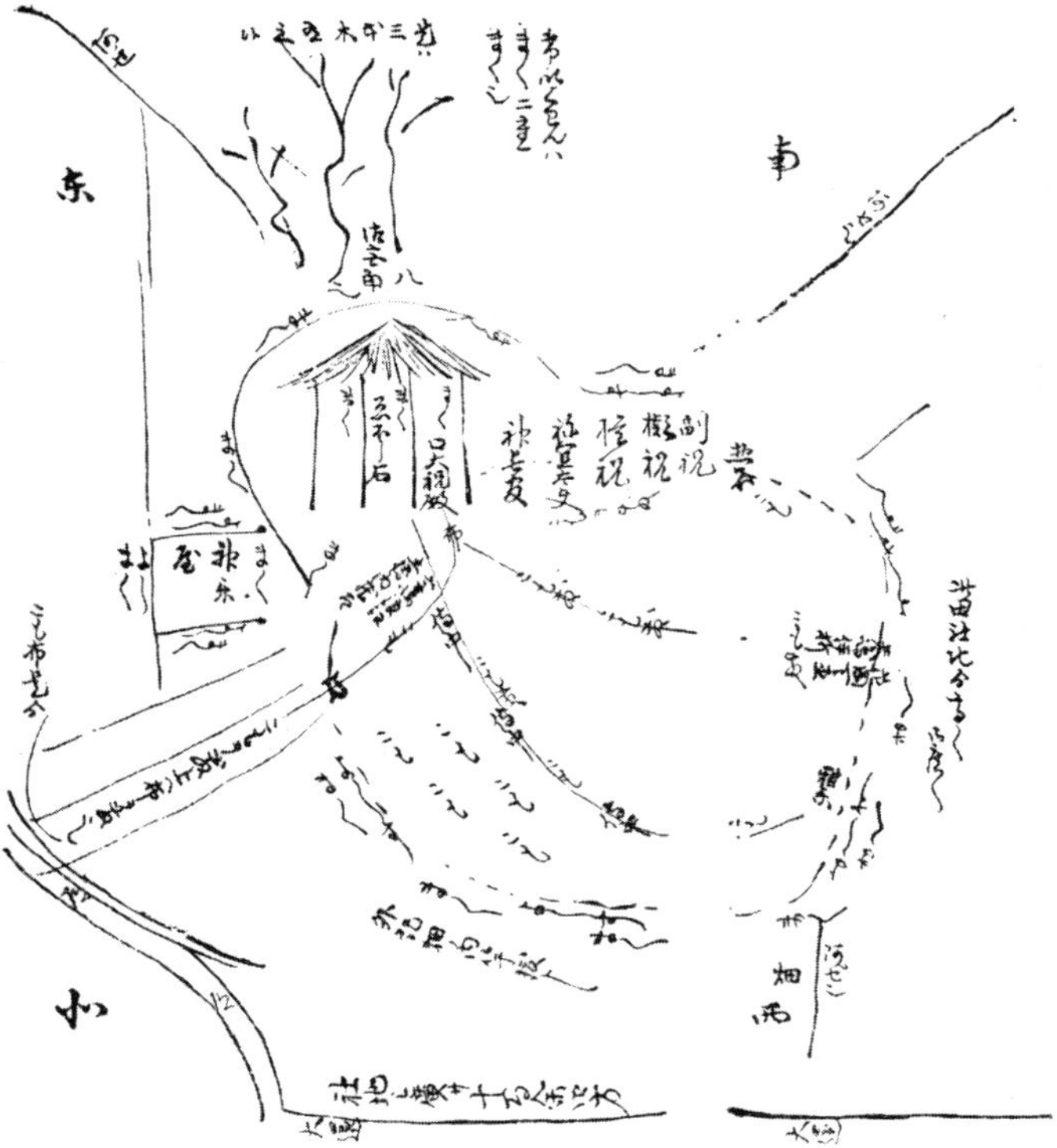

大祝即位の図

あることが忘れられた時、神格化されたものでしょう。

最後にミサグジと言われているもの、これが生き神様・大祝《おおほうり》です。七、八才の童児です。少年をミサグジと呼ぶ。何故か。ここで、祭政体の核をなすミサグジと呼ばれるものが、樹であったり、石であったり、少年であったりする事、そしてそれをあつかう道具であった笹の葉につけた呪印がミサグジと呼ばれ神体化している事、などの矛盾そのものの内にミサグジを解く鍵が隠されていると想われます。

その矛盾を解き明かし、ミサグジの実体を教えてくれるものがあります。大祝即位の儀礼、これは後世いろいろな要素が付加されていますが、基本的な構造が、問題を解決してくれます。永い潔斎期間において身心を洗浄し、スピリットの憑きやすい状態になった童児が、当日、カエデの樹の根元にある石の上に葦を敷いて立ち、神長・守矢氏によってカエデの樹に降ろした精霊を根元の石に宿し、それを童児に憑ける、という構造です。このことによって少年は大祝になる。別の言葉で言えば、「我に別躰無し、祝を以て御躰となすべし。我を拝せむと欲せば、須らく祝を見るべし」（『大祝信重解状』）とは、健御名方刀美命の声ではなく、ミサグジの声だったのです。ミサグジは、樹でも石でも少年そのものでもなかったのです。そして同時に樹でも、石棒でも、童児・大祝でもあったのです。樹や石を媒介とし、潔斎によって体をカラッポに洗浄した少年の身体を容器として、出たり

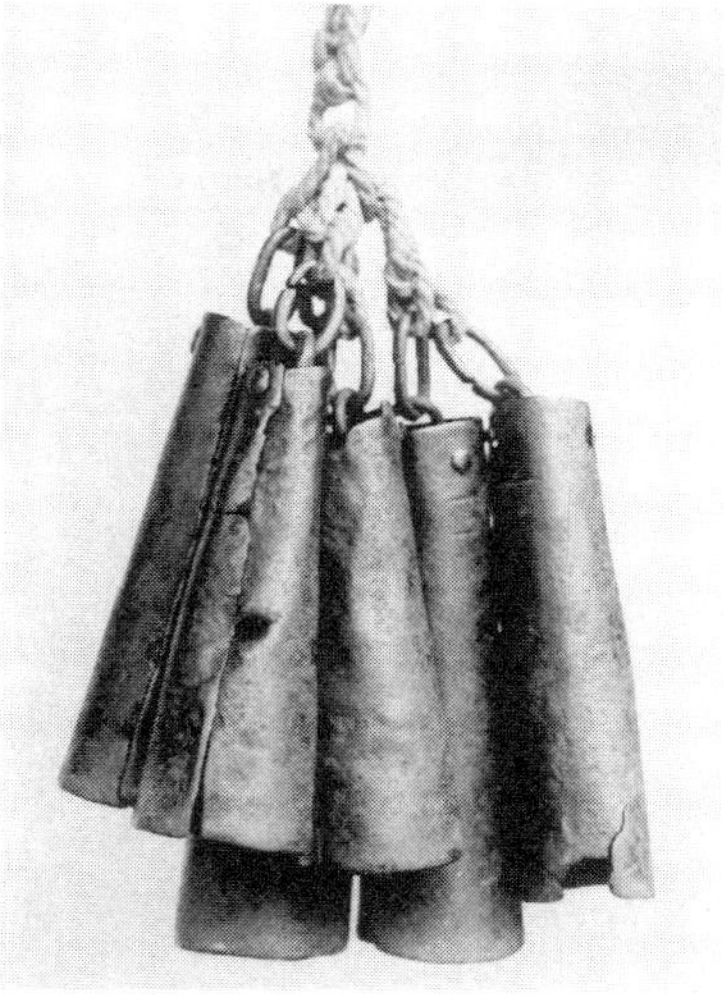
諏訪上社の鉄鐸（『諏訪史　第二巻　後編』より）

入ったりする外来魂だったのです。その精霊を空より降ろし、体に憑けることをミサグジ降ろしと言い、神長もっぱらの役でした。その外来魂・ミサグジを装塡したがゆえに大祝になった童児は、生き神様・現人神と考えられたのです。ですからこの少年を神体として、諏訪神社には、神殿がなくてよかったのです。この神原《ごうばら》と呼ばれる黒生の小扇状地は、神である少年が棲んでいる杜であったのです。

精霊降下の儀式は、ミサグジ降ろしと呼ばれ、神長のやる仕事ですが、単に笹とか御符（呪印を押し、封じたもの）をつけたものによって簡単に憑けたと考えません。やはり「注《し》連《め》のうち宗《おも》さの鈴（鉄鐸）を振りならし」と記されているように、第一の神宝として現存している鉄鐸を突いて鳴らし、強力なシャーマニスティックなタマフリの呪術を行ったと考えます。その考えは、『古語拾遺』に記されている、天石窟戸の前で天鈿女がウケフネの上で鉄鐸を突いて、タマ降り呪術を行っている例が強力な手がかりとなってくれます。以上のような精霊観、生命観は、樹や石に精霊が常住しているとするアニミズムとは異なっています。時を定めて、空から降りてくる外来魂という自然に対する一つの考え方です。

2　稲魂《コウン・ボーイ》＝大祝

その外来魂の性格を知る上に、一つの貴重な儀礼があります。

秋の収穫儀礼で、トコマツ社の神事です。要点は、仮屋をかまえて稲積の上に鹿皮を敷きその上に童神＝大祝が座し、酒をくみかわす、というものです。ここで童神・大祝は穀霊であるという性格を明確にしております。それは、「明神は稲の体に渡らせらる」(『諏訪神道縁起(下)』)という基本的な考え方に一致し、八月一日の藤島社における憑神事《たのもじ》で、御作田という神田でとれた初穂を、神長・守矢氏が大祝の前に進み出て、「御穀を」と言って小童(童部の)の口にくくめ、そしてカヒでその頬を打つという初穂儀礼におけるコウン・ボーイ(穀童)の位置と一致連続するものです(最初はこの儀礼の構造から言って大祝その人が口にくぐめていたと僕は考えます)。そして、わりと単純なこのトコマツ神事を、第一の神事と規定しているのには何か深いわけがあるだろうと考えます。このトコマツ社の神事は、春と秋に二度行われますが、農耕の始まりと、収穫後という結節点に行われるという点が重要であると同時に、この後に行われる神事との関連で重要であると考えられます。二ヶ月半にもわたって冬の厳寒を稲魂である大祝が神長・守矢氏のつきそいで竪穴の土室の中で越します。その厳戒をきわめた永い物忌の直前と直後にトコマツ社の神事が位置しているからです。僕は、その永い物忌に耐えるように、新たに強力な稲魂を充塡する神事だと考えます。トコマツ社の位置から言って、その尾根の上にある峰ダタエの樹に振り降ろし、稲積の上にチョコナンと座った稲魂である童児の体に補強したのではないかと考えます。重大なミサグジ降ろしの一つです。外来魂である稲魂は、七、八才の清浄無垢な絶対少年が好きだったのです。

3　土室に籠る稲魂

トコマツ神事の直後に大祝の御室入りです。臨時に掘りつくられた土室の中で柔らかい萩の枝を敷いた上に鹿皮を敷き稲魂である大祝が座ります。暗い屋内には松明が灯されます。これから永い冬の間中、春を待つ稲魂がここに棲みつく忌屋であります。側には常に、ミサグジを司る神長・守矢氏が侍っています。この小さきものの声を聴きわくのは神長一人であります。

十二月二十二日より三月十三日に至る土室での大物忌の間、様々な神事がこの薄暗い、不気味な土室で執り行われます。何故農耕の期間である春から秋にかけて、神事にかかずらうに薄く、直接農耕と関係のない冬に何度も懸命にミサグジ神事を行うのだろうかという疑問は頭から去りませんでした。しかし、逆が真なのです。直接、農耕作物そのものに籠り、生育し、収穫される季節よりも、次の種まきに至るまで稲魂が、大地そのものにおいて働かない空白期間を、いかにその威力を失うことなく、冬を越して春に至って新霊として生育物に作用をおよぼしてくれるか、という一点に生存を懸けた神事をやらねばならなかったに違いないのです。冬期における植物生命の衰弱は、植物精霊の衰弱と考え、その精霊・稲魂の長期間にわたる物忌だったからです。

御室を想起させる土室
（神之原・原田氏宅、『諏訪史　第二巻　後編』より）

4　弑殺される稲魂

永い厳しい冬が終り、ここ中部高地・諏訪湖畔に春が訪れると、新しく蘇った稲魂である大祝が、暗い土室の中からおもむろに出てきます。その後、その穴倉の御室は打ちこわされます。そしてふたたび、春のトコマツ神事で、稲積の上に鹿皮を敷いて、その上に大祝が座し、強力な新霊をふたたび充填するのです。

そして三月酉の日の夜に至って、諏訪祭政体、一年七十五度の神事のうち文字通り最大の饗宴が、ここ神原の地でとり行われます。農耕開始に至る年のくぎりです。

赤石山脈の深い幅のある蟠りが序々にそれをせばめて、入笠・釜無そして北端の守屋山に至り、その急峻な山脚が、諏訪湖盆の沖積地に没入する直前に出来上った小扇状地・神原。東に、八ヶ岳・蓼科山火山群の末広に広がる巨大な裾野を控え、前面に湖盆の沖積地と、それをよぎる宮川を見下ろし、北に諏訪湖を配し、背後に杖突峠が控えるこの欝蒼とした原始林（昔のことですが）に覆われた神域の台地は、立地上から見て、他の土着ミサグジの祀られている地形と同様、沖積地を見下ろす台地の中腹にあります。そしてその総ミサグジにふさわしい要所を占めています。

その神原に、十間廊と呼ぶ、長いヤカタがあります。そこに、初めて御頭郷の役人や、名主らの、祭政体の構成員が参加して（無論、永い潔斎の後に初めて参加）饗宴が催されます。「禽獣《きんじゅう》の高盛《たかも》り、魚類の調味美をつくす」と『諏訪大明神絵詞』に記されております通り、鹿肉、ドブ酒らによるゴウジャスな饗宴ですが、最初に、鹿の頭七十五の生首「当日社頭に持来るものの中には生血の滴るものあるも其の儘を奉るなり」（『官国幣社特殊神事調』）を松の板の俎にのせ、大祝の面前に供え、一番高い段に鹿の皮を敷いて大祝が座っている、という事の意味が、重要であるように想えます。鹿頭七十五膳はその配置から言って、大祝にだけ見せる位置にあります。稲魂それ自体である大祝と動物犠牲の生血との関連で強力な示唆を与えてくれるのが「生ける鹿を捕《と》り臥《ふ》せて、其の腹を割《さ》きて、其の血に稲種《ま》き。仍《よ》りて、一夜《ひとよ》の間《ほど》に苗《なえ》生《お》ひき」という『播磨風土記』に記されている原始農耕儀礼の一条です。動物犠牲の血に、農作物の豊穣を促す呪性を見るこの儀礼と、稲魂・大祝と鹿頭七十五膳の構図は同質であると考えられます。

さて、この外来魂に対して、春を迎えた大饗宴を尽したころ、あたりは黄昏となってきます。提灯一五〇、大松明四ケ所が点火され燃え上がる火に映える神原は「白昼のごとし」となります。火祭の様相を呈した中で、参加者は髪の毛一両ずつを榊にとりつけ、神長・守矢氏がこれをとり集めます。そうしてそれを、柳の芽、くぶしの花、じしゃの枝、檜の葉をとりつけた御杖にゆわえます。この杖は、オンネン柱、ミヅメ柱、あるいはオコウ柱

オコウ柱
（『諏訪史　第二巻　後編』より）

と呼ばれております。春咲く花や、新しく萌え出た芽をつけるのは原始農耕に予祝的意味を持つハナであると伊藤富雄氏は説かれております。なおその杖には、玄米麹を練り合わせた柏酒を柏の葉に包み串に挿し柱に纏いつけております。

それを持った神長が、自身の首に懸けていた鉄鐸（サナギのスズ）をとりはずし、御杖にとりつけるまねごとをやります。往古は、御杖にとりつけたと想われます。そして、そこに登場するのが、オコウ様と呼ばれる、やはり、七、八才〜十才前後の童児で、既に神長の庭内にあるコモリ屋で潔斎してきた少年です。そのオコウ様に杖を渡すと、一瞬、オコウ様は、倒れます。杖の威力の表現です。

オコウ様は、内御魂殿の前で、大祝に、藤白波の玉鬘を懸けてもらい、馬上の人となります。御杖は、彼の背にしばりつけられます。またタスキとして藤のつるが、彼の体にまかれます。春萌えいづる花、芽をとりつけた御杖、首に藤白波の玉鬘を懸け、体を藤つるでまいたオコウ様は、植物霊と言わずして何と呼べるでしょうか。

そうして、馬上で、片柏の葉に盛った酒をのみほし、左手に捨てます。そして五百もの松明を持った人々の群れの鬨《とき》の声の中、三ソウの道を、大祝の即位式とは逆廻りに三回廻ります。そうして消えていったのです（口碑では、密殺されたということです）。

ここで僕らが問題としたいのは、何故突然、主役が大祝からオコウ様に移っているのか、そして、オコウ様が弑殺されることは、原始農耕儀礼としてどのような意味を持つのか、という二点であります。

大祝とオコウ様と呼ばれる童児が、突然その主役の位置を交換する点に関して、祭祀構造上から納得がいきません。饗宴を受けた稲魂である大祝が、童児であるオコウ様に、玉蔓を授けますが、玉蔓を冠す者は、神をおいて、大祝をおいてなかったはずです。それにオコウという呼び方自体、神原《ゴウバラ》のゴウと同様、神様という意味です。かえって大祝という呼称法よりも、オコウ様という呼び名の方が古かったかもしれません。神と呼ばれる童児が二人いる、つまり仮王がいるのです。

オコウ様は、神氏直系の家筋からは出ていません。その第二次枝葉家筋であるコウドノから出ています。口碑によれば、「神殿において死んだ者は、神氏直系に生まれかわってくる」という特典が与えられています。何故、オコウ様になる家に特典を与えねばならなかったのでしょうか。そうして弑殺される者の重要な意味が忘れられるに至って、乞食の子をひろってきてオコウ様にたてています。大祝↓コウドノ↓乞食の子というすりかえの過程をうかがう事ができます。

オコウ様は馬上の人になるや三ソウの古道を逆廻り（時計の針の方向と逆）に三周するそうです。大祝即位の後の、三ソウの逆廻りをするのです。

以上で、僕らは、祭祀構造上から言って、原初においては十間廊において、饗宴を受けた稲魂である大祝が、新たなる植物霊として、強力な火の威力を受けて、三周旋回する内に弑殺されたと考えます。

「葛ヲ以テ搦メ、馬ニ乗セ、前宮ノ西南ノ馬場ヲ引廻シ、打擲ノ躰ヲ為ス」（『信府統記五』）という描写によれば、植物霊は、オコウ様は打擲されたのです。そうして「神殿において死んだ者は」という前述の口碑から、内御魂殿（大祝の魂のコモル神殿）で弑殺されたのでしょう。また、『物忌令』の神長本の中だけにある一条「一、社内にて自然人をあやまつ事あらは地五尺掘て可捨也」（これは北村皆雄さんが見出しました。多分、稲魂弑殺の重儀が意味を忘れ去られた時、付加された一条でしょう）によれば、オコウ様の死体は大地に埋められたのです。

これらの事柄から、植物の衰弱する厳冬期を、土室でもって物忌した稲魂である大祝は、春を迎えて、盛大極まる饗宴の後、弑殺され、大地に埋められることによって、新たに大地より蘇生して農耕作物である稲そのものとなって芽を出してくる、と堅く信じられた原始農耕儀礼であったと考えられます。自然へのかかわりにおいてさしだされた原始農耕儀礼において稲魂である絶対少年を弑殺する、せねばならぬという断固たる信念は、僕らの近代的な倫理観で、推し量る事のできない、全く異別な感覚として、謙虚に深くその背景において理解すべきでしょう。そのような信念の意味が、その種族的な基盤社会の変容ないしは消滅によって失われた時、乞食の子をもらい受けてかわりにたてるというような、形式化が進んだのでしょう。

なお、精密に追っていけば判るように、ここでは、人身供犠という呼び方は的確でないと想います。抽象的な神に人を犠牲としてささげるのではなく、稲魂である神そのものを弑殺する、それが少年・大祝ではなかったでしょうか。

5　指標

僕らは諏訪湖盆に残存した洩矢祭政体の中で稲作儀礼要素にだけ意図的にスポットをあて、愛惜し、再構成しようとしました。その過程で明らかになったモティーフを列挙します。

一、樹や石を媒介にして外来魂が降りてくる。その観えない実体が、具体的な神であり、それは、絶対少年に憑きやすく、その体を容器として装塡された瞬間から、その少年は神となる。

一、その外来魂を降ろすには、ミサグジ降ろしというシャーマニスティックなワザオギがともなったと想われ、それをやった当人が、神長・守矢氏であり、その媒介物が、笹の葉と鉄鐸であったろう。

一、その外来魂は、稲積の上に鹿皮を敷いて座すところから、原始農耕儀礼の稲魂の性格を持つ。

一、もし、その外来魂を装塡した少年が稲魂であるならば、厳冬期を土室のコモリ屋で、厳重な物忌をなす事で、その植物精霊の威力を失わないように意識的に配慮した。やがて春を迎え、種まきの前に、土室から出てきた稲魂は、動物の出血儀礼の豊穣呪術、そして大饗宴を受けた。

一、そして弑殺され、大地に埋められ、蘇生して農耕作物そのものとなると信じられた。

一、弑殺される神が、大祝からコウドノに移され、仮大祝＝オコウ様を生んだのではないか。そうして最後に、乞食の子をもらい受けてオコウ様にたてるという、このくずれ方に基盤社会の変容が隠されている。

一、そしてその季節構成は、永い物忌を中心に据え、それぞれ春と秋に同じ儀式を行っているところから一年を二分している感がある。そして秋祭（例えばトコマツ社）と言っても、十二月二十二日に行われているところから、フユの物忌の直前まで秋で、物忌期間がいわゆる御魂《みたま》のフユであり、あければ春であったろう。

一、饗宴の酉の祭の御頭役にあたれば、「千両箱一つ」がとぶと言われ、また、御柱年には、嫁をとる事、元服、葬儀さえできない程、財貨を使い果すと言われる。これは全的支出、神人款待の名残りであろう。その信念が消えた時、悲嘆となって言われたものであろう。季節構成（トシとは稲の周期の意）が、稲魂を中心に編まれているように、財貨というものの考え方も稲魂に対して全的お返しと考えられている。財貨を投げうって、神人を饗応し、その事によって農耕物の豊穣を約されると信じたのであろう。
一、ミサグジ降ろしに関しての潔斎禁忌をはじめ、死に対する禁忌、女性生理に関する禁忌（他屋にコモル）や、出産に関して産屋にコモル禁忌など、ミサグジに対する禁忌が『物忌令』として残存している。

以上、季節構成、財産、禁忌など全て〈ミサグジ〉を中心に構成配慮されていることは、僕らの近代感覚と全く異別に〈ミサグジ〉の側から全体的に理解する以外にありません。

＊＊＊

以上、祭祀構造そのものに潜在した諸モティーフの中で「石、樹に憑着する精霊」「精霊を降ろすシャーマン」「稲魂である少年」「動物出血供犠」「弑殺される稲魂王」などの要素は、既にそれ自体で日本島という相対的な国境をとりはずして、ヒマラヤ山麓より東南アジア全域に広がった一種族文化・東南アジア稲作種族の宗教儀礼の諸要素と同質であります。生態可能圏を唯一の国境としてアジア大陸に広がった稲作種族の、表象物である宗教儀礼が、アジア大陸東縁の一湖盆に強力に残存した証左として、直接的な比較検討が待たれます。そのことによって、より洩矢祭政体の一種族文化がその祖型をあらわにすることでしょう。

また、日本島内部の問題としては、伊藤富雄氏の至言「日本には天皇がいっぱいいた。あちらにもこちらにもいた。大和の天皇も、諏訪神社の大祝天皇も同格だった」（『銅鐸』藤森栄一）ことを祭祀構造の上で、なんと現在に至るまで残存している天皇イニシエイションヨン・大嘗祭の原始農耕儀礼要素から切り込んで稲魂・天皇と稲魂・大祝の比較検討が待たれます。そこから一種族の呪的王権が国家広域社会の政治的王権に形骸化される過程を明確にし、支配種族の宗教儀礼のとり込み方として、他の要素と並行して提出されるでしょう。

＊　＊　＊

いままで述べた事は、しかし洩矢祭政体の一表層部分です。基層ではまず焼畑農耕儀礼が貌をのぞかせています。例えば、春の大饗宴・酉の祭の直後にある野焼神事は象徴的な焼畑の火つけ神事の可能性があり、また、秋の秋穂祭では粟の儀礼が登場しています。また、四度の狩猟の神事も、狩猟儀礼というよりは、農耕儀礼としての狩猟であり、そのための穂屋籠りだと考えられます。今はそれらの要素を位置づけることができません。問題として残しておきます。

また、縄文中期の石棒・石皿を御左口神として現在に至るまで祀っていることの意味も極めて難関です。今のところ僕は祭祀主体である種族が、その内側に持った生産儀礼としてそのまま再使用したと考えます。そして弥生との継承関係としては、『古語拾遺』の田の虫よけの儀礼で、田の水口に男根状木像を立て牛肉を供えることなどから、豊穣を祈る祭祀の共通性より、石棒をそのまま援用したと考えます（大阪府池上の弥生水田遺跡の泥炭層から、木ぼりのペニスと木製の鳥が発掘されています。『古語拾遺』の祭祀を裏づけるものでしょう）。

大阪府池上出土品

＊　＊　＊

参考にした著書は、

○宮地直一『諏訪史』2巻上・下
○『下諏訪町誌』上巻（藤森栄一・伊藤富雄・宮坂清通）
○『銅鐸』（藤森栄一）
○今井野菊さんのお話と全著作です。
なお、御室に入れる萱の蛇や、御立坐神事の神使の各湛巡行は意識的にはずしました。時代設定ができなかったからです。

＊＊＊

以上、洩矢祭政体の重層・混合した文化を探り出し分析する出発点として、一要素を提出しておきます。

（1974・11・23）

御社宮司の踏査集成

今井野菊

長野県における御社宮司

旧郡別の御社宮司数合計

上伊那郡 一〇五社
下伊那郡 三六社
諏訪郡 一〇九社
小県郡 一〇四社
東筑摩郡 六六社
西筑摩郡 五社
南佐久郡 三〇社
北佐久郡 四一社
南安曇郡 二六社
北安曇郡 五五社
上水内郡 八五社
下水内郡 八社
埴科郡 一五社
更級郡 八五社
上高井郡 三社
下高井郡 七社

上伊那郡

明治六年古村二十八ヶ村

祭神 建御名方命《たけみなかたのみこと》 八五社
建御名方命
八坂斗女命《やさかとめのみこと》 合祀三社
守矢神《もれやのかみ》 二社
千鹿頭神《ちかとのかみ》 一社
出早雄神《いづはやおのかみ》 四社
彦神別神《ひこかみわけのかみ》 一社
大己貴神《おおなぬちのかみ》 一〇社

宛字	発音	由緒	所在地
御社宮司	おしゃごじさま	産土神 諏訪神社へ合祀 古碑あり	高遠町藤沢片倉
御社宮司	おみしゃぐじ	産土神 諏訪神社へ合祀	〃 藤沢小田井御社宮司(御堂垣外地籍)
御頭御社宮司	おみしゃぐじ	諏訪神社へ合祀 竹藪に碑残る	〃 藤沢下北原竜垣外

御社宮司	おみしゃぐじ	諏訪神社へ合祀	高遠町藤沢御堂垣外《みどうがいと》上知ノ森
御社宮司		諏訪神社へ合祀	〃　藤沢水上御社宮司
御社宮司	おみしゃぐじ	産土神 諏訪神社へ合祀	〃　藤沢御堂垣外小田井《おさふじ》御社宮司
御頭 御社宮司	おみしゃぐじ	村所有	〃　長藤垣外御社宮司
御社宮司	おみしゃぐじ	村所有	〃　長藤カラムシ
御社宮司	おみしゃぐじ	村所有	〃　長藤上ノ原
御社宮司	おみしゃぐじ	字地	〃　長藤杉原
御社宮司	おみしゃぐじ	祠・村所有	〃　長藤上ノ垣外
御社宮司	おみしゃぐじ	祠・祝殿	〃　長藤三ノ入

諏訪神社前宮神域の御堂垣外地籍中、垣外の言葉の残る地籍は
殿垣外　神垣外　いさる垣外　台垣外　樽垣外　日向垣外
坊垣外　南垣外　長千垣外　向垣外　竜垣外　わで垣外等
伊那郡全般に亘って諏訪明神参詣前に必ず参詣した伝えを残すが以下省略する。

御社宮司	御射山社又は里の宮 大坊社宮司と相対す	通称諏訪神社 高遠産土神	高遠町

諏訪神社県めぐりのたたえは皆御社宮神を祭る。御射山神社は山護神《しゃごじ》をたたえた事を付記し、各位の研究を望む。

御頭 御社宮司		村所有	伊那市美篶美篶御射山
御社宮司	おしゃぐじ	竹林の中 春日氏祝殿 おしゃぐじの樹 欅の株残る	〃　美篶葦沢
御社宮司	おしゃぐじ		〃　美篶下大島五二九〇一
御社宮司	おしゃぐじ 社宮司の前方付近をおんまえと言う	竹林の中 赤羽梅原氏祝殿 おしゃぐじの樹はアララギ	〃　美篶笠原字馬《ばんば》南口社宮司
御社宮司	おしゃぐじ	村所有	〃　美篶下林御社宮司
御社宮司	おしゃぐじ	祠 子供の腹の神外 病気に参る 織井氏祝殿	〃　美篶上大島字中原
御社宮司	おしゃぐじ	村所有	美篶屋敷添シャグジ
御社宮司	おしゃぐじ		〃　美篶下川手一〇一六七
御社宮司	おしゃぐじ	旧家白石氏屋敷神、尺司の樹の山桜枯る 墓地を残す 祠、今はなし	〃　伊那御園尺司 五七四番地 五七三番地

御社宮司	おしゃぐじ	不明 某家の祝殿ではないか	伊那市伊那御子柴
御社宮司	おしゃぐじ 古く磯並神社	高田神社の境内社 松沢 中村 中原 三氏の祝殿	〃 坂下旧宮本町
御社宮司	おしゃぐじ	祝殿	〃 伊那坂頭
御社宮司	おしゃぐじ	祝殿	〃 伊那伊那北駅寄り
御社宮司	おしゃぐじ	石原氏旧宅地址	〃 伊那石原耕地五七四
御頭 御社宮司	おしゃぐじ	御園宮林社合祀 祝殿	〃 伊那町塞《さい》之神
旧御頭 御社宮司	おしゃぐじ	なし 遺跡地のみ	〃 福島ソレ橋際
御社宮司	おしゃごじ		〃 福島才ノ神
御射宮神	おしゃごじ	林の中に二つ御社宮司塚あり 一つは禅宗三沢氏祝殿	〃 福島旧沢岡
		他は日蓮宗三沢氏祝殿	〃 福島沢岡上平《わでいら》
御頭 御社宮司	おしゃごじ	村所有 諏訪神社奉仕前 参拝した 遺跡のみ	〃 福島大久保
御頭 御社宮司	おしゃごじ	旧祭祀場跡の萩山である	〃 福島社宮司平

御社宮司	おしゃごじ	松沢氏祝殿	伊那市福島
御社宮司	おしゃごじ	馬場氏祝殿	〃 富県奈良尾社宮司
御社宮司	おしゃぐじ	鹿野氏 桜井氏 祝殿	〃 富県桜井西小路
御社宮司	おしゃごじ	旧社宮司の家 埋橋氏祝殿 家敷地田地となる 定量の縄始め縄納めの社 しゃぐじの樹の欅の株残る	〃 富県荒城《あらじょう》尺地
社宮司		北沢氏祝殿 諏訪みやじと呼び代々神官	〃 富県小松沢
御社宮司	おしゃぐじ	あらたかな神 片桐氏祝殿	〃 手良沢岡野口やまと
御社宮司	おしゃぐじ	御社宮司の家 有賀氏祝殿	〃 手良旧沢岡
御社宮司	おしゃぐじ	地主神 洩矢一族と言う 赤羽氏祝殿 (旧地畑)	〃 手良中坪
尺地神	おしゃぐじさま	渡辺氏祝殿	〃 手良沢岡垣外
社宮司		旧村有地 耕作地	〃 手良八ツ手小字社宮司
御社宮司	おしゃぐじ	大六社宮司 大明神	〃 川手小字与瀬
旧 御社宮司 通称 大六天		大六天さま	〃 伊那瀬尻

御社宮司	おしゃぐじ	村所有 産土神合祀 旧地神の木桜	伊那市伊那部境上方
社宮地	おしゃぐじ	権兵え峠口	〃 西町大坊社宮地
社宮司	おしゃぐじ	東大社合祀	〃 伊那部一〇五〇
御社宮司	おしゃぐじ	阿部氏祝殿	〃 東春近田原宮下社宮司
御社宮司	おしゃぐじ	村所有 御社宮司 滝権現合祀 金比羅	〃 東春近上田原藤口四三五五
社宮司	おしゃぐじ	伊藤氏祝殿	〃 東春近五七一五口号小字社宮司
御社宮司	おしゃぐち	おしゃぐじの家 平沢氏祝殿	〃 春近東方
御社宮司	おしゃぐじ おしゃまつさま	小松氏旧屋敷神 小松氏祝殿	〃 西春近諏訪形御社宮司
御社宮司	おしゃぐじ おしゃまつさま	村所有 祝殿	〃 西春近大境
御社宮司	おしゃぐじ おしゃまつさま	祠 黒河内氏祝神	〃 春近山本城《じょう》
御社宮司		村有、竹林の中に祠あり 赤羽氏祝殿	〃 春近山本城
御社宮司			〃 伊那部社宮司一〇五〇
御社宮司			〃 伊那部大字五五七六
御頭 御社宮司	おしゃぐじ	村所有	〃 東伊那岩垂
御社宮司	おしゃぐじ	字地	〃 東伊那岩垂

御社宮司	おしゃぐじ	字地	伊那市東伊那肥山岩垂
御社宮司	おしゃぐじ	おしゃぐじの家 竹村氏祝殿 又はおさの家と言う	駒ヶ根市中沢区下割
御射口	おしゃぐじ	子供の病気の神	〃 中沢区前淵
御社宮司	おしゃぐじ	竹村氏祝殿	〃 中沢区中割字徳光寺御社宮地
御社宮司の松	しゃぐじの松	昔は旅の無事を祈って石を積み上げた 祠は観音 天竜川に面する要地である	上伊那郡中川村北林石神ノ松
御社宮司	おしゃぐじ	おしゃぐじの家 三石氏祝殿	〃 中川村沖田
御社宮司	おしゃぐじ	三石氏より三百m離れ高坂氏屋敷あり しゃぐじであると言う	〃 中川村沖田
御社宮司	おしゃぐじ	旧日反(ひそり)後、南方村天竜川添要地	〃 中川村飯沼字社宮地
御社宮司	おしゃぐじ	外県めぐりの行宮 塩沢氏祝殿	〃 中川村大草北組旧北林
御社宮司	おしゃぐじ		〃 中川村四徳
社宮司			〃 中川村新井社宮司
御社宮神	おしゃぐじ	村有 産土神	〃 片桐村新井

御社宮司	おしゃぐじ	村有	上伊那郡阿南村勝間
山護神 御射山神社	みしゃやま	村有	〃 阿南村大原御射山
御社宮司	みしゃぐじ	天神 八幡合祀	〃 宮田村北割官林
御社宮司	みしゃぐじ	御社宮司の家	〃 飯島町大田切中平
御社宮司	おしゃとじ	祝殿 林氏（みこや） 平沢氏（よろづや）	〃 飯島町中町字御社宮司
お社口	おしゃぐじ	代々旧家 伊藤氏祝殿 橡の神の木	〃 美和村中非持小字社口
社宮司	おしゃごじ	野石に社宮司とあり、ダムのため八幡宮に移す	〃 美和村奥河内泉原小字泉原
社宮司 射口	おしゃごじ	社口巌あり 神の木大株のみ 中山氏 酒井氏祝殿	〃 美和村溝口字社口 美和村は現在長谷村
御社宮司	おしゃぐじ	小字	〃 長谷村榑内《かぼうち》社宮司
御社宮司	おしゃぐじ	おしゃぐじの家 福沢氏祝殿 今は村にて祭る	〃 箕輪町長岡藤塚
御射宮司	おしゃぐじ	村所有	〃 東箕輪町三日町
御射宮司	おしゃぐじ	村所有	〃 東箕輪町字町裏三日町
御社宮司	おしゃぐじ	蕗原神社の上に小字のみ	〃 箕輪町沢小字御社口地

御社宮司	おしゃぐじ	欅のおしゃごんじの神の木あり	上伊那郡箕輪町木ノ下字芝宮
御社宮司	おしゃぐじ	おしゃごじの家 唐沢氏 伊藤氏祝殿 権兵え峠口 しゃごじの木と言う、欅の巨樹七本あり	〃 西箕輪町与地六一六五
御社宮司 御射宮司	おしゃぐじ	諏訪明神の仮宮と言う	〃 箕輪町箕輪小字社宮司
山護神 御射山社			〃 箕輪町
山護神 御射山社			〃 箕輪町
御社宮司	おしゃごじさま	畑の中にあり	〃 西箕輪町下古田御社宮司
御尺地	おしゃごじさま	村有 産土神 (貴船神社)	〃 南箕輪町
御射山社		穂屋の大祭あり	〃 南箕輪町
御尺地	おしゃごじさま	一般に山之神と言う	〃 南箕輪村山ノ神
御射宮司			〃 西箕輪町唐沢
お尺司 社宮司	おしゃごじ	測量縄の神 征矢氏の祝殿 現在、塩井神社	〃 南箕輪村塩ノ井六六三
御社宮司	おしゃぐじ	村所有	〃 辰野町伊那富後沢
御射宮司	おしゃぐじ	堀内氏祝殿	〃 辰野町宮処
射宮司	おしゃごじ	殿石棒を祭る	〃 辰野町朝日沢底《さそこ》

御社宮司	みしゃぐじ	神主屋《かぬしや》石川氏祝殿	上伊那郡辰野町朝日沢底 宮之脇神主屋《かぬしや》
御社宮司	みしゃぐじ	社宮司古墳あり 社宮司祠あり 祝殿	〃 辰野町朝日平出
御社宮司 社里宮法性社		産土神 みしゃぐじ耕地と言う	〃 辰野町朝日平出 社宮司耕地
御社宮司	みしゃぐじ 内のお県	御陵塚 県めぐりのたたえの木 上伊那のたたえ	〃 辰野町朝日平出

諏訪明神県めぐりのたたえの樹は皆御社宮司を祭りたたえている

下伊那郡

明治六年三十二ヶ村

祭神 建御名方命 七三社
出早雄神 一社
外県神 一社
守矢神 一社
事代主神《ことしろぬしのかみ》 一社
大己貴神 四社
稲倉魂命《うかのみたまのみこと》（保食神《うけもちのかみ》） 七社

宛字	発音	由緒	所在地
御社宮司	おしゃごじさま しゃごじ	御柱年にはここに参詣する 諏訪神社へ合祀 旧地は諏訪社の下の畑	飯田市上郷字飯沼
御古地	おしゃごじさま	祠あり 諏訪神社上の丘にあり	〃 上郷字飯沼
御社宮司	湛え神木	地主神	〃 上郷字飯沼
御社宮司	おしゃごじさま	村持 御柱年にはここに参詣する	〃 上郷字黒田
社久地	おしゃぐじ	浜島氏祝殿 代々庄屋の旧家 現在はおしゃぐじの家と言う	〃 山本区東平小字社久地
社古地	おしゃごじ	祠は八幡境内に移す 北原氏祝殿 通称おしゃごじの家	〃 竹佐九二九字田府高屋
社久地	おしゃごじ	祠なし 通称シャグジの田あり	〃 下瀬字社久地二三九ノ二
御社宮司	おしゃぐじさま おしゃごじさま	地主神 今村氏祝殿 道祖神を祭る 子供の神さま 咳の神風邪の神 お果しには	〃 三穂南伊豆木五二三七

御社宮司	おしゃごじさま	男は馬の沓 女は杓子 測量具を上げる 祠あり 開拓の神 測量の縄始め 縄納めの神 鬼除けの神 久保田氏祝殿	飯田市座光寺上野小字社宮司二九四〇
御左宮司	おしゃごじさま 又の名 ちのみや	村持、祠あり 諏訪本社のお札を納めあり 諏訪神社参拝の前に詣で、出発する	〃 松尾字上溝元島
社古地 石神	おしゃごじさま	安藤氏祝殿 万病の神にて お果しは杓子を上げる	〃 川路字大野六四〇〇
御社古地 社久地	おしゃごじ	小池氏祝殿 定量の縄始め縄納めの神 おしゃごじの家と言う	〃 山本字箱川小字大須二六二
社久神	おしゃごじさま 市田の三社久神の一つ	祠あり 小島氏祝殿 小島本家をしゃぐじの家と言う 大東亜戦争供木の神の木は杉であった	下伊那郡高森町市田新井小字社久地
社古地	おしゃごじさま 市田の三社久神の一つ	小字地のみ	〃 高森町市田洞ノ唐沢小字社古地

社古地	堂寿のおしゃごじ	市田の三社古神の一つ	下伊那郡高森町市田堂寿小字社古地
御社口社	おしゃくち	村持 諏訪神社参詣前に必ず参る	〃 千代村下フサ
御社口社	おしゃくち	村持 諏訪神社参詣にはここに参詣して出発する 又御柱年にはここに参詣する	〃 千代村小字社口
社宮司 社古地	おしゃごじさま	祠あり 村上氏祝殿 同氏移転後、娘の嫁ぎさきの近藤氏によって祭る	〃 平谷村小字おしゃぐじ橋
社宮司	おしゃぐじ	村松氏祝殿 諏訪神社をお迎へした時休んだ所であると言う	〃 平谷村中平小字社宮司町
社宮司	しゃごじさま	村持 祠あり、昔諏訪神社参集の時の精進屋である	〃 根羽村月瀬
社宮神 お杓子様 オシャグリ様		諏訪神社 御柱二本 地主神	〃 根羽村下町十王床
社宮地	おしゃぐじ	旧屋敷跡と古老は言う	〃 阿南町大下条小字社宮地

社古地	おじごじ 金田氏家号	古い偉い人の居た跡と言う 早稲田神社前続きの地	下伊那郡阿南町和知野小字社古地
社古地	しゃごじ		〃 阿南町鴨目小字社古地
御社宮司	おしゃごじ	しゃごじの旧地にて古くは祠あり	〃 高森町山吹字社宮司沢
御社宮司	おしゃごじさま	今村氏祝殿の地 検地の縄始め縄納めの祠と伝え 高野氏の祝殿	〃 高森町山吹小字上平
社古地		祠あり 倉田氏の祝殿	〃 高森町山吹字駒場小字カイゴマ
社古地		祠あり 木の下氏祝殿	〃 高森町竜岡時又
社古地			〃 松川町上新井小字社古地
知久神社 作居神		村社、産土神 知久一族の総祝神	〃 久堅村知久平
御社宮司	おしゃもじさま	子供の守護神 咳に特効あり お果しには杓子と御飯を上げる 大岩の陰に祠あり	〃 浪合村恩田二板橋
社宮司	しゃごじ おしゃごじ薬師とも言う	小島氏祝殿 歯痛に特に利益あり 平石に穴をあけてお果しとする	〃 売木村小字シャゴジ

御社宮司 飯田市大宮	石神之松《しゃぐじのまつ》 みしゃぐじ	祠 御柱祭をやめおねり祭を行う	飯田市飯田
社宮司	おしゃぐじさま	祠なく 岩崎氏家号	泰阜村大畑
社宮司		柳ヶ瀬氏祝神	遠山村上村上《かん》町

伊那の七御社宮司は
野池・知久平・下市田・飯沼・飯田大宮・山本・松屋である

諏訪郡

宛字	発音	祠	由緒	所在地
大《おお》御左口神 前宮大明神 前宮 前宮神社	まえみや	有	諏訪大神 建御名方命 八坂斗女命 御神陵 神氏大祝の精進屋	茅野市宮川小町屋
御頭 御社宮神	おんとう みしゃぐじ 神徒、神使の御頭御左口神の総社	有	神長官守矢氏 御頭役庄屋の精進屋	〃 宮川高部
御社宮神	おみしゃぐじ	有	権《ごん》祝旧屋敷	〃 宮川高部
御左口神	おみしゃぐじ	有	擬《ぎ》祝旧屋敷	〃 宮川高部
御社宮神	おみしゃぐじ		禰宜大夫屋敷跡	〃 宮川高部
御左口神	峰湛《みねたた》え	有		〃 宮川高部
御社宮司	おみしゃぐじ	有	神使茅野氏旧屋敷	〃 茅野御社宮司
御頭 御左口神				
御社宮司	おみしゃぐじ	有	神使茅野氏中村屋敷跡	〃 西茅野中村
御社宮司	おみしゃぐじ	有	神使茅野氏 四ツ屋古墳群 旧御頭御社宮司	〃 茅野上ノ山

茅野七御社宮司の言葉があるが不明

御社宮寺	おみしゃぐじ	寺	堀の内長者屋敷跡	茅野市宮川田沢
御頭 御社宮司	おみしゃぐじ	合祀有	小字	〃 宮川田沢
御左口神	おみしゃぐじ	有	旧こかい村 小飼氏祝神	〃 宮川安国寺
御頭 御社宮司	おみしゃぐじ	有	安国寺ノ側鎮守ノ境内ニ鎮座スル祠	〃 宮川安国寺

安国寺七御社宮司の言葉があるが不明

昼湛え 御社宮司 矢作大明神の内	矢作《やはぎ》神社のひるたたえ	無	諏訪七湛え 産土神	茅野市玉川粟沢
桜湛え 御社宮司	おみしゃぐじ	無	諏訪七湛え 牛山氏祝神	〃 玉川和田
御社宮司	おみやぐじ	無	畑の中土器出土	〃 玉川神ノ原
御頭 御社宮司	しょうじんば	無	御頭屋精進場と言う	〃 玉川神ノ原

神の原七御社宮司の言葉あるが不明

御社宮司	おみしゃぐじ	有	旧御頭御社宮司 小川氏祝神	茅野市横内
御社宮司	おみしゃぐじ	有	村所有	〃 米沢埴《はい》原田

御社宮司	おみしゃぐじ	有	産土神	茅野市米沢鋳物師屋
御社宮司	おみしゃぐじ	有		〃 米沢塩沢鬼久保
御社宮司	おみしゃぐじ	有	産土神	〃 豊平福沢
御社宮司	おみしゃぐじ	無	遺跡	〃 豊平福沢小字
御社宮司	おみしゃぐじ	有	曲り 小平氏祝神	〃 豊平南大塩
御頭 御社宮司	おみしゃぐじ	有	芝間の御社宮司	〃 豊平南大塩
御頭 御社宮司	おみしゃぐじ	有	旧伝え 矢ヶ崎氏祝殿 御頭宮宮司	〃 ちの本町（旧永明村）矢ヶ崎区
柳湛エ 御社宮司	みしゃぐじ	有	御座石西垣外 石田氏祝神	〃 ちの（旧永明村）矢ヶ崎
御堂垣外《みどうがいと》 御社宮司	おしゃぐじ	有	御座石西垣外 細田氏祝神	〃 ちの矢ヶ崎
御社宮司	みしゃぐじ	有	上条氏祝神	〃 ちの矢ヶ崎

矢ヶ崎村七御社宮司の言葉あるが不明

御社宮司	おみしゃぐじ	有	伊那郡宮処より堀内氏祝神 近世新田開発により移住移転旧地宮処に堀内の宮社宮司あり	茅野市笹原新田
御社宮司	おみしゃぐじ	有	旧青柳宿の道桝形際に在り 下青柳＝木舟 上青柳＝金沢	
御社宮司	おみしゃぐじ	有	旧甲州境際 石柱、五輪あり	富士見町御射山神戸四ツ屋

御社宮司	おみしゃぐじ	祠石柱	伏屋長者の屋形西方	富士見町松目社宮司
御社宮司	おみしゃぐじ	有	伊那、諏訪、甲斐へ	〃 横吹字社宮司
御社宮司	おみしゃぐじ	石柱		〃 落合瀬沢板橋
御社宮司	おみしゃぐじ	無	棒道へ 甲斐、武州、伊那へ	〃 落合瀬沢字社宮司
御社宮司	おみしゃぐじ	有	移転と伝える	〃 落合武血川
御社宮司	おしゃごうじ 諏訪神社中之社近く	有		山梨県・長野県境大武川
御頭 御社宮司	おみしゃぐじ	有	九頭井神社の前之宮とも言う	茅野市ちの上原
御社宮司	おみしゃぐじ	有	土橋氏祝神	〃 ちの上原築地尻

上原七御社宮司の名あり千鹿頭大明神、八幡大明神等数えるも不明

御社宮司	おみしゃぐじ	有	移転する 茅野氏祝神 石棒をも移転	諏訪史四賀神戸
旧氏族の 御社宮司	栃木さま	有	戦乱のとき逃げた神使の祝神	〃 四賀神戸
御社宮司	栃木さま	有	古くは昼湛えの地と伝へる	〃 四賀上桑原山崎と別沢の間

御頭御左口神	おみしゃぐじ	有	村持	諏訪史四賀上桑原
御衣祝《みそぎ》御社宮司	おみしゃぐじ	有	有員大祝居住地	〃　四賀普門寺
上桑原七御社宮司の言葉あるが不明				
御社宮司	おみしゃぐじ		藤森栄一先生曰 下部は古の田地	諏訪市四賀赤羽
御頭御社宮司	おみしゃぐじ		六軒と言う	〃　四賀武津 里人の推定する個所のみ 但し、どれかの祠がおしゃぐじさまであると言う
上の御社宮司	おみしゃぐじ	有	旧下桑原	諏訪市柳町木の下 貞松寺門跡
下の御社宮司	おみしゃぐじ	無	旧下桑原	〃　柳町木の下 高国寺門前の個所
上社御社宮司	おみしゃぐじ	有	旧下桑原	〃　手長
下社御社宮司	おみしゃぐじ	有	旧下桑原 手長神社内	〃　手長
御頭御左口神	社宮司とも書く	有	八剣神社境内	〃　小和田持 田宿
御社宮司	御社宮神共書く	有	旧道端	〃　大和
御頭御社宮司	おみしゃぐじ 射口神とも書く	有	御射口山 御射口神	〃　大和（社口司山社 宮司とも書く）
御社宮司	射軍神とも書く	有	大和城 砦の中途	〃　大和
御社宮司	おみしゃぐじ	有	旧道端	下諏訪町高木

御社宮司	おみしゃぐじ	有	高木の中途 曲輪であったと言う	下諏訪町高木
御社宮司	おみしゃぐじ	有		諏訪市旧高島村移転の御社宮司
御社宮司	おみしゃぐじ	有	湖水端 遺跡と石	下諏訪町富部
御社宮司	おみしゃぐじ	有	慶長六年後藩政の下大祝を前宮から宮田渡に移し、上社本位の祭事となる最も新しい御社宮司	諏訪市中洲宮田渡《みやたど》
御社宮司	おみしゃぐじ	有	産土神	〃　上金子
御社宮司	おみしゃぐじ	有	産土神	〃　福島
御社宮司	おとうさま 御頭さま	有	浜氏祝神	〃　中金子
御社宮司	おみしゃぐじ	有	産土神 金子城の西	〃　田辺
大熊七御社宮司				
椢の木御社宮司	おみしゃぐじ	有	旧大熊領地 上社西部 上社は古くは大宮と言う 内県の神ゆかりの地にて出早雄神の地の伝あり 旧くは山本村と言う	〃　神宮寺（旧大熊）
御頭御社宮司	おんとう みしゃぐじ	無	字地ありと 但し山本村領	〃　神宮寺

大熊七御社宮司				
北の御社宮司	きたのおみしゃぐじ	有	産土神	諏訪市大熊
中の御社宮司	なかのおみしゃぐじ	有	産土神	〃　大熊
南方御社宮司	みなみかたおみしゃぐじ	有	産土神	〃　大熊
曲りの御社宮司	まがりのおみしゃぐじ	祠石柱	神使居住地？	〃　大熊
久弥御社宮司	いねのおみしゃぐじ	石柱	神使居住地？	〃　大熊
御頭御社宮司	おんとうおみしゃぐじ	石柱	御頭屋跡並び御社宮司跡	〃　大熊
大熊七御社宮司				
御社宮司	おみしゃぐじ	無	峠下に御社宮司ありしと伝える	〃　真志野 湖南御社宮司峠
御頭御社宮司	おみしゃぐじ	有	藤森氏祝神	〃　真志野 湖南中村沢
御社宮司	おみしゃぐじ	有	藤森原氏祝神	〃　真志野 湖南殿屋敷
古御射宮司	ふるおみしゃぐじ	有		〃　真志野 湖南笠原
胡桃沢御射宮司	おみしゃぐじ	有	胡桃沢 半分真志野持 半分有賀	〃　湖南胡桃
檀湛え御社宮司	まゆみたたえおみしゃぐじ		諏訪七木	〃　真志野

御社宮司	おみしゃぐじ	有	御柱を各四本づつ建て両方にて祭祀する 古氏族胡桃沢氏祝神	湖南真志野 諏訪市豊田有賀榑沢《くるみざわ》
島の御社宮司	しまのおみしゃぐじ	有		〃　豊田有賀町屋
不開御社宮司	きかずのおみしゃぐじ	有	つんぼのみしゃぐじ 椀に穴をあけて供える	〃　豊田有賀町屋のあらい
御頭御社宮司	にょたいさま	有	十二后《きさき》の塚	〃　豊田有賀
若宮御社宮司	わかみやさま	有	千鹿頭神社の側にあり	〃　豊田有賀
小敷原御社宮司	こしきばらおみしゃぐじ	有	三本木又は小敷原《こしきばら》御神領北の堺	〃　豊田有賀小敷原
船渡の御社宮司	赤石さま	有	建御名方命諏訪入り第一歩の石	〃　豊田有賀赤石
有賀の七御社宮司				
堺の御社宮司	さかいのおみしゃぐじ	有	有賀小坂堺	岡谷市港小坂
糠塚御頭御社宮司	ぬかずかおみやぐじ	有	産土神	〃　港小坂
御社宮司	おみしゃぐじ	有	花岡氏小坂氏祝神	〃　港小坂

小坂村の七御社宮司				
御社宮司三社	おみしゃぐじ	有	産土神に三社合祀	岡谷市港小坂
御社宮司三社	おみしゃぐじ	有	二社＝計六社合祀すると言う	〃港小坂
諏訪湛記録				
松之木湛御社宮司		無	前宮神殿	茅野市小町屋神殿
橡之木湛御社宮司		無	前宮	〃小町屋前宮
御射宮神	おみしゃぐじ	有	早出氏祝神	岡谷市長地横川
御射軍司	おみしゃぐじ	有	宮沢氏祝神	〃長地中村
御射軍神	おみしゃぐじ	有	産土神	〃今井
御射軍神	おみしゃぐじ	有		〃若宮
御射宮司	おみしゃぐじ	有	花岡氏祝神	〃若宮新田
御射宮司	おみしゃぐじ	有	笠原氏祝神	〃小尾口射宮司
射宮司	おみしゃぐじ	有	笠原氏祝神	〃丸山橋
射宮司		有	中村氏祝神	〃夏目射宮司
御射宮司	おみしゃぐじ	有	産土神	〃成田町
御射宮司	おみしゃぐじ	有	合祀したもの	〃成田町
御射宮司	おみしゃぐじ	有	産土神	〃下浜
御射宮司	おみしゃぐじ	有	宮沢氏祝神産土神	〃川岸駒沢
御射宮司		無	小字地のみ	〃西堀
御射山境内				諏訪郡原村原山
御社宮神				

小県郡

古村九十二ヶ村

祭神	建御名方命	七六社
	建御名方命八坂斗女命合祀	五二社
	八坂斗女命	一社
	大己貴神	一四社
	事代主命	一社
	稲倉魂命（保食神）	四八社
	馬脊神	三社
	彦神別神	一社
	出早雄神	一社
	池生命	一社
	大県神	一社

宛字	発音又は由緒	所在地
社宮司		小県郡和田村鍛冶足社宮司
社宮司	内田氏祝神	〃長門町長久保四泊
社宮司		〃長門町古町荒田
社宮司	児玉氏祝神	〃長門町入大門社宮地《ごうさま》
社宮司		〃長門町窪城二十五戸
社宮司		〃長門町下木戸岩井

社宮司		小県郡武石村鳥屋社宮地
社宮司		〃　武石村鳥屋社宮地
社宮司		〃　東内村和子社宮司
社宮司		〃　東内村和子社宮司
社宮司		〃　生田村（依田村）上野
社宮司社	村持　古池氏祝神	〃　生田村（依田村）尾野山御所窪
社宮司	産土神　村所有	〃　生田村（依田村）生田鵜の脇
社宮司	産土神	〃　生田村（依田村）御所窪
御社宮司	村所有	〃　丸子村御岳堂三角
社口	小字	〃　丸子村中丸子社宮司
社宮司	小字	〃　依田村御岳堂社宮司
社宮司	杓子田	〃　丸子村下丸子杓子田
社口	字地	〃　丸子村中丸子社口
御社宮司		〃　塩川村藤原田御社宮司
赤口	字地	〃　川西村上田原屋敷田赤口
社宮司	科口　白鳥氏祝神	〃　川西村上室賀本組
社宮司	小字	〃　川西村仁古田社宮司
社宮司	田中区の土神	〃　川西村吉田田中裏沖
御社宮司	伊沢氏祝神	〃　川西村仁古田越戸向イ社宮司
社宮司	天神　石神の祠	〃　川西村日向地籍　和合地籍堺
社宮司	小字地	〃　川西村日向
以下六例は川西村検地帳に見えるもの		
赤口神	寛政十年	小県郡川西村日向小泉

杓子田	承応五年	小県郡川西村町小泉
左口	承応三年八月	〃　越戸
左口神	慶長五年	〃　左口神山
杓子神	承応三年八月	〃　下室賀
三口田	寛永十四年	〃　上室賀
社宮司	小字地	〃　青木村浦里大庭
社宮司	小字地	〃　青木村田沢温泉
社護神	石碑	〃　青木村浦里大庭
社宮司	小字	〃　青木村殿戸社宮司
社宮司	平林氏之を祭る	〃　青木村田沢洞
社宮司	字地	〃　青木村（山の中に小字在り）
社宮司	祠の支配者は不明	〃　青木村奈良本
社宮司	祝神	〃　青木村（久村松）
社宮司	現在沓掛氏之を祭る	〃　青木村生地《おいち》
古老　十二の森、十二社宮司也と		
社宮司	小林氏祝神	〃　東部町滋野松井羽生田
社宮司		〃　東部町禰津新張
社宮神ノ社	左口神	〃　東部町和村下栗林
	社口社　共に	〃　東部町和村東田沢
社宮司		〃　東部町滋野桜井羽毛田
赤口	字地	〃　東部町上田原赤口
社口		〃　塩田町東塩田奈良屋

左子神		〃　塩田町東塩田町屋
石神	竜野氏祝神	〃　塩田町古安曽石神小字社宮司（石神）
社宮司	村所有	〃　塩田町古安曽舞田前冲
社宮司	左口司　村所有	〃　塩田町古安曽下之郷西原田
社宮司	社宮神　村所有	〃　塩田町古安曽泉田福田
しゃごじ	小字	〃　塩田町西塩田山田小字打越
社宮司	村所有　土神	〃　塩田町五加字松原
社宮司	村所有　土神	〃　塩田町五加字南在家
社宮司		〃　塩田町中塩田本郷
社宮司		〃　塩田町中塩田五加宮原
社宮司	左口社	〃　塩田町中塩田五加宮原
社宮司		〃　塩田町中塩田保野字社宮司
社宮司		〃　塩田町西塩田野倉
社宮司		〃　塩田町西塩田手塚
社宮司		〃　塩田町西塩田別所字十二階
社宮司		〃　塩田町下之郷西原田
社宮司	生島足島神社の近く社宮司　小字	〃　塩田町下之郷小字社宮司
社宮司	坂下氏祝神	小県郡福田村小字新田（上田市編入）
左口神	村所有　土神	小県郡常盤城村殿田
社宮神		〃　常入村向田社宮地
社宮司	村所有　土神	〃　福田村前田古屋敷
社宮司		〃　県村加沢
捨宮寺		上田町上田御屋敷捨宮寺下
社宮司		〃　大屋国分黒坪
社宮司	左口	〃　殿城村赤坂左口畑
上の御社宮司		〃　下塩尻中島社宮神
中の島御社宮司	おやくしさま	〃　上塩尻中の島社宮司
社宮司	左口	〃　上塩尻小字社宮司
社宮司		〃　下塩尻社宮神
社宮司		〃　下塩尻上の社宮神
十二社宮司	現在四社各祝神	小県郡神科村上野
社宮寺		〃　神科村住吉村染屋
社宮司	社口	〃　豊野村芳田字社口
社口		〃　豊里村小井田森
社宮司	射軍神	〃　川辺村築地赤口
社宮司		〃　川辺村下之条
社宮司		〃　神科村古里社宮司
社宮司		〃　神科村住吉向イ屋敷
社宮司		〃　神科村岩間
社宮司		〃　殿城村漆戸北之平
社宮司	矢沢、赤坂祝神	〃　殿城村上社宮地
上社宮司		〃　殿城村矢沢
中社宮司		〃　殿城村矢沢

宛字	発音又は由緒	所在地
下社宮司		小県郡殿城村矢沢
北社宮司		〃 殿城村北社宮司
社宮司		〃 真田村上洗馬
社宮神		〃 東武町中曽根

東筑摩郡

古村三十七ヶ村

祭神 建御名方命 六八社
建御名方命八坂斗女命合祀 二社
大己貴神 六社
事代主命 五社
千鹿頭神 三社
草奈井比売命 一社
御井命 一社
草津比売命 一社
稲倉魂命（保食神） 二四社

宛字	発音又は由緒	所在地
社宮司	開拓の土神 青木氏祝神	塩尻市北小野大出
社宮司	開拓の土神 辰野氏祝神	〃 北小野大出
社宮司	小野氏の祝神	塩尻市北小野川島山堂ノ入リ字社宮司又はみみづか
社宮司	上条氏祝神	〃 柿沢小字社宮司
社宮司	百瀬氏 小松氏祝神	〃 片岡南内田地蔵堂
社宮司	辰野氏祝神	東筑摩郡宗賀村平出下村御岳山麓
社宮司	土神	塩尻市洗馬小曽部社宮司
社宮司	開拓の土神	〃 洗馬小曽部
社口	小字	〃 洗馬上組下平太田地籍
社宮司	原氏祝神	〃 洗馬上組上町西浦
社宮司	熊谷市祝神	〃 洗馬中町
社宮司	御頭御左口神	東筑摩郡朝日村（山本村）西洗馬下寺
社宮司	御頭御左口神	〃 洗馬村下小曽部横沢
社宮司		〃 山形村今井上新田原和田
社宮司		〃 麻績村野口社宮司
御頭御左口神 社宮司		〃 麻績村矢倉、矢倉社宮司
社宮司	産土神 おしゃごじさま 日向神社と改名	〃 麻績村日向高村
社宮司		〃 麻績村日向上井堀北高地

社宮司		東筑摩郡麻績村日向字高小字社宮司
社宮司		〃　麻績村日向桑山
社宮司	大土神 村社　産土神	〃　麻績村北高地
社宮司		〃　坂井村がに河原社宮司
社宮司	開拓の神 小沢氏祝神	〃　笹賀村神戸
社宮司	上条氏祝神	〃　笹賀村小俣
社宮司大明神	開拓の神 西村氏祝神	〃　竹淵村社宮司
社宮司	田中氏祝神	〃　芳川村平神の木
社宮司	社宮司の家 塚原氏祝神	〃　麻績村沢田野社宮司
社宮司	産土神	〃　麻績村尾根社宮司
社宮司		〃　筑摩地村社宮司
社宮司	宮城氏祝神	〃　広岡村吉田社宮司
社宮司	丸山氏祝神	〃　片岡村北内田寺村
社宮司		〃　本城村社宮司
三社宮	みしゃぐじさま	〃　波田村芦原三社宮
社宮司		〃　波田村社宮司
社宮司	本社宮司	〃　波田村本社宮司
社宮司	村所有	〃　和田村東冲
社宮司	御頭御左口神	〃　和田村乾
社宮司	字地のみ	〃　山本村村央
社宮司	沼田氏祝神	〃　四賀村中川矢久社宮司
社宮司	市川氏祝神	〃　四賀村五常井刈

社宮司	村所有	東筑摩郡新村西原社宮司
社宮司		〃　新村一の坪社宮司
社宮司	村所有	〃　新村大字社宮司
社宮司		〃　新村阿弥陀堂御社宮司
社宮司		〃　新村北海渡社宮司場
社宮司	嫁入り行列は通らず	〃　新村大字社宮司
北新産土神 社宮司	御頭御左口神	〃　新村北新
社宮司	村所有	〃　神林村山之神
社宮司		〃　里山辺村下金井
御射神社	御射山口にあり 御射山は社宮神	〃　山辺村浅間
御社宮司	出護神 射護神 さく神	〃　入山辺村上手
社宮司	大村産土神内	〃　本郷村大村
社宮司	おしゃごじさま おしゃもじさま	〃　本郷村大村雪中
社宮司	宮下氏祝神	〃　坂井村古司
社宮司	坂井五社宮司の一	〃　坂井村字社宮司
社宮司	二	〃　坂井村字社宮司
社宮司	三	〃　坂井村字社宮司
社宮司	四	〃　坂井村字社宮司
社宮司	五	〃　坂井村字社宮司
社宮司	藤森氏祝神	〃　生坂村小舟村南
社宮司	清井氏祝神	〃　生坂村上生坂坪庭

社宮司	滝沢氏祝神	東筑摩郡上生坂村竹《た》の本《もと》家東
社宮司	藤原氏祝神	〃　生坂村小立野家の上
社宮司	小林氏祝神	〃　明科村潮沢竹の花
社宮司	冲氏祝神	〃　明科町千歳町

西筑摩郡　木曽

宛字	発音又は由緒	所在地
三狐社 社宮司	おしゃごじさま	西筑摩郡木曽福島中組下万部（駅前）
御社古地 御左宮司		〃　南木曽妻籠
社宮司	園原氏祝神	〃　南木曽読書村和合
社宮司	小字	〃　野尻上庭社宮司
社宮司	祟る神	〃　読書村十二兼

七御社宮司の言葉あるも拾えず

南佐久郡

古村五十九ヶ村

祭神　建御名方命　七五社
建御名方命 八坂斗女命 合祀　八社
事代主命　二一社
大己貴命　六社
下照比売命　三社
興波岐命　三社
八県宿禰命　一社
大県命　一社
美津波廼比売命　一社
稲倉魂命（保食神）　一七社

宛字	発音又は由緒	所在地
御社宮司	岩の上に祭る	南佐久郡穂積村樋の口社宮司岩
御社宮司	諏訪神社境内 村持	〃　穂積村崎田
御社宮司	渡辺氏祝神	〃　穂積村崎田
左口神	左口村持	〃　穂積村左口
社口神	不明	〃　小海町
社宮司	社宮神林のみ	〃　小海町社宮神林
御左口神	村所有 御頭御左口神	〃　内山村中村
社宮司		〃　常和村荒井
三宮司社	村所有	〃　海瀬村下海瀬花岡
御社宮司	み社宮司の家 佐塚氏祝神	〃　海瀬村畑中直蹈坂《すぐりざか》
御社宮司	おしゃぐじの家 友野氏祝神	〃　海瀬村余地上宮向《かみみやむこう》

宛字	発音又は由緒	所在地
社口	小字	南佐久郡根岸村小字社口
御社宮司		〃臼田町大奈良大奈良組子之方
御社宮司	おしゃがつさま	〃臼田町大奈良
御幸宮神	おしゃがつさま 御しゃがつさま 三社跡あり	〃臼田町大奈良組
御社宮司	村所有	〃臼田町田口荒井
山之神	田口峠口	〃臼田町山之神
御社宮司		
十二社口	十二の社宮司	〃臼田町田口山口
御社宮司	合祀の祠	
石神		〃下中込村字杉の木
赤口御社宮司	村所有	〃下中込村字杉の木赤口
社口大明神	御頭御左口神	
社宮司	村所有	〃中込町瀬町社口
社宮寺（開拓の土神）	おしゃぐじさま 小須賀氏旧屋敷の神	〃中込町平賀荒家
社宮司	清水氏祝神 旧屋敷跡の神	〃中込町平賀南谷津
社口	小字地	〃根岸村社口
山宮社	おしゃぐじさま 木内氏祝神	〃根岸村下県《しもがた》
御社宮司	茂原氏祝神	〃野沢町上跡部社宮司堰
御社宮司	村所有	〃野沢町原社宮司
社宮司	小字	〃野沢町原社宮司
左口社	小泉氏祝神	〃野沢町五里田西田圃《たんぼ》中
社宮司大明神	高見氏祝神	〃野沢町取出屋敷

北佐久郡

古村七十ヶ村

祭神	建御名方命	七〇社
	建御名方命 八坂斗女命合祀	一一社
	大己貴命	三社
	事代主命	一五社
	蓼科神	二社
	大県命	五社
	稲倉魂命（保食神）	二三社
	千鹿頭神 近津神合祀	二社

宛字	発音又は由緒	所在地
社宮司		北佐久郡望月町布施
社宮司	井出氏 大草氏祝神 社宮司坂、社宮司橋、社宮司谷	〃望月町社宮司
社宮司		〃望月町本牧村社口
社宮司	村所有	〃春日村下の宮
社口	小字	〃協和村社口
社宮司	村所有	〃協和村高呂組六反田
社口	小字	〃印内村社口

御社宮司	羽田氏祝神	北佐久郡立科町芦田赤沢中原
社宮司	小字	〃　立科町芦田社宮司
社口	社地	〃　浅井村五郎兵衛新田上原
社宮司	小字	〃　塩沢村社宮司
社口	おしゃごじさま　近津神社前	〃　岩村田村長土呂
下曲口	村持、しゃぐさま	〃　岩村田村下宿
社口	小字	〃　岩村田村諏訪宮社口
曲口	おしゃぐじさま　禰津氏祝神	〃　岩村田村長土呂下芝宮
上曲口社	産土神	岩村田村東赤座有稲
社口	おしゃごじさま	〃　岩村田村鳴沢社口
社口	大井氏祝神	〃　岩村田村鳴瀬南岩尾
社宮司	おさごじさま	〃　佐久新海神社内
社宮司　諏訪の宮		〃　新治村字諏訪の宮
社宮司	小字	〃　南牧村蓬田社宮司
社宮司	村持、産土神	〃　南牧村蓬田田中田
社宮司	池となる	〃　南御牧村八幡今池
御社宮司	産土神	〃　南御牧村八幡今池
御社口	おしゃぐじ、産土神	〃　塩名田村初坪
御社口		〃　高瀬村鳴沢社口
石神社	おしゃぐぢさま	〃　北大井村大宮石神
御社宮司	産土神	〃　山浦村大杭宮の前
御社宮司	産土神	〃　山浦村川辺
御社宮司	産土神、小林氏祝神	〃　山浦村久保
社宮司		〃　大里村諸

社宮司神社	産土神	北佐久郡西浦村下平古屋
御社宮司社	産土神　神掛川氏祝神	〃　西浦村社宮司（千曲小学校裏）
曲口	おしゃぐぢ	〃　小諸三岡区新田市田藤塚
社宮司		〃　南大井村御影平原
社宮司	小字地　今宮とも	〃　北大井村乗瀬社宮司
社宮司		〃　北大井村追分藤塚
石神社	おしゃぐじ　社地湧水	〃　北大井村柏木八満石神
石神	しゃくじん	〃　軽井沢町長倉石神《しゃくじん》
御社宮司平	小字と石のみ	〃　小諸新町裏社宮司平

南安曇郡

古村十六ヶ村

祭神　建御名方命　二六社

建御名方命
八坂斗女命合祀　三社

大己貴命　五社

事代主命　五社

稲倉魂命（保食神）　七社

宛字	発音又は由緒	所在地
社宮司	おしゃぐじさま 中沢氏祝神	南安曇郡梓川村倭区北大妻
社宮司	社宮司 昔共に神氏豪族 大妻氏屋形跡に祭る	〃 梓川村倭区南大妻
社宮司	村持 御頭御社宮司 西牧氏祝神 小松 田之井 共に祭る	〃 倭村北条字社宮司
社宮司	中野氏祝神 松本市に移住	〃 梓川村倭北大妻字社宮司
社宮司とあり 御左口神とあり	欅の神の巨木あり 西村氏祝神 神徒西牧氏領 御頭御左口神	〃 倭村北条字神ノ木

七御左口神ありと伝えるも不明、神の木の地名七ヶ所あり、これが御左口神と伝える由、神長文明十二年の文書に見える

社宮司	村持、産土神 御頭御左口神	南安曇郡明盛村一日市場西田
社宮司	村持 御頭御左口神	〃 明盛村七日市場社宮司
社宮司	村の御左口神	〃 東穂高村字氏家
社宮地	字地	〃 穂高町矢原社宮地 社宮地田

社宮地		南安曇郡西穂高町牧社宮地
社宮司	開拓の神 丸山氏祝神	〃 豊科町本村小字西原
社宮司神	びゃぐしん 丸山氏祝神	〃 豊科町吉野
社宮司	竹内氏祝神	〃 豊科町高部《たきべ》上飯田
社宮司	中野氏祝神	〃 豊科町高部下飯田社宮司
社宮司	開拓の土神 曽根原氏祝神	〃 豊科町高家柳原社宮司
社宮司	開拓の土神 中野氏 手塚氏 祝神	〃 豊科町上鳥羽立石社宮司
社宮司		〃 豊科町上鳥羽社宮司
社宮司		〃 三田村田多井社宮司
社宮司	おしゃぐつさま	〃 三田村田尻社宮司
社宮司	おしゃもつさま	〃 明科町東川手黒坪
社宮司	おしゃぐさま	〃 奈川村古宿
社宮司田	小字	〃 烏川村上堀金社宮司田
社宮司	おしゃまつさま 米倉氏祝神	〃 堀金村烏川上堀平木しゃごじ沢
社宮司	おしゃごじさま 猿田氏祝神	〃 堀金村三田田多井上手村

北安曇郡

古村十八ヶ村

祭神　建御名方命　五五社

　　　事代主命　三社

　　　大己貴命　三社

　　　稲倉魂命（保食神）　八社

糸魚川からの塩の道に多い

宛字	発音又は由緒	所在地
社宮司	社宮司の家 中村氏祝神	北安曇郡八坂村左口竹の下
十二沙宮神	社宮司の家 佐藤氏祝神	〃 八坂村野平社宮司
社宮司	祝神	〃 八坂村切久保土林
社宮神	社宮司の家一軒 祝神	〃 八坂村地捨田曽山
社宮司		〃 八坂村石原宮原
社宮神	社宮司の家 北沢氏祝神	〃 八坂村大平大平社宮神
十二沙宮司	北沢氏祝神	〃 八坂村上籠舟場社宮司
十二沙宮司	北沢氏祝神	〃 八坂村大平大平社宮司
社宮司	丸山氏祝神	〃 八坂村樺内小字社宮神

社宮司	社宮司の家あり 野沢氏祝神	北安曇郡八坂村古坂字久保
社宮司		〃 八坂村滝八屋敷
社宮司		〃 八坂村会《あい》社宮司
社宮司		〃 八坂村栃沢社宮司
十二沙宮神	村の土神	〃 白馬村堀之内坂峰
社宮司	中村氏祝神	〃 白馬村神城堀の内
社宮神	太田氏祝神	〃 白馬村神城堀の内三日市場
社宮司	おしゃごつさま 太田氏祝神	〃 白馬村北城明賀
十二沙宮神		〃 白馬村北城深沢深空
十二社宮神 社宮司		〃 美麻村字高地
十二社宮神 社宮司		〃 美麻村二重
十二社宮神		〃 美麻村旧大塩日影
社宮神		〃 美麻村大塩南村
社宮司	しゃごじさま 松下氏祝神	〃 美麻村曲尾
社宮司		〃 美麻村青貝大奈良尾
社宮司	外山の産土神	〃 美麻村千見外山
社宮司	字名 おしゃごつさん	〃 美麻村青貝日方社宮司
社宮司	おしゃごつさん 宮田氏祝神	〃 美麻村大倉長崎
社宮司	さごじ 高橋氏祝神	〃 美麻村桐明境野さごじ
社宮司	祝神 土神	〃 常盤村旧清水

社宮司	しゃごじ お社宮司の家 丸山氏 山本氏祝神	北安曇郡常盤村下一本木字 社宮司
社宮司	祝神	〃 社区《やしろ》曽原社宮司
社宮司	土神	〃 社区曽原
社宮神	松田氏祝神	〃 社区宮本神戸
社宮神	鈴木氏祝神	〃 社区宮本旧原村
釈子宮	くねうちの おしゃごじさま	〃 社区館の内
社口司	古墳に祭る おしゃぐち	〃 社区宮本南　原《みなみんばら》
社宮司	仁科氏館の地 お社宮司の家 丸山氏祝神	〃 大町下一《しもいち》社宮司
社宮司	傘本氏祝神	〃 大町平稲尾
社荒神	おしゃごじさま 村持	〃 借馬村木崎境
社宮司	村持	〃 陸郷村森
社宮司		〃 陸郷村草尾
社宮司		〃 松川村神戸
社宮司	社宮司の家 土神、昔は村持 藤井氏祝神	〃 池田町堀之内
社宮司	旧屋敷跡 片瀬氏祝神	〃 池田町渋田見坂下 滝沢社口原
社宮司	村持　土神	〃 池田町広津北足沼
社宮司	滝沢氏祝神	〃 池田町中鵜中之郷 社宮司
社宮司		〃 池田町会染区内鎌《ないがま》 社宮司

社宮司	廃家、北川原氏 裏に字名のみ	北安曇郡池田町広沢足崎社 宮司
社宮司	大石の上の祠なく 大石を砕いてしま う	〃 池田町広津日影し やぐじ
社宮司平		〃 池田町広津菅田社 宮司平
社宮司	はしゃごじさま 土神　村の祝神	〃 池田町広津中塚
社宮司		〃 池田町半在家社宮 司
社宮司	山崎氏祝神	〃 池田町東広津下会
社宮司	社宮司の家 一戸の祝神	〃 池田町広津高畑

上水内郡

古村百五ヶ村

祭神　建御名方命　一五七社

建御名方命 八坂斗女命合祀　一八社

大己貴命　一五社

御名方彦神別命《みなかたひこかみわけのみこと》　五社

守達神　一社

守田神　二社

池生命　一社

建志奈神　二社

須波彦若命　一社
八　櫛　神　一社
妻　科　神　一社
稲倉魂命（保食神）五一社

宛字	発音又は由緒	所在地
射軍神	しゃぐじ	長野市南堀
射軍神	しゃぐじ	〃　押鐘
社宮司	おしゃぐじ 村持	〃　旧稲積ニテ稲田字社宮司
社宮司	小字	〃　浅川小字社宮司
社郡地田（祝とあり）	おしゃぐじ 小字	〃　浅川北郷
祝郡地（社とあり）	しゃぐじ 小字	〃　浅川北郷社宮司
小字社宮司	古くは十二社宮司	（検地帳より） 〃　浅川北郷
小字社宮司	現在二社	〃　浅川北郷
十二社宮司		〃　広瀬小字宮ノ脇
社宮神	社宮神の樹あり 藤の古木	〃　三輪（上松）小字滝
地神社	しゃごじさま	〃　広瀬字沢浦
十二社宮司	十二神社とも言う	〃　入山小字曲リ戸耕地
十二社宮司		〃　入山沢尻浦耕地
十二社宮司	十二神社とも言う	〃　入山

十二社宮司		長野市入山犬飼耕地
十二社宮司	明治八年 十二神社とする	〃　入山清水
十二社宮司	明治八年 十二神社とあり	〃　入山大平
十二社宮司	明治初年 十二神社とする	〃　入山景山浦耕地
社宮司	祝神	〃　稲葉千田
社宮司		〃　高田旧西尾張部下高田
社子神	おしゃごじ 池生神社境内	〃　北長地古牧字十二
社宮司		〃　南長地社宮司
伺去神	しゃこじ、産土神 善光寺本堂近くにあり	〃　伺去真光寺小字中村
社宮司	地主神 城山の県社に合祀	〃　旧長野村
社宮司		〃　旧長野村桜枝
社宮神	社護神宮とも言う	〃　北堀
社子神社	地主神	〃　三輪横山
社宮司堂		〃　下越
社口寺	しゃがんじ	〃　山平林安庭宮ノ久保
しゃぐじの家	旧家の家号	〃　氷ノ田
社宮司		〃　小川瀬戸川桐山
社宮司		〃　小川法地
社宮司	高山寺にて祭る 宮沢氏氏神	〃　小川日本記
社宮司	高山寺にて祭る 宮沢氏氏神	〃　小川日本記

社宮司	十二社とも言う 十二社とは十二社宮司なりと古老言う	長野市七二会瀬脇
十二社宮司		〃　北小川稲丘
十二社宮司		〃　北小川稲丘
十二社宮司		〃　北小川稲丘
十二社宮司		〃　北小川稲岡
十二社宮司	七社宮司の名あり	〃　南小川小根山
十二社宮司		〃　南小川小根山
十二社宮司		〃　南小川小根山
十二社宮司		〃　南小川小根山
社宮司		〃　瀬戸川内馬曲
社宮司	土御祖神 宮下氏氏神	〃　瀬戸川字中山
社宮司	しゃござ 丸山氏祝神	〃　安庭村有の山しゃござ
社宮司	中島氏祝神	〃　水ノ田氷熊
佐軍神	しゃごじ、村持	上水内郡中郷村字大日影
社護神		〃　上駒沢村旧古里村
十二社宮司		〃　小鍋村国見小字もせ
社宮司	しゃごじ	〃　村山村
十二社宮司	しゃごじ	〃　村山村
社宮司	祝神	〃　信州新町越道社口司
十二社宮司		〃　信州新町越道
十二社宮司		〃　信州新町山上条村
社宮司	藤沢氏祝神	〃　信州新町越道尾崎

社宮司	おしゃぐじ 前沢氏祝神	
社宮司	祠跡	上水内郡信州新町日原社宮司
社宮司	しゃごじ 中村氏祝神	〃　鬼無里《きなさ》村日影虫倉山上平
十二社宮司		〃　鬼無里村字峰組
社宮司		〃　鬼無里村日影
十二社宮司		〃　柵《しがらみ》村下祖山山村
十二社宮司		〃　柵村上祖山
十二社宮司		〃　栃原村志垣
社宮司		〃　大原字鹿道字社宮司洞
		(信州新町合併)
社口神		〃　信州新町日名橋木
社宮司	社宮司の家 三沢氏祝神	〃　信州新町橋木字社宮司
社宮司大神	窪田氏祝神	〃　信州新町鹿谷なら尾社宮司
社宮司	社宮司の家人なし	〃　信州新町宮平上二《じょうに》小字社宮司
社宮司		〃　信州新町宮平上二
社宮司		〃　信州新町日名北村字社宮司
社宮司	おしゃごじ 社宮司の家 山岸氏祝神	〃　信州新町千原旧日名村
社宮司	社宮司の家 中村氏祝神	〃　信州新町旧八坂村左右《さう》小字社宮司

宛字	発音又は由緒	所在地
社護神	新井氏祝神	上水内郡信州新町旧日里村駒沢小字宮下
十二社宮司		〃　中条村御山里
社宮司		〃　中条村御山里
社宮司		〃　大岡村浅川小字社宮司
社口		〃　東柏原村川手堰社口橋
社護神	佐軍神とも書く	〃　芋川村字中村
佐軍神		〃　倉井字釜淵
社宮神		上水内郡中野市間長瀬
社[彳+翟]神		〃　中野市吉田
社子神社		〃　中野市吉田屋敷田
社宮司	祝神	〃　豊野町石北石社宮司
社宮司	おしゃごんじさま	〃　豊野町横町小字社宮司
佐軍神	おしゃごんじ	〃　豊野神郷字大日影

安坂神社　御柱　二本立、小川神社　御柱　二本立、生玉神社　御柱　一本立、守田神社　御柱　二本立、三皇足穂神社　御柱　二本立、御名方彦神別神社　御柱　二本立、武富佐神社　御柱　一本立。

下水内郡

古村十九ヶ村

祭神　建御名方命　六二社

八坂斗女命　一社

大己貴命　二社

稲倉魂命（保食神）　一二社

建御名方彦神別命
建御名方命
智《ち》努《ぬの》神《かみ》
庭《には》津《つ》比《ひ》売《め》　合祀　一社

馬脊神
沙《さ》奈《な》津《つ》良《ら》比《ひ》売《め》
八《や》須《す》良《ら》雄《おの》神《かみ》
武《たけ》彦《ひこ》根《ねの》神《かみ》　合祀　一社

宛字	発音又は由緒	所在地
シャクシッ原		下水内郡野沢温泉村虫生
社宮司	しゃぐじの家　高野氏　おしゃんじという	〃　豊田村北永江
社宮司久保	しゃぐじ　地示口	〃　飯山瑞穂神戸杓子窪《くぼ》
社口神	上組の産土神	〃　飯山飯山奈良沢上組《やしきぜい》
社護神		
社護神	社護神の幟あり	〃　飯山中町静間
社護神	産土神	〃　穴田村
社宮司	おしゃもんじさま　赤、白の幟　北山氏の祝神	〃　豊田村替佐伊予岡《ようか》
社宮司　建守神社	栄村産土神	〃　栄村森

埴科郡

古村二十三ヶ村

祭神	建御名方命	三四社
	建御名方命 八坂斗女命合祀	八社
	八坂斗女命	一社
	大己貴命	八社
	事代主命	八社
	稲倉魂命（保食神）	一二社
	少彦命	二社
	八櫛神	一社

宛字	発音又は由緒	所在地
社宮司	おしゃごじさま 中島氏祝神	埴科郡氷《ひ》の田戸崎
おしゃごじさま	祝神	〃 氷の田古藤
三狐神	おしゃごじさま	〃 鞍掛村河原
社宮司の森	祝神	〃 森村北殿入
社宮司	祝神 三社宮司の一	〃 森村南中の宮
社宮司	祝神 三社宮司の二	〃 森村北中の宮
社宮司	祝神 三社宮司の三	〃 森村社宮神
社宮司		埴科郡屋代村
十二社宮司		〃 清野村
社口		〃 倉科村社口
社宮司		〃 旧寺尾村柴村
社宮司	磯部村土神 玉井氏祝神	〃 磯部村（戸倉）
社宮司		〃 磯部村社宮司
社宮神	金井、中村、横尾氏祝神とする	〃 坂城村新町社宮司
社宮神		〃 坂城村南条社宮司

更級郡

古村六十一ヶ村

祭神	建御名方命	七二社
	建御名方命 八坂斗女命合祀	三六社
	八坂斗女命	四社
	大己貴命	五社
	事代主命	一八社
	出早雄命	一社
	池生命	二社
	八杵命	一社
	大年神	一社
	稲倉魂命（保食神）	一九社

宛字	発音又は由緒	所在地
社宮司	村持	更級郡上平村旧村上小字出浦
社宮司		〃 上平村下沖
社宮司		〃 上平村小網社口司
社宮司	小網の土神 砂宮司	〃 上平村小網
社宮司		〃 平岡石津中坪
上社軍神		〃 西寺尾
下社軍神		〃 西寺尾
社宮司		〃 杵淵村社宮司
社宮司社		〃 桑原村小坂
社宮司	治田神社境内	〃 桑原村
社宮司		〃 正和村
社宮司		〃 栄村御幣川字社宮司
社宮司	梶葉紋 北沢氏祝神	〃 東福寺杵淵
社宮司	字地	〃 栄村御幣旧川柳字社宮司
社口	おしゃごじさま	〃 信更町古宿《ふるやど》古藤
社口	村持 小字	〃 安庭古宿社口
社口河原	小字地	〃 塩崎社口河原
上社口河原	小字地	〃 塩崎村上社口河原
社宮司	大塔合戦 川中島合戦地 字地	〃 塩崎社宮司
泉口神社	しゃぐじ 社地	〃 五明村
泉口大神	しゃぐじ	更級郡網掛村
社宮司		〃 新山村西間社宮司
社宮司	小字	〃 新山村横山社宮司
社宮司	小字	〃 新山村天坂社宮司
社宮司	小字	〃 新山村西山社宮司
社宮司	五明氏祝神	〃 川中島今里なつめ河原社宮司沖
社宮司遺蹟	八名祇	〃 川中島御厨
社宮司		〃 小松原村社宮司跡
社宮司	三御社宮司の一つ	〃 牧田中村
社宮司	三御社宮司の一つ	〃 牧田中村
社宮司	三御社宮司の一つ	〃 牧田中村
社宮司	字地	〃 石川（柳川）社宮司
社宮司	石祠	〃 向八幡村
社宮司	字地	〃 稲里田牧社宮司宮地
社宮司	田口氏祝神	〃 小島田中組しゃぐじ
社宮司	田口氏祝神	〃 小島田大安川西小丘
社宮司		〃 小島田田中前沖一本杉
社宮司	位置不明	〃 青木島大塚
社宮司	若林氏祝神	〃 青木島大塚不動寺しゃぐ地
社宮司	蟻川氏祝神	〃 青木島大塚保正久保
大塚神社 社宮司	若林氏旧屋敷神	〃 青木島大塚区大塚
北村社宮司		〃 真島伊勢宮東冲社宮司
南社宮司		〃 真島社宮司冲
西社宮司		〃 真島社宮司冲

社宮司	金津氏祝神	更級郡上山田町三本木
社宮司	おしゃごん 西沢氏祝神	〃 上山田町上山田城腰
社宮司	おしゃごん 祝神	〃 上山田町新山住吉
山曲口	おしゃごん	〃 上山田町社宮司
社宮司		〃 南牧村社宮司
社宮司	社宮司の家 清水氏祝神	〃 牧郷村竹房大門
社宮司	村持	〃 牧郷村竹房原
社宮司	社司の家 北村氏旧屋敷地	〃 牧郷村原坂頭《さかんとう》
十二社宮司		〃 牧郷村（中牧）
十二社宮司		〃 牧郷村（中牧）
社宮司		〃 中牧村（牧郷）
下社宮司		〃 小松原村（共和）下 社宮寺
上社宮司		〃 小松原村上社宮司
社宮司	しゃぐじさん 北沢氏祝神	〃 上氷鉋《ひがな》前河原
社宮司	村持 氷鉋斗女神社内	〃 氷鉋稲里蛭久保冲
社宮司	御頭御左口神	〃 稲里村下氷鉋荒屋
社宮司	祝神	〃 稲里村下氷鉋荒沢冲
社宮司		〃 稲里村下氷鉋蒲田冲
社宮司	河口三社宮司の一	〃 大岡村河口小字社口
社宮司	河口三社宮司の二	〃 大岡村河口小字社口
社宮司	河口三社宮司の三	〃 大岡村河口小字社口
社宮司		〃 大岡村宮平萩久保

社宮司		更級郡大岡村宮平慶師小字慶師
社宮司		〃 大岡村宮平慶師字いしゃごじ
社宮神	しゃごじ	〃 大岡村浦新田
社宮司	久保田氏祝神	〃 大岡村石津佃見
社宮司	祝神	〃 大岡村浦新田米田和
社宮司		〃 大岡村石津白井沢
社宮司		〃 大岡村石津いりこ沢
おしゃごじ平		〃 大岡村和平小字社宮司平
おしゃごじさま	丸山氏祝神	〃 大岡村樺内小字社宮司
社宮司	しゃぐじの家 本間氏祝神	〃 大岡村樺内小字社宮司
社宮司	しゃぐじの家 氏神	〃 大岡村樺内上栗尾
社宮司		〃 大岡村下岡村仏風
社宮司		〃 大岡村下岡小字長瀬
社宮司	山崎氏祝神	〃 大岡村中挾しゃごじ
社宮司	平林氏祝神	〃 大岡村中挾

上高井郡

古村四十四ヶ村

祭神　建御名方命　四八社
建御名方命
八坂斗女命合祀　一〇社
大己貴命　三社
事代主命　三社
高杜神　一社
稲倉魂命（保食神）　八社

宛字	発音又は由緒	所在地
社宮司	おしゃごんじさま	上高井郡保科村藪在家
社宮司	おしゃぐんじ	〃　大室村社宮司
十二社宮司		〃　仁礼村中村
社宮司		

塩野、じゃ山、竹原に十二社宮司と言って合祀した社宮司があると伝えるけれどわからないと古老語る

下高井郡

古村五十五ヶ村

祭神　建御名方命　五六社
建御名方命
八坂斗女命合祀　三社
大己貴命　一社
馬脊神　一社
高杜神　一社
稲倉魂命（保食神）　一三社

宛字	発音又は由緒	所在地
社宮司	おしゃもじさま おしゃじさま	下高井郡飯山町静間静観庵 境内越後境
社口	おしゃぐじさま 字地	〃　壁田村社口
社宮司	しゃごじ 中山氏祝神	〃　問山字十二
社宮司	金井氏祝神	〃　草間上ノ山
社宮司	字地	〃　吉田村竜源寺山内 字地　社口
社宮司	土神 夜間瀬産土神	〃　夜間瀬村
社宮司	小林氏祝神	〃　山之内町横尾千手 寺

宛字	発音又は由緒	所在地
御社宮司	みしゃぐじの家 なかむら氏 湯沢氏祝神	駒ヶ根市東伊那郡箱畳
御社宮司	滝の沢の土神	小県郡大門町古町池の平
社宮司	石棒集る	〃　大門町落合四泊《よどまり》
社宮司		〃　大門町新町四泊
社宮司		〃　川西村浦和馬越字十二
社宮司		〃　青木村天神（山中）
社宮司		〃　青木村中挾
社宮司		東筑摩郡波田村上波田
社宮司	本間氏祝神	北安曇郡八坂村樺内社宮司

諏訪を中心とした御社宮司分布図

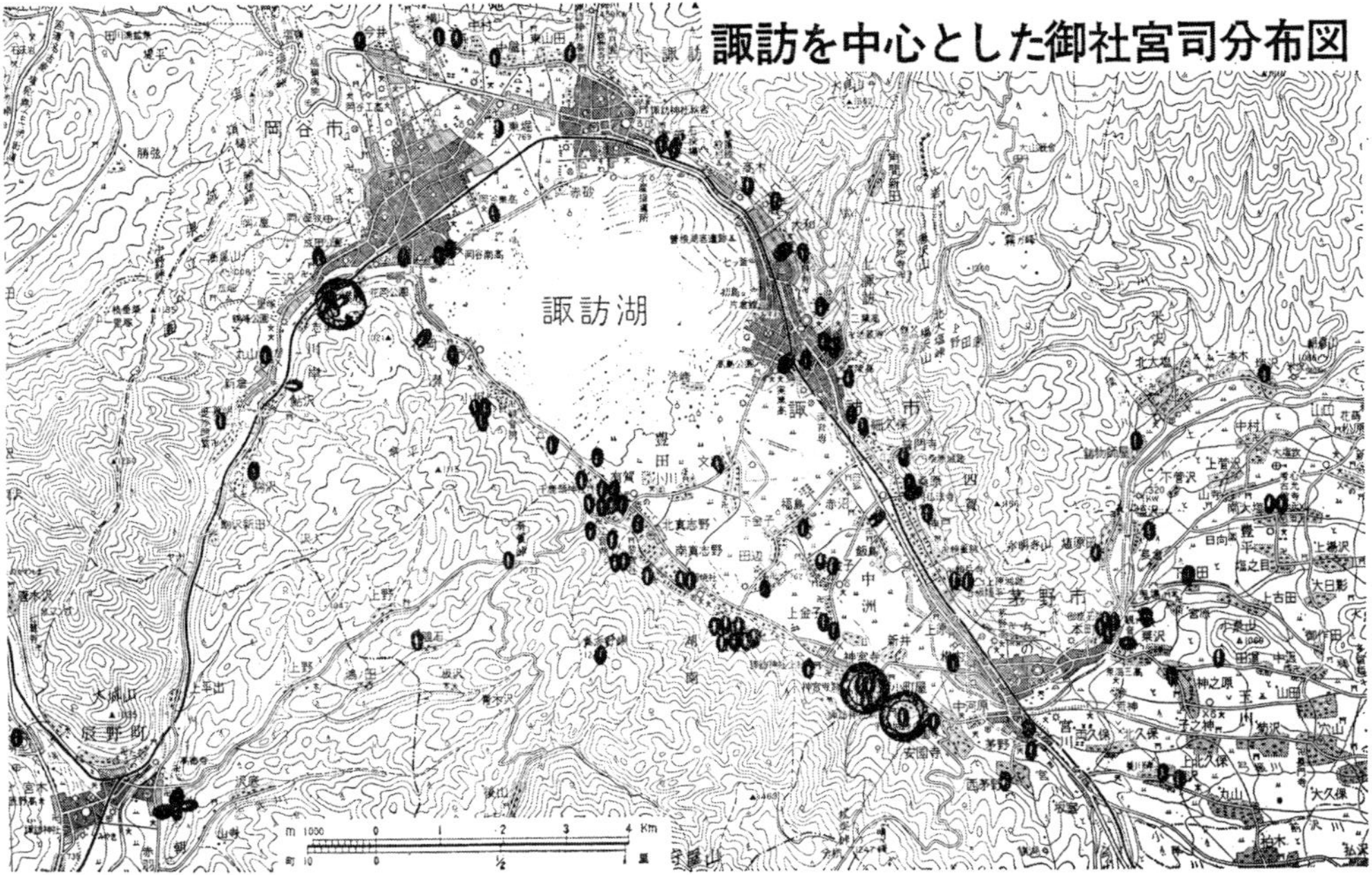

長野県の御社宮司分布図

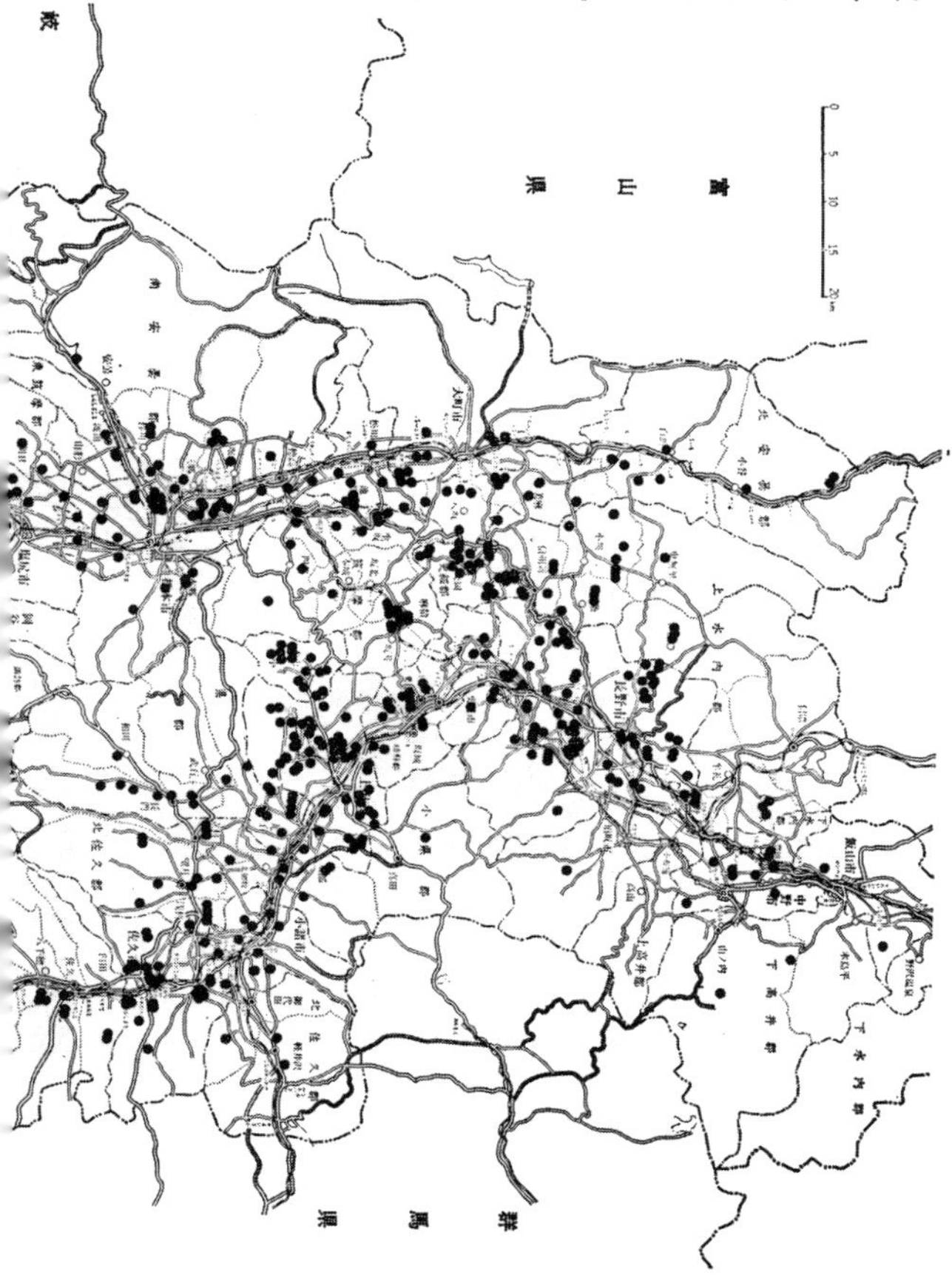

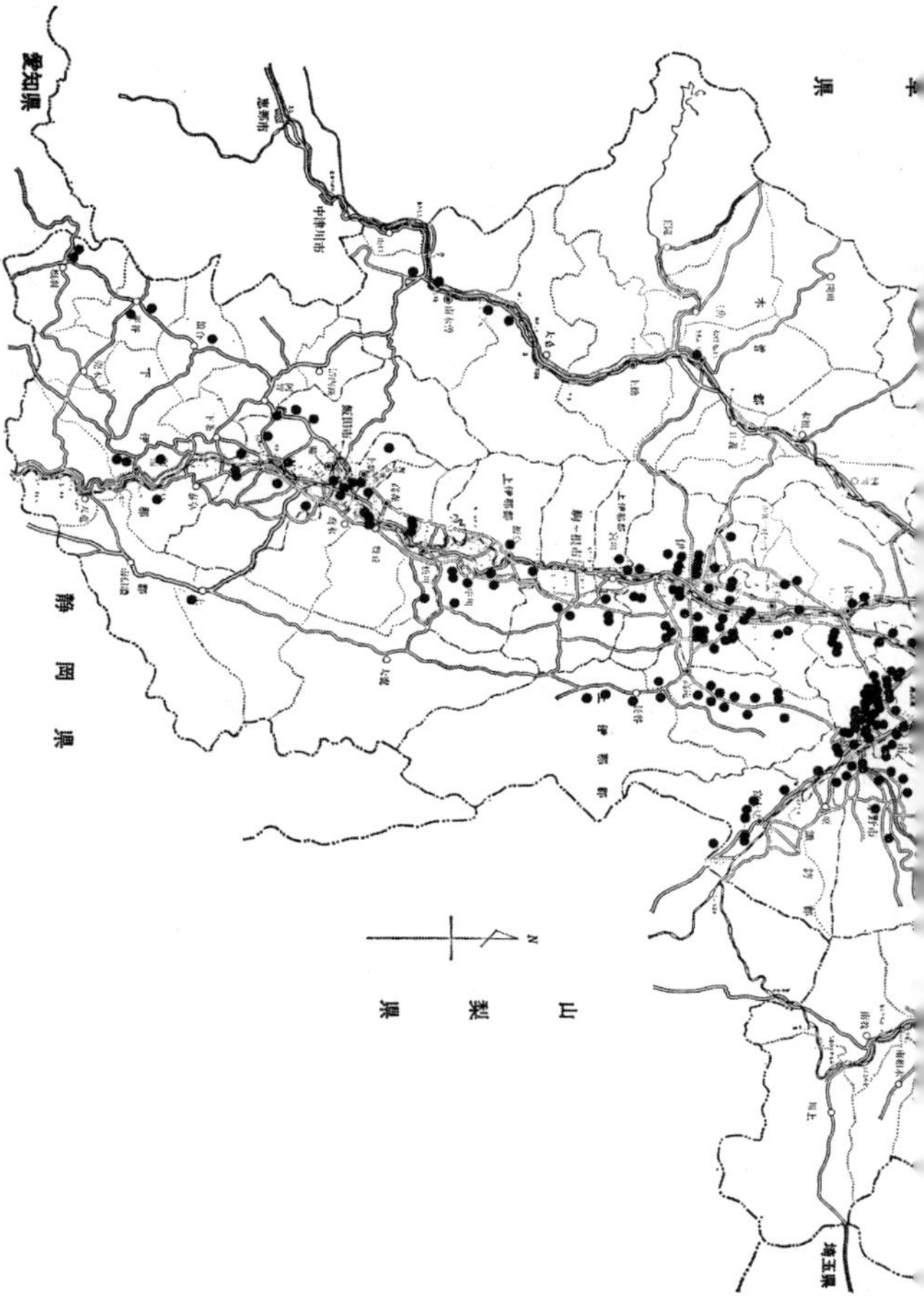
愛知県
静岡県
山梨県
埼玉県
中津川市
飯田市
上伊那郡
下伊那郡
木曽郡

各地における御社宮司

御社宮司数合計

東京都 一五社
栃木県 三社 千鹿頭神に重なる
千葉県 三社
奈良県 四社
京都府 三社
群馬県 六七社 千鹿頭神に重なる
埼玉県 四四社 千鹿頭神に重なる
神奈川県 五〇社
山梨県 一六〇社 千鹿頭神
愛知県 二二九社
静岡県 二三三社
和歌山県 四社
三重県 一四〇社
岐阜県 一一六社
滋賀県 二二八社
武蔵国 六四社 東京、埼玉、神奈川の一部

山梨県 諏訪神社一四三社

宛字	発音又は由緒	所在地
御社宮司	おしゃもつさま 中の諏訪神社 建御名方命のお旅所と言う 内県、大県、外県外十三神の祠あり	北巨摩郡武川村武川
三宮神	しゃごじん おさんぐうさん	〃 武川村武川新奥《しんのう》
社口神	おしゃぐぢさま	〃 大泉村西井出
社宮司		〃 長坂町渋川清水ノ内
社宮司		〃 長坂町上条富士塚
砂宮地	おしゃぐじ	韮崎市山の内石水組
砂宮神		〃 穴山伊藤窪
社宮司	古塚・辺見街道の古宿	北巨摩郡長坂町下条日野春村
おしゃごじさん おしゃごっちゃん		〃 明野村北組宮原
社宮司	おさこんさり おさんぐうさん	〃 小泉村大八田町添

御左口神	おさんぐじさま	北巨摩郡長坂町上日野
社宮神		韮崎市下円居《つぶらい》
社宮司		北巨摩郡安都玉村村山北割
社口		〃　長坂町渋沢
社宮司		〃　長坂町塚川古屋敷
社口神		〃　長坂町上条富士塚
三宮司		韮崎市中条
社口		北巨摩郡高根村村山北割
おしゃごじ	おさごつ	〃　明野村北組宮原
社宮地		〃　日野春下条社宮地丘
社宮司		〃　長坂町塚川
社宮司		〃　長坂町日野春渋川
御社宮司	おさぐじ	〃　長坂町上日野
おしゃもじ		〃　明野村谷井
お三宮寺	おさんぐうじ	〃　明野村永井
おしゃもじ		〃　明野村正楽寺
おさごじん		
七御社宮司社の名あるも不明		
三宮神	おさんごうじん	〃　明野村浅尾新田
石神	おしゃもじさん	〃　明野村浅尾厚芝
	しゃごつっあま	
神供石	おしゃぐじさん	〃　小淵沢町篠尾安森
御社宮司	おさんくうさん	韮崎市穂坂町三沢宮久保
砂宮神	おさごうじん	〃　駒井砂宮神
三宮神		
斎宮神社	おさんぐうじ	〃　旧清哲村折居

佐久地	おさんぐうじ	韮崎市佐久地
産宮神	おさんぐうちゃん	〃　入戸野旧円野《つぶらの》村
	おさもつさま	
幸宮司社	おさんぐうじ	〃　西の藪旧円居村
お産宮神	おさもつさま	
石宮社	おしゃぐうじ	〃　竜岡町下条南割
石宮明神	おしゃぐじみょうじん	
三宮神	おしゃぐつさま	〃　竜岡町北宮地
	おしゃもつさま	
おさんぐうち		中巨摩郡若草村加賀美おさんぐっち
おしゃぐっちやま		
幸宮神	おしゃぐぢ	〃　若草村寺部
さんぐうち		〃　芦安村さんぐうち
三宮神社	おさんくうさん	〃　玉穂村成島
	おさくち	
三宮神	おさもっちゃま	〃　玉穂村上三条
三宮神	おさんぐうちゃん	〃　玉穂村乙黒
三宮神	おさぐっちゃん	〃　白根町三宮神
三宮神	おさぐっちゃん	〃　白根町飯野
三社大神	おさぐつさま	〃　源村駒場蓮行寺
	おさぐっちゃん	
幸宮神	おさぐじ	〃　昭和村円満寺
	おしゃぐっちゃん	
三宮司		〃　昭和村西條新田
山宮神	おしゃぐち	南巨摩郡身延町
	おしゃもじ	
山宮明神	おさごうじ	中巨摩郡敷島町下福沢（旧清川村）

山宮神社	おしゃ ごじ ぐじ	中巨摩郡敷島町境
山宮神社	おしゃ ごじ ぐじ	〃 敷島町境
三宮司		〃 田富町藤巻
さんごじ	おしゃぶきさん	〃 増穂町平林
おさんぐうさん	おさごうさん	〃 増穂町高下
さんごうさん	おさんぐうさん	〃 増穂町天神中条
おしゃぶきさん	おしゃごさん	〃 増穂町甲西町西落合
幸宮神	おしゃぐじさん	〃 増穂町甲西町長沢
三宮司	おさぐじ おさんぐうじ	〃 櫛形村曲輪田
聖宮	しゃぐう おしゃぐうじ 祝神	南巨摩郡鰍沢町明神町
お三光さん	おさぐじさん 祝神	〃 鰍沢町明神町
お三光さん	祝神	〃 鰍沢町明神町
お産宮司	おさんごっちゃま おさんごうじ しゃごじん	〃 鰍沢町田五囲柳川 産宮地
三宮司	おさんごっちゃま	〃 鰍沢町三宮司
三宮司	おさんごっちゃま	〃 鰍沢町三宮司
さんぶし	小字	〃 身延町帯金《おびがね》
三宮司	さんごじ	〃 身延町帯金
山宮神	おさぐうちゃん しゃぐっちゃ	〃 鰍沢町柳川
山宮氏		〃 南部町塩沢
三宮司	南部氏祝神、祭祥	〃 南部町南部
三宮司		〃 南部町塩沢

沙子神	おしゃごつさん	南巨摩郡身延《みのぶ》町横根中野
三宮司社		〃 増穂町長沢新町三 宮地
山郷神	さんごじさん	〃 身延町相又旧豊丘 村
山護神	おさんごじんさん	〃 富沢町楮根《こうぞね》馬込
砂子神	おさごじん	〃 身延町横根中野旧 豊岡村樅木駿河口
三宮司		〃 中富町西島的場
おさんぐうさん さぐっちゃ		〃 中富町矢細工旧曙 村
三宮神	おしゃもっちゃま	〃 早川町早川
さぐじ	旗持氏祝神	〃 富沢町文京区平
佐伍地大明神	おさぐじさん	〃 万沢町三宮司
三宮寺社	おしゃぐうじさん 万沢氏祝神	〃 富沢町万沢三宮司
三宮神大明神		〃 富沢町福士
さんぐじ社	さんごし さんぶし さんぐじの家あり	〃 南部町成島
山宮神	おしゃもっちゃん 成島氏祝神 おしゃもっつあん	〃 南部町成島
左宮司	さぐうじ 小字	〃 中富町大塩小字左 宮司
三宮神	おさんぐうじん	東山梨郡勝沼町藤井三口神
おさんぐうじ さん		〃 勝沼町神岩崎三口 神
山口神	おさんごうじん	〃 勝沼町等々力

北三口神	小字	東山梨郡勝沼町等々力北三口神
南三宮神	小字	〃　勝沼町等々力南三口神
おさいもじさま	神部神社境内	〃　上神内神戸三毛田
三宮司	おさんぐうちゃん	山梨市西後屋敷三之割
山宮司	おさんごうじさん	〃　小原東八日市場
三宮司	旧大善寺境内	東山梨郡勝沼町柏尾
おさんぐうじ	縄初め、縄納め	山梨市七日市場中村
三宮司		〃　日川歌田三宮司
おさんごうじ	家の呼称、屋敷地	〃　八幡町市川
三合司		〃　八幡町於北
三宮司		
三宮司	稲立明神境内	〃　八幡町大野
三宮司	おしゃぐじさん	〃　額田
三宮司		〃　後屋敷西
三宮司	佐久間氏祝神	〃　東後屋敷絵見堂
三宮司社		塩山市千野
三愚神	おしゃぐじさん	甲府市板垣
三愚神	東光寺祝神	〃　東光寺山内小社
社宮司		
三宮司	おさぐじ、産土神	〃　住吉上村
石宮与神	おさんぐっちゃん	〃　小松
三宮司	おさぐっちゃん	〃　小瀬町
三宮司	おさんご《ぐ》うじ	〃　高畑町
三宮司	おさんご《ぐ》うじ	〃　玉諸蓬坂

三宮神社	おさんぐうじん	甲府市里吉町旧甲運村
始宮神	おさんぐうじん	〃　羽黒
三宮神	おさんぐうじん	〃　大鎌田二日市場
三宮神	おさんぐうじん	〃　金竹
御社宮神	おしゃぐじさん 石棒を祭る 俗称 王塚の諏訪さま	東八代郡一宮町竹原田
御社宮神	おしゃぐっちゃん	〃　石和《いさわ》町富士見
産護神	おさごつさん 深間屋敷の祝神	〃　石和町富士見井戸 深間屋敷
三宮神社	さぐじん	〃　石和町広瀬
産護神	さごじん 笛吹川流域	〃　石和町富士見
産護神		〃　石和町石和
御左口神	おさくじん 作神	〃　中道村旧右左口《うばぐち》村
斎宮神	おさぐっちゃん 古墳の一個に祭る	〃　一宮町土塚
佐久神社	産土神 船形社とも言う	〃　石和町河内宮久保
山宮社	おさんぐうさん	〃　御坂町藤野木十軒割
山宮社	おさんごうじさん	〃　御坂町戸倉そば
斎宮神社	おさんぐうさん 諏訪神社	〃　石和町小石和
三口神		〃　一宮町中尾三口神
三宮明神	おさぐうさん 美和神社の奥宮	〃　御坂町尾山
幸宮	おしゃぐうさん	〃　豊富村大鳥居

祭宮神	おしゃもつさま	東八代郡三珠町大塚しゃごじ
山宮神社		〃　石和町広瀬
祭宮神	おさんごじさん	西八代郡王玉町大塚
昔は七御社宮神ありと伝えるも現在不明		
おさんごつさま		西八代郡市川大門町下大鳥居
三宮堂	おさんごつさま	〃　市川大門町冲村
山宮神	おさごつさん	〃　市川大門町冲村
三宮司		〃　下部町常葉《ときわ》
三宮司		〃　下部町諏訪神社境内
三宮司		〃　下部町日光神社境内
華宮	おしゃじつさま	〃　市川大門町八ノ尻
三宮司神	おさんぐうさん	〃　六郷町宮原
三宮司	おさぐっちゃ	〃　六郷町岩間
幸宮社	おさぐうさん	〃　六郷町寺所
斎宮社	おちゃぐじ	〃　六郷町山家村藤田
	おさもじ	
社宮司の家	渡辺氏・千秋氏	〃　下部町富里上岩缺《かみいわかけ》
三宮神社	さんぐうじ	〃　下部町古関三宮平
三宮司	おさこじ	南巨摩郡身延町大島
三宮神		〃　身延町下山
しゃぐじ		〃　身延町初鹿野
社口大神	おしゃもじさん	南都留郡道志村大栗上原
	おしゃもっちゃん	
社宮司社		〃　河口町河口

武蔵《むさし》　東京都　埼玉県　神奈川県一部

千鹿頭神重なる　東京都内諏訪神社六七社

宛字	発音又は由緒	所在地
石神井	おしゃごじ	（埼玉県）南埼玉郡久木町江田石神
石神	部落の産土神	秩父郡小鹿野町三山
石神		〃　荒川村古池
三宮司社	武蔵風土記	〃　（荒川村）小野原村
社宮司	武蔵風土記	秩父市寺尾
社宮司	武蔵風土記	秩父郡影森町下影森
社宮司	武蔵風土記	〃　横瀬村横瀬
社宮神社	武蔵風土記	〃　野上町岩田
社宮司	武蔵風土記	〃　横瀬村
御前神社	おしゃぐじさま	〃　高篠村栃谷
おしゃぐじさま		秩父市大宮町
赤口神社	しゃぐじさま	武蔵国大里郡境（深谷市）
	武蔵風土記	
赤口神社	武蔵風土記	〃　大里郡境（深谷市）
森司神	おしゃぐじ	〃　大里郡大里村中曽根
森司稲荷社	おしゃぐじいなり	〃　大里郡大里村中曽根
	武蔵国風土記	
赤口神社	武蔵風土記	〃　花園村黒田
北社宮司		〃　川本村本田
前社宮司		〃　川本村本田

社具路神	しゃぐじ	児玉郡西富田町（本庄市）
石神社		〃　上里村神保原
おしゃぐじさま		〃　美里村野中
石神神社		〃　児玉町小平
社宮司		〃　児玉町蛭川
社宮司		〃西五十子居村（本庄市）
おしゃぐじさま		〃　滝瀬（本庄市）
社宮司	武蔵風土記	〃　神川村八日市
社宮司社	武蔵風土記	〃　神川村中新里
三狐子社	おしゃごじさま 武蔵風土記	〃　美里村広木
赤子社	おしゃごじさま 武蔵風土記	〃　神川村関口
社宮司社	武蔵風土記	児玉郡上里村勅使河原《てしがわら》
社具路社	おしゃごじさま 武蔵風土記	〃　西富田町（本庄市）
社宮司社	武蔵風土記	〃　本庄宿（本庄市）
石神神社		〃　上里村神保原石神
社具路神社		〃　西福田村
しゃぐじ	小字	北足立郡桶川町坂田しゃぐじ
しゃぐじ	小字	〃　伊奈村小針内宿しゃぐじ
しゃぐじ井	小字	〃　伊奈村大針しゃぐじ
石神神社	武蔵風土記	足立郡川口町

しゃぐじ	小字	入間郡越生町西和田しゃぐじ
しゃぐじヶ谷		〃　武蔵町小谷田しゃぐじがや
石神神社		〃　武蔵町大塚
社口社		（熊谷市）中条今井
おしゃぐじさま	氷川神社	比企郡川島町下伊草
社宮司稲荷	武蔵風土記	〃　本田村
社宮司	小字	〃　嵐山越畑社宮司
おしゃぐじ神社		（江戸）荏原郡高輪おしゃもじ横町
石神井大明神 おしゃぐじさま	江戸各所絵図 石神問答	品川区荏原
石神井	（石棒）	（練馬区西大泉）上石神井町
石神井大明神	豊田氏祝神	（練馬区西大泉）下石神井町二ノ六〇〇
遮軍神社	おしゃぐじさま 武蔵風土記	（世田谷区）宇奈根町
釈地社	おしゃぐじ 武蔵風土記	（港区）下高輪村
遮軍神	おしゃぐじ	（目黒区）下目黒村
遮軍神		（目黒区）下目黒
遮軍神社	おしゃごじ 武蔵風土記	（品川区）下目黒村
釈護子八幡社	おしゃぐじさま 武蔵風土記	（調布）嶺村
釈護子社	おしゃごっちゃま 武蔵風土記	（大田区）安万村

宛字	発音又は由緒	所在地
石居神社	おしゃごじちゃん 武蔵風土記	(大田区) 御園村
釈護子社	おしゃごじさま 武蔵風土記	(大田区糀谷町一丁目) 麹屋町
しゃぐじ	十三里塚の上に祠あり 石神問答	都筑郡山田村荘田
石神	村社	玉川上流二俣尾
石明神社	おしゃぐじ	南多摩郡
石神	村社	玉川下流和泉
石神		横浜市
石神		川崎市

神奈川県　諏訪神社一三九社

宛字	発音又は由緒	所在地
御社護持	おしゃごじさま	横浜市大豆戸町塚田四七八
石神	しゃこじん	〃 港北区白山町
社宮司社	杉山神社境内	〃 西区中央十三戸部町
社宮司	洪福寺山内	〃 西区浅間町
社護子社	しゃくじ山の しゃくじ稲荷	〃 中区根岸町
御社護持 大明神	しゃぐじ	〃 港北区大豆戸町塚田
しゃくし稲荷	岡田氏邸内	〃 磯子区中浜町一六九
社宮司社	おしゃくじさま 御社母子稲荷 大明神	〃 鶴見区生麦
手護神社	おしゃごじさま	横浜市浦賀区西浦賀
醜梧池	おしゃごじ	〃 磯子区中原町
社宮司社	おしゃごじさま	〃 港北区西八朔《さく》町
遮遇你社	おしゃぐぢさん	〃 磯子区磯子町
社宮神社	おしゃごじさま	〃 港北区西八朔町
手宮社	おしゃごじさま	横須賀市浦賀西浦賀
おしゃもじさま		愛甲郡愛川村坂本
社宮司		〃 愛川村半原 両向《りょうむかい》
加護神	おしゃごじさま	鎌倉市梶原
社宮司	おしゃぐじさん	厚木市萩野
社宮司	おしゃぐじさん	〃 下川入
社宮神社	おしゃぐじさん	〃 戸田
社宮司社	おしゃぐじさん	〃 上依知
社宮神社		中郡伊勢原町下落合
おしゃもじさま		〃 伊勢原町山田家
社宮神社		〃 伊勢原町小稲葉
雌しゃもじさま		〃 大磯町国府
雄しゃもじさま		〃 大磯町国府
守公神社	おしゃごじさま	〃 大磯町国府本郷
守宮神社	おしゃごじさま	〃 二宮町
社宮司	二宮神社境内	〃 東秋留あきら
おしゃもじさま		下郡橘町小竹
社宮神	おしゃぐじさま	藤沢氏辻堂
社宮司		三浦市毘沙門村
社護神社		秦野市西秦野町堀山
社宮神社		足柄上郡開成町吉田島
社宮神社		〃 南足柄町苅野一色

宛字	発音又は由緒	所在地
社宮神社		足柄上郡山岸川村
社護神社		〃 開成町牛島
社宮司		〃 大井町井ノ口
社宮神社		〃 山北町岸
汁盛神社	おしゃごじ 汁盛とは杓子のこと	川崎市黒川
志夜久地屋之呂 矢作社	おしゃぐじ おしゃもじさま 社宮司やしろ	小田原市府川
社宮司社		〃 高田
佐賀神社	おじもじ おしゃぐじ	〃 久野
おしゃもじさま		〃 荻窪
社宮司神	社宮神社	手塚市神田大神
社宮神社		〃 小鍋島
社宮司明神		阿久津郡藤野町上川原入間
社宮神	お杓もじさま	愛甲郡愛川町坂本

千葉県

宛字	発音又は由緒	所在地
石神	しゃく神 磐長姫命 大東亜戦争の時焼失	千葉市千葉神社境内
石神	主祭社相良氏	千葉県茂原市石神四二二
石神社	主祭者諏訪氏	〃 安房郡丸山町石神

岐阜県

諏訪神社八二社

宛字	発音又は由緒	所在地
社宮司社	おしゃごじさま	養老郡養老町根古地
社宮神		〃 養老町根古地
社宮司社		山県郡自良村長滝宮ヶ洞
おしゃごじ おしゃごじさま		〃 岩野村西米野吉成の田の中
おしゃごじ		〃 春近村溝口天神野田の中
おしゃごじ		〃 下伊自良村小倉南洞口の藪の中
おしゃごじ		〃 富波村冨永斎宮地の畑の中
おしゃごじ		〃 富波村北野西沖の田の中
斎宮神	おしゃごじ	〃 梅原村田口の山麓
おしゃごじ		〃 自良村太田の山麓
社宮司 おしゃごじ	神木倒れ 石碑となす	土岐市釜戸町中切しゃごじ
社宮神		〃 釜戸町上平上山しゃぐじ林
尺間さま	おしゃくまささま 加藤 佐楊氏祝神	〃 妻木町大平森前
尺間神社	おしゃくぐじん おしゃくまささま	〃 妻木町
お尺神	おしゃぐじん	〃 釜戸町
御尺神		〃 日吉村尺神
御尺神碑	杉原氏の祝神	〃 神篦《べら》

尺神神	益山の産土神	瑞浪市山田益山
石神社	おしゃぐじ	土岐市大湫《くて》
社郷地社	おしゃごじ	多治見市大針
石神社		可児郡兼山町錦織中井戸
土宮社		安八郡安八町大森
社護神		本巣郡本巣村生津
社護神		〃　町馬場村下川原
社護神		〃　本巣村生津村しゃごじ
遮宮神社		〃　巣南村横屋
石神社		〃　穂積村別府
石神		〃　糸貫町石神
社護神		〃　糸貫町高座
斎宮神社		〃　真正村下真余木大門前
西宮社		〃　真正村下真余木道上
斎宮司		〃　糸貫町石原高見
斎宮司社	しゃこじ	〃　糸貫町村三橋県
石作大明神	おしゃご	羽島郡柳津町三宅
社宮神社	神の木杉五本	〃　岐南町下印食藤木
志也具之宮		益田郡松森村
謝軍神		揖斐《いび》郡富秋村しゃぐじ
社宮司神社	しゃごじ	〃　谷汲《たにくみ》村岐礼宮の上
社護神		〃　久瀬村
尺地神		〃　久瀬村
社宮司神		〃　横倉村村中
西宮社	おしゃぐじ	〃　池田町八幡

社宮司社		揖斐郡池田町杏井村下
しゃぐじ		〃　池田町宮地字しゃぐじ
宮地のおしゃぐじ		〃　池田町宮地十三番
尺地神社	おしゃごじ	〃　久瀬村日坂北尾佐
社宮司社		〃　横蔵村神原宮洞
郷社内社護神社	杓子	〃　久瀬村小津中島
フナトの塞神社	おしゃごじ	〃　九瀬村小津中島
船戸の社宮神社		〃　谷汲村岐礼宮の上
		〃　谷汲村岐礼
石神社		郡上郡八幡町穀見
石神社		〃　美並村入会字かにが洞口
社宮司社		海津郡南濃町羽沢北条
石神社		〃　南濃町山崎南条
社宮司		〃　平田村岡埋塘
宰宮社		武儀郡武儀村平井の山
斎宮社		〃　武儀村宇多院木山
おしゃぐじさま		〃　倉知村十六ヶ所山庄中
石神社	産土神	〃　武儀郡中之条久須
西宮社	おしゃぐごじ	美濃市曽代岩下
三狐神斎宮		〃　上有知町上条
斎社	しゃごじ	〃　上有知町上条
三社神社	さんじょの神 神木銀杏 久后の産土神	加茂郡八百津町西久后祇園

おしゃごじ	井戸あり おしゃぐじとし 祭神なし （大脇氏の井戸）	加茂郡八百津町松島
石神 夜泣き石	しゃごじん 夜泣き止めの石	〃　八百津町錦織美名洞《みまほら》
おしゃごじ		〃　八百津町錦織船平《ふなびら》お しゃごじ
石神社		〃　八百津町野上秀ヶ谷
佐久大神社	しゃくじん	〃　蜂屋村夕田《ゆうだ》
石神社		〃　和知村野上
しゃぐじ		〃　川辺町石神
社宮司	高部産土神	中津川市坂下高部
御社宮司		瑞浪市市原
御尺神	白山末社の祠の中 に御尺神のお札あ り	
石神社	郷社護山神社の末社	恵那郡付知町護山神社境内
塞神社		中津川市阿木妻の神
社宮司	石室	〃　飯沼西の山
二之宮社宮神	産土神	恵那郡坂下町高部
尺神社		恵那市藤町森ヶ峰
おしゃごじ	津島神社の西	中津川市駒場
社宮司	坂本神社前	〃　坂本千旦林
おしゃぐじ	おしゃごいさん おしゃぐいさん お社宮司塚の上に 祭る	〃　茄子川字つどい

おしゃごじ	恵那郡史一八三頁 にあるも土地不明	
西宮社		不破郡関ケ原町町西宮倉和
社宮神社		〃　関ケ原町三王下有知
社宮神	神木椿	〃　垂井町表佐
しゃぐじ	神木椿、五輪一基	〃　垂井町野上
才神宮	おしゃごじ	大垣市荒崎町十六
御社宮司神	古墳の上	〃　矢通町
御社宮司		〃　矢通町
長官神	おさぐじ	不破郡赤坂町昼飯
社宮司		〃　関ケ原町
社ごじ	神木椿 長井氏宅一部	〃　垂井町字社ごじ田
起誓田	しゃぐじ 塚の上に石棒	〃　関ケ原町
おしゃごじ	竹藪の中に白蛇が 住むと伝える	〃　矢道おしゃごじの竹 藪
社宮司神		〃　宮代村字しゃぐじ
社軍司神		〃　荒崎村才六竈
三狐神	新撰美濃史	不破郡
産土神　佐古神の古文書あるが現在位置不明		
おしゃごじ	道祖神	〃　宮代村杉本
社宮神社		〃　表佐村四番屋敷字童 子
社宮司社		〃　宮代村天満
斎宮司 社宮神社		稲葉郡鷲山村正木山本

社宮神社	子供のこねまつりあり	各務原市成清町字本
斎宮社		岐阜市本荘鳥屋三ツ又前
塞神、石神		〃 加納八幡町
尺空社	しゃぐうさん	〃 三里清野溝
尺宮司		〃 鶉村前
斎宮神社		各務原市那加前野西地
社護神	産土神	岐阜市岩滝西山
社宮地	美濃志より	〃 （旧各務村）
しゃぐじ		〃 岩村岩田
社護神社		〃 蘇原村大島北寄
社宮司社		
社宮神	さくじん	〃 那加村山復山浦
西宮神	さぐじ	各務原市下中屋町
西宮神	坪内氏祝神	〃 下中屋町東
西宮神		〃 各務原下中屋
西宮神		岐阜市常盤下土居町若宮
社古地神	戦災のため焼失 修築成りたるも 社古地神跡不明	濃州上加納村蕪城町

埼玉県　ちかつ（たちつと）神に重なる　諏訪神社一九四社

宛字	発音又は由緒	所在地
石神	おさごじ 土神 部落の祝神	秩父郡小鹿野町三山
石神	おしゃごじ	〃 荒川村古池
三宮司社	おしゃごじ	〃 小野原
社宮司	おしゃごじ	〃 影森村下影森
社宮司	おしゃごじ	〃 横瀬村横瀬
社宮神社	おしゃごじ	〃 野上村岩田
社宮司	おしゃごじ	〃 横瀬村
おしゃぐじさま		〃 大宮町
御前神社	おしゃぐじ	〃 高篠村栃谷
赤口神社	おしゃぐじ	大里郡境村
森司神	おしゃごじ	〃 大里村中曽根
赤口神社	おしゃぐじ	〃 花園村黒田
前社宮司	おしゃぐじ	〃 川本村本田
北社宮司	おしゃぐじ	〃 川本村本田
石神社	しゃぐじ	児玉郡上里村神保原
秋具路神	おしゃぐじ	本庄市西福田町
社宮司社	おしゃぐじ	〃 本庄
おしゃぐじさま		児玉郡美里村野中
石神神社	おしゃごじ	〃 児玉町小平
社宮司	おしゃごじ	〃 児玉町蛭川

社宮司	おしゃごじ	児玉郡西五十子居村
社宮司	おしゃぐじさま	本庄市滝瀬
社宮司	おしゃぐじさま	児玉郡八日市村
社宮司社	おしゃぐじさま	〃 神川村中新里
三狐子社	おしゃごじさま	〃 美里村広木
赤子社	おじゃご	〃 神川村関口
社宮司社		〃 上里村勅使河原
社具路社	おしゃごじ	〃 西富田村
石神神社	おしゃごじ	〃 上里村字石神
社具路社	おしゃごじ	〃 西富田村
しゃぐじ		北足立郡桶川町坂田小字しゃぐじ
しゃぐじ		〃 伊奈村小針内宿しゃこじ
石神井	しゃくじい 小字	〃 伊奈村大針しゃぐじ
石神神社	しゃくじ	川口市川口
しゃぐじ	小字	入間郡越生町西和田しゃぐじ
石神神社	おしゃぐじ	〃 越生町南大塚
氷川神社 おしゃぐじ		比企郡川島村下伊草
社宮司稲荷	しゃごじ	〃 川本村本田
社宮司	しゃごじ	〃 嵐山町越畑小字しゃぐじ
社口社	しゃごじ	熊谷市熊谷中条今井
山宮社	おしゃごじ	行田市埼玉埼玉
石神井	しゃぐじい	南埼玉郡喜久町江田石神井

栃木県　ちかつとたち神に重なる　諏訪神社四六社

宛字	発音又は由緒	所在地
石神	おしゃくじさま	塩谷郡阿久津町石神
おしゃごじさま	近くに諏訪神社あり	〃 阿久津町石神
社宮司	おしゃぐじさま 千鹿頭神社と重る	下都賀郡大平村大平山

奈良県　野神となる　諏訪神社六九社

宛字	発音又は由緒	所在地
佐軍神	おさぐじん	奈良市春日神社境内社
三社神	おしゃぐじ	宇陀郡大宇陀町大平尾
三社神	おしゃぐじ	〃 大宇陀町大平尾
しゃごじんさん	土神	天理市豊田岩の上

京都府　諏訪神社一〇〇社

宛字	発音又は由緒	所在地
将軍地蔵	おしゃぐじぢぞう おじょごさま	京都市左京区北白川町
将軍地蔵	おしゃぐじさま おじょごさま おしゃくじぞう おじょごじぞう	京都瓜生山頂田の谷
三神宮	北笠置の産土神 おしゃぐじさま	相楽郡笠置町北笠置

群馬県　千鹿頭神に重なる　諏訪神社三四〇社

宛字	発音又は由緒	所在地
社宮司	おしゃぐじさま	勢多郡富士見村米野尺地
社宮司		〃　富士見村米野
社宮司		〃　北橘村下箱田しゃぐじ
遮氏神	おしゃくちんさま 縁切の神さま	〃　北橘村米野吹張
遮宮神	おしゃぐちん	〃　北橘村真壁
しゃくち		〃　北橘村下箱田
社宮司大神	おしゃぐぢちゃま	〃　新里村山上
社宮司		藤岡市岡之郷社宮司
社宮司		〃　藤岡町尺地
社宮司		高崎市下豊岡町尺地
社宮司		高崎市下豊岡町社宮司
社宮司		安中市後閑町後閑石神
社宮司大神	神津 白石三氏祝神 神沢	〃　後閑町東野殿
釈氏神社	おしゃぐっちゃん 祝神	〃　下増田十二平
社宮司	小祝（こほうり） 共言う 祝神	〃　小間
社宮司	しゃぐっちゃん 祝神	〃　下増田下原
社宮司大神	しゃぐっちたん	〃　高別当
社宮神	しゃぐっちたん	〃　簗瀬
釈氏神社	おしゃぐったん 遮軍神	〃　下高縄
石耕地	しゃぐっちゃま 村社　間仁田神社 祭神　建御名方命 八坂斗女命	〃　東横野石耕地
社宮寺		〃　社宮寺岡
社宮司大神	しごっちゃま	〃　磯部新開地
社宮司		〃　小間社宮司
社宮司	しゃぐちさま	〃　高別当森谷戸
社宮司	しゃぐっちゃん	碓氷郡松井田町新堀
社宮司	自然石に刻む	〃　松井田町西横野
社宮司	しゃくちゃん	〃　松井田町駅裏
社宮司		〃　松井田町細野
しゃごじ		吾妻郡嬬恋村大笹
御社宮神	土神	富岡社宮地

社久司神社	境内社 諏訪神社 建御名方命 八坂斗女命	甘楽郡秋畑村片角
社宮司		〃 甘楽町白倉杓子
社宮司		〃 妙義町上高田社宮寺原
社宮司		〃 妙義領大手社宮司
社宮司		〃 妙義町郡南下滝
社宮司		多野郡吉井町長根上の場石神
社宮司		〃 吉井町小冊尺地
車地蔵	しゃぐちぞう	〃 吉井町矢田
尺地	おしゃぐち	〃 吉井町小柵尺地
石神	おしゃくじ	〃 上野村乙父石神
社宮司	しゃぐじい 赤城神社内	館林市足次しゃくじい
社宮司	車口	〃 飯野車口
社宮司		〃 足次石井神
しゃぐじ	しゃぐじ古墳	前橋市立代町
社宮司	天司《しゃぐじ》	〃 天川町西善天司《しゃぐじ》
しゃぐじ		〃 上泉町石神井
しゃぐうじ	元禄二年水帳にあり	〃 佐鳥町しゃぐうじ
天尺神社	しゃぐじ	〃 国領町
尺司神社		〃 荻町
釈氏神	飯玉神社境内社	〃 市内
石神	おしゃくじ	甘楽郡下仁田町下仁田
社宮司		沼田市岩本杓子
石井神		邑楽郡渡瀬村足次石井神

社宮司		群馬郡箕郷村上芝社宮寺
社宮司		〃 倉淵村三之倉社子平《ぴら》
社宮司		〃 郡南村社宮司
社宮司		〃 倉淵村三之倉石神
社宮司		〃 榛名町上芝社宮司
社宮司		佐波郡王村町社宮島
社宮司		藤岡市藤岡町尺地
社宮司		〃 岡之郷社宮司
蛇宮神		
社宮司神社		高崎市下豊岡
社宮司		〃 下豊岡
社宮司大神	神津氏祝神 白石共に祭る 神沢	安中市安中町東野殿
社宮司		〃 下後閑石神
石神社		高崎市下豊岡町
蛇口神社	しゃぐじ 七日市産土神 本殿 蛇宮神 脇殿 美保須々美命(建御名方命) 八坂斗女命 大国主命	豊岡市七日市旧郷

愛知県　諏訪神社一一社

宛字	発音又は由緒	所在地
社宮司		丹羽郡森本村社宮司
斎宮司	さぐじん	〃　浅野村さぐじん
社宮司		〃　浅野羽根村社宮司
社宮司		〃　力長村
社口	しゃぐっつあん	愛知郡猪子石《いのこい》村社口
石神堂	しゃぐじどう	〃　鳴海村社神堂
南社宮神		〃　岩塚村南社宮神
社宮神		〃　烏森村社宮神
熱田の社宮司		名古屋市中村区大瀬古町
三狐神	しゃごじん	〃　野田町一本柳通り
石神堂	おしゃくじさま	〃　名古屋区石神堂《いしがみどう》町
斎宮寺	おしゃぐじ	中島郡苅安賀村おさぐじ
三狐神	志久目の宮	〃　稲島村さごじん
斎宮寺		〃　中島村しゃぐじん
社宮司		〃　西御堂村社宮司
社宮司		〃　明知《めいち》村社宮地
社宮司		〃　力長《りき》村社宮司
東斎宮司	おしゃぐじ	〃　石枕村しゃぐじ
西斎宮司		〃　石枕村しゃぐじ
北斎宮司		西春日井郡味鋺《あじま》村北しゃぐじ
社宮司		〃　杉村社宮司
斎宮司		西春日井郡味鋺村南しゃぐじ
社子地	しゃごじ	〃　下之郷村社子地
社郷神社	おしゃぐじ	海部《あま》郡甚目寺町甚目寺松山
三狐神	しゃごじ	〃　甚目寺町茶之木田
社宮司		海東郡中萱津《かやず》村社宮司
斎宮司		〃　古《ふる》道村さいぐじ
社宮神（寺）		葉栗郡里小枝村社宮神
社口社	土の神　やぶそどのおしゃぐぢさん	安城市安城町社口堂
社口社	しゃぶんどのお社口さん	〃　安城町社口社
社口社		〃　尾崎町戊之子
社宮司社	郷内から移転したもの	西尾市上羽馬頭
社宮司社	村社	〃　東波井堤内
社口社		〃　小間大塚
社口社		〃　田貫西之川
社口社	旧地は清水	〃　中下田宮の前
社口社		〃　寺津西端
社宮司社		〃　福地川口宮後
社宮司社		〃　福地鎌谷北屋敷
社宮司社		〃　江原宮後
社宮社		岡崎市矢作《やはぎ》町森越森下
社口社	おさもっちゃま	〃　矢作町小望尺神
社口社	祭神石上神《しゃぐじん》	〃　矢作町柳部西本郷御立

社口社		岡崎市矢作町小針的場
赤口社	しゃぐち おしゃぐち	〃 矢作町西牧田平野
社口社		〃 矢作町森越森下
赤口社		〃 矢作町暮戸宮岸
社口社		〃 矢作町東大友堀所
社口社		〃 矢作町東大友堀所
社口神社	石上社《しゃぐじん》	〃 矢作町富永社本
社口社		〃 矢作町幸田町大草
社宮寺社	社口《しゃぐち》	〃 矢作町野陽西脇
社宮司社		〃 矢作町須美元屋敷
社口社		〃 矢作町小美町
社口社		〃 矢作町宇頭後久
社口社		〃 岡町作田
社口社		〃 岡町北石原
社口社神社		〃 幸田町久保田社口
社口社		〃 正名観音
社宮神	お社口	〃 桑谷町宮入社口
社口社	旧字地より移す	〃 小美町小美
社口神社		〃 桑谷町宮入
社口		〃 洗住寺上屋敷
社口社		〃 六ツ美町宮地天神西
社口社		〃 野畑藪下
社宮司社		〃 土井高畔
神宮司社	しゃぐじ	〃 下和田北浦
社口社		〃 上三ツ木北島北社口
お社口		〃 小美町おみ

社口社		岡崎市六ツ美町杵内久世
赤口社	じゃぐじんさん	〃 矢作町藩戸宮峰
お社口	おしゃぐちさん しゃぐじさん	碧海郡桜井町南本郷
社口さん		〃 桜井町川島北河原
社口		〃 牛田村社口
石神	しゃぐじんさん	〃 高浜村石神
社口		〃 暮戸村元社口
社口堂		〃 安城村社口堂
南社口		〃 上三木村南社口
北社口		〃 上三木村北社口
社口		〃 宗定村社口表社口裏
石神		〃 東境村石神
社口		〃 正名《しょうな》社口
東社口		〃 土井村東社口
西社口		〃 土井村西社口
社口		〃 在家村社口
神宮司	しゃぐぢさん	〃 下和田村神宮司
三狐神	おしゃぐぢ おしゃぐちさん	〃 藤井村車山
社口社		〃 上郷村桁塚
社口社		〃 上郷村阿弥陀堂
社口社		〃 上郷村宗定
社口社		〃 上郷村国江
社口社		〃 上郷村国江中切
社口		〃 上郷村永覚寺（新郷）
社口社	石神	〃 上郷村上野
社口		〃 知立町手田宮本

社口社		碧海郡幸田町大草
社宮司神社		〃 幸田町久保田社口
社宮寺社		〃 幸田町野場西脇
社宮司社		〃 幸田町須美元屋敷
社口		額田郡上六名《むつな》村社口
社口		〃 久保田村社口
神宮司	おしゃぐじ	〃 坂崎村神宮司
石神		〃 六名村石神
社宮司		〃 長嶺《みね》村社宮司
社口		〃 牧平《まきひら》村社口
石神		〃 南大須村石神
社口堂		〃 才栗村社口堂
社宮神		〃 小呂村社宮神
社口		〃 下衣文《そぶみ》村社口前
石神		〃 蓬生《よもぎえ》村石神
社軍戸	社口	〃 中伊村社口
石神		〃 駒立村石神
石神		〃 伊賀村石神
社宮司		〃 八帖《はっちょう》 村社宮司
社宮司		幡豆《はず》郡東幡豆村社宮司宮司《みやつか》
社宮司		〃 細泡村社宮司
石神		〃 鶴城村石神
社口		〃 鳥羽村社口
社宮司社		〃 一色町池田後河
社宮司社		〃 一色町大塚桐丸

社口		幡豆郡一色町赤羽下郊
社口社		岡崎市矢作町岩塚社宮神
赤口社		〃 矢作町落戸宮岸
社口		東加茂郡立石村社口沢
石神	しゃぐじ	〃 東蘭《あらぎ》 村石神
石神		西加茂郡南古瀬間村石神
石神		北設楽郡段峯村田峯
御社宮神		渥美郡渥美町福江社宮司
社口		東加茂郡伊熊村しゃ口
社口		〃 羽明《はあす》村しゃ口
社口		〃 五岩村社口沢
社口殿		〃 梶村石神
尺地		〃 杉本村尺地
石神		〃 花沢村石神
社口		〃 山の中立村社口
石神		〃 富永村石神
石神		〃 万根村石神
社口		〃 白瀬村社口
社口		〃 白瀬村社口
社口殿		〃 東宮口村社口殿
しゃぐじ		〃 榊村しゃぐじ
尺地		〃 万町村尺地元
尺地		〃 伯母沢村尺地畑
石神		〃 広岡村石神
社口		〃 東中山村社口

社口		東加茂郡塩沢村しゃ口
石神		〃 野林村石神
しゃくち		〃 月原村しゃくち
石神		〃 東大沼村石神
社口		〃 和合村社口
石神		〃 連谷村石神
社宮神		〃 九久平村社宮神
社宮神		〃 松平村社宮司入
尺地		〃 川面《おもて》村尺地具戸《おもて》
尺口		〃 有洞《うどう》村尺口
社口		西加茂郡今村社口
石神		〃 木地村石神
社口	尺司	〃 大倉村しゃくし
尺口		〃 荷掛村尺口
石神		〃 深見村石神
尺地		〃 越戸村尺地
社口		〃 福貝村社口
社串	しゃぐじ	知多郡金山村社串
石神		〃 大高村しゃぐじ
下石神		〃 三芳村下石神
上石神		〃 三芳村上石神
東石神		〃 常滑《とこなべ》村東石神
西石神		〃 常滑村西石神
社口神	社口神、矢口	〃 上野回村矢口
社宮司		〃 豊浜村社宮司
尺田口	しゃくしだぐち	〃 白長村しゃぐちだ

尺地	石神、しゃぐじん	北設楽《したら》郡設楽町田峰《だみね》石神
しゃぐぢ		〃 稲武町桑原
しゃぐじ	藪	〃 稲武町大野瀬
しゃぐじ		〃 稲武町御所貝津
しゃぐじ		〃 東栄町中設楽川端
しゃもじ	おしゃもじさん	〃 設楽町神田《かだ》
しゃもじ		〃 設楽町西納庫《なぐら》川口
社口の上		〃 設楽町豊邦《とよくに》
しゃぐじ	藪	〃 設楽町西納庫清水
石神		〃 稲武町押山
石神		〃 設楽町東納庫
しゃぐじ森		〃 東栄町中設楽元王
石神		〃 津具村下津具
石神		〃 東栄町古戸《ふっと》
石神	おしゃぐじさま	〃 稲武町大野瀬大桑
石神	おしゃぐさま	〃 古戸《ふうど》村石神
石神	おしゃぐりさま	〃 納倉村石神
石神	おしゃもりさま	〃 小林村石神沢
石神	おしゃもつさま	〃 下津具村石神
しゃぐじ	おしゃぐりさま	〃 豊根村亘利老平
山神	竜神	
石神		南設楽郡愛郷《あいごう》村石神
社口		〃 中島村社口
石神		〃 富栄《とみさか》村石神
社口		〃 須長村社口

社宮	おしゃごつっあま	南設楽郡稲木村社宮
社宮神	石二ケ	宝飯《はい》郡一宮町江島社宮神
おしゃもじさま	畑の中の石	〃 新城村一鍬田
石神		〃 柏原村石神
社口		〃 小江《こえ》村社口
社宮神		〃 為当《ためとう》村社宮神
社宮神		〃 大村社宮神
石神		八名郡竹ノ輪村石神
社宮寺		〃 犬之子村社宮寺
石神		〃 玉川村石神
石神	産土神、石剣	渥美郡渥美町石神
社宮司		〃 若見村社宮司
石神		〃 豊南《となん》村石神
社宮神		〃 大崎村社宮神新田
御社宮司		〃 渥美町堀切石神松
塞宮神社	さぐじん	豊橋市花田町西郷
寒神社	土神、しゃぐじ	〃 松山町七六
塞神	しゃごじん	〃 植田町西の山
しゃぐの神	作神 塞の神合祀	〃 橋良町元郷
社宮神社		〃 梅藪町上屋敷
塞神社	しゃぐじん	〃 老津町宮脇西
社宮社		〃 伊古部長左の谷
作神社	おしゃくじん	〃 石巻町金割
作神社	おさくじん	〃 石巻町萩平大門
産宮神	みさぐじん	〃 下桑西町本杉
しゃぐじ		豊橋市牛川西側
さやぐじ		〃 多米町畑ケ田
社宮神		〃 石巻町萩平城脇
社宮神		〃 石巻町下中原才の神
幸神	おしゃ口神 おしゃちがみ	〃 石巻町下中原才の神

静岡県　諏訪神社一〇一社

宛字	発音又は由緒	所在地
おしゃもつさま	高速道路の下	袋井市徳光深田
おしゃぐじさま		〃 見取尺地
おしゃもつさま		
斎宮司社	おしゃもつさま	〃 国本九六四
おしゃぐじさま	おしゃま もつさま	〃 徳光深田
社宮神	おしゃまつさま おしゃぐうさま	浜名郡新居町内山
社宮司社	おしゃまつさま おしゃごうさま	〃 湖西町新所美浪
山宮神	しゃぐうじ おしゃまつさま 祝神 おしゃぐつさま	〃 雄踏町崎山宮神
社宮司社	おしゃこっちゃま 釈神社 古書に社護神、社宮司とあり	〃 湖西町表鷲津

釈神社	おしゃこっちゃま 古書に社宮司、社 護神とあり	浜名郡湖西町表鷲津
釈氏	おしゃくつさま 古書に社宮司、社 護司とあり	〃 湖西町表鷲津
赤宮神社	しゃぐつさま しゃごつっあん	浜松市上西町
斜口神社	おしゃぐつさま	〃 東伊隅町
社宮神社	おさもつさま	引佐郡細江町三和社宮神
左口神社	さぐ神	
社宮神社		〃 三日ヶ日町都築野池
社宮司神社		〃 三日ヶ日町御薗あらや
社宮司		〃 三日ヶ日町摩訶耶《まかや》社宮司
御社宮司		袋井市上山梨中川原
御社宮神		〃 上山梨社宮神
社宮司	一本杉のおしゃぐじ 一本杉さま	掛川市城西一本杉
社口社		〃 中宿大池
左口神	おさごったん おさごつあん	周智郡一色村
社子神		〃 熊切村
社子神	しゃごったん しゃごつあん	〃 和泉平村中谷
社子神		〃 領家村明日野
社宮神	米の豊作を祈る 神さま	〃 森町一宮
左口神		〃 山梨村上山梨

左口神		周智郡岡崎村
佐口神	石神	〃 村松村
社子神		〃 衣川十五七百村
社口神		〃 春野村領家和泉平
社子神		〃 春野村長蔵寺
社子神		〃 周智村夜川
おしゃごじさま	秋葉街道	〃 周智村坂下
社子神社		〃 森町田能
社子神		〃 春野町和泉平
佐宮司社		益津郡中村天王山内西ノ宮口
社宮司社		〃 焼津石脇
社口司社		〃 焼津豊田柳新屋
社宮司社		〃 焼津五ヶ堀之内
社口祠		〃 焼津北
社宮司		〃 焼津
社宮司		〃 熊野の森社宮司
左車	おさもつさま	藤枝市焼津
社宮司社		〃 藤枝南新家
社宮司社		〃 上青島
社宮司社		〃 作神の森社宮司
社宮司社		〃 中村天王山内西の宮口
社子神		小笠郡新庄
社子神		〃 入山瀬村石之谷
社宮子神		〃 大浜町国安
佐口神		〃 大須賀町渡筒谷《せたがや》
左口神		〃 大須賀町大淵

左口神	秋葉街道、山護神	小笠郡菊川町吉沢《よさわ》
御左宮司 御社宮神		〃　上町薗ケ谷
社子神		〃　土方村
左口神		〃　浜岡町篠ケ谷
御左口 御社口神		〃　上町新野門屋
左口神	おしゃむつさま	〃　菊川町東横地
左口神	おしゃもっちゃん	A 〃　上町奥横地
左口神		B 〃　上町奥横地
左口神		C 〃　上町奥横地
左口神		〃　小笠町赤土
杓子	おしゃもつさま 杓子谷	〃　小笠町河原杓子谷
石神		〃　菊川町石神村
社具子社	おしゃごっちゃん	掛川市倉真砂
石神	おしゃこつさん	磐田郡阿多古村石神
神宮司社	おさぐつあん	磐田市安久路
おさもつっあま		〃　浅羽町一色
おしゃもつっあま		〃　諸井馬場
おしゃぐりさま		〃　加茂川（交叉点）
おしゃぐりさま		〃　敷地
御社宮神		〃　佐久間町相月上白余《かみいよ》
社宮司		〃　新居町中之郷
石神大神	おしゃごじ	磐田郡石神
社宮子		榛原郡金谷町牛尾

左宮司社		榛原郡中川根町堀之内
社口	さごじ、さぐじ	〃　榛原町坂口
社宮子	石神、杓子共	〃　牛尾村田野
社子神	石神氏祝神	〃　榛原町坂口神郷
社子神	社記の中に社子神、山護神とある	〃　榛原町五和村
赤口神	赤口神の宛字あり	〃　榛原町五和村
社子神社	おさごじさま さごじつあん	〃　相良町片浜坂井一本木
おしゃもちさま		〃　上相良町地頭方塔の腰
社宮神	猪谷氏祝神	島田市下湯
社宮神 山護神		〃　東光寺
社宮神		〃　阿知の谷
社宮神	天野氏祝神	〃　上野田
社宮神	村の土神	〃　旗指《さし》
社宮神	山崎氏祝神 山崎氏屋号	〃　伊太
社宮司神社	産土神、神体石	榛原郡相良町波津波津谷
尺地社	おしゃぐじ 祭神、建御名方命	〃　相良町東萩間森下
坂口	おしゃぐじ 諏訪神社 祭神、八坂斗女命	〃　坂部村前玉《さいたま》坂口山
石神	おしゃごうたん おしゃこったん	〃　五和村牛尾

しゃぐじの森	森と神木	島田市下湯田しゃもじの森
御社守稲荷	おしゃもつっあん おしゃもつさま おしゃもり稲荷 土神	志多郡大井川町旗守中島柿 崎
左宮司神	おさぐじさん	〃　青島村左宮神
山護神	左宮神	
左宮司社		〃　久野さぐじ
左宮司社		〃　岸村北の山際
山護神		
左口司社	石神	〃　堀の内石神
社宮司社		〃　南新屋社宮司
山護神		
左口社	社口の森	焼津市小川社口の森
左口社	北左口	〃　北社宮司
社軍司神社	しゃくじんじゃ もんじんさま	藤枝市広畑八幡
社宮司	おしゃもつさま まつさま	焼津市石津八楠
左口神社		〃　石脇下下の河原
社宮司社		安部郡用宗《もちむね》村社宮寺
社宮司	井川総鎮守 諏訪神社神主 安部氏の祝神	〃　井川村田代
左口司社		〃　飯間
左宮司社		〃　玉川村桂山
社宮司社		〃　柿島社宮司
左宮司社		〃　大沢左宮司
左宮司		〃　富厚里町富厚里
左口司社		〃　富厚里町富厚里

左口司社		安部郡富厚里町富厚里
社口司社		〃　富厚里町左和田
左宮司社		〃　大河内村平野
左宮司社		〃　大川村橡沢
左宮司社	おしゃもつっあん	〃　左和田左宮司
左宮司		〃　下足洗
左宮司		〃　沓谷　田の中に在り
左宮司		〃　片山
左宮司 左口司	おしゃぐつさん	〃　丸子《まりこ》町宿
宿裏左宮司	A 宿裏《しゅくうら》の左宮司	〃　丸子町宿裏
左口社	B 宿裏左宮司	〃　丸子町宿裏
左口社	戸谷の左口社	〃　丸子町斗戸の谷
社宮祠	小路の社宮司	〃　丸子町の小路
左口社	細工所の左口社	〃　丸子町細工所《さいこうじ》
左口司	C 宿裏の左口司	〃　丸子町宿裏
左口司社		静岡市手越左口司
左宮司		〃　宮川
左宮司社		阿部郡中吉田
左宮司社		〃　中吉田
左宮司社		〃　長崎三丁原
左宮司社	さぐつさん	〃　古庄田の中
左口司社	おさぐねつさん	〃　郷島
社宮司社	おさぐつさん	〃　門屋
社宮司社	社口	〃　鎌田
社宮司	おさぐつっあん おさもつっあん	〃　宇都谷

左宮神社	社口	静岡市上土《あげつち》
おさもつさま	しゃぐじ	阿部郡南海岸登呂高松敷地
社宮司社	杉山氏祝神	(登呂周辺)
左宮司社		〃　小田社宮司
左宮司社		〃　栗原社宮司
左宮司社		〃　久能尾社宮司
左宮司社		〃　池田社宮司
左宮司社		〃　池田社宮司
左宮司社		〃　谷田《やた》社宮司
左宮司社		静岡市柚の木
左宮司社		〃　南長沼町かんむら
左口司社		〃　安東
社宮神社		安部郡宮内村南方
左宮司社		〃　西脇
社宮司		〃　川辺（河辺）
左宮司		〃　南安東
社宮司		庵原郡中之郷室野
社宮司		〃　富士川町中之郷木島
		川坂
砂御神	おさごつっあん	〃　堀之内村明日野
赤石神	古墳	〃　草ヶ谷城山
	おさごつさん	
尺詰神社	おしゃもったん	〃　由井町阿曽上野
左宮司社		清水市三つ沢　田の中
左宮司社		〃　馬走
左宮司社		〃　洞村
左宮司社		〃　北田
左宮司社		〃　薩埵

左宮司社		庵原郡谷津
左宮司社		〃　布沢（西河内）
左宮司社		〃　両河内
左宮司社		〃　茂畑
左宮司社		〃　杉山
左宮司社		〃　伊佐布
左宮司社		〃　下野《しもの》
左宮司社		〃　瀬名川
左口司社		静岡市安東
石神社	おしゃごじ	駿東郡西間門（片浜村）
石神社	おしゃもつさま	〃　鷹根村推地
石護神	おしゃごつっあま	〃　長泉村下土狩
左宮司社		〃　泉村茶畑
十三塚		〃　泉村茶畑と平松の堺
おしゃもつあん		
石神社	おさもつっあん	〃　浮島村境村
社宮司社		〃　富岡村今里
左口司		〃　富岡村葛《かつら》山
左宮司社		〃　王穂村萩原
石神社	おしゃもつっあん	〃　小山町湯船
おさんごじさま		富士宮市御殿町
棹地稲荷	おさんごじいなり	
社宮司神社	杓子を祭る	〃　横割
	氏子十軒	
石神社	おさんごじさま	富士郡今泉村今宮

石神社		富士郡伝法寺村伝法
左宮司社		〃 芝富村大久保
左宮司社		〃 芝富村大久保
左宮司社		〃 芝富村大久保
尺地様	おしゃもじさま	〃 吉永村西比奈
おしゃもじさま		〃 吉永村比奈
社護神	おしゃもつっあん	〃 大宮山本
おしゃぐじ稲荷		〃 大宮町中宿《じゅく》
社宮司		〃 横割（踏切り際）
おしゃもつ様		〃 須津《すど》村江の尾
おしゃもつ様		〃 須津村今宮
尺神	おしゃもすつあん	〃 須津村中里東伝法寺
おしゃもす様		〃 岩本
おしゃもつっあん		〃 三日市場
社宮司		〃 富士根村蟹入越
尺地神	おしゃごつっあん	〃 比奈町西障子
おしゃごうじさん		富士宮市駅前茨城
おしゃこつっあん		
石神社	おしゃもつっあん	富士郡原田村三沢
石神	おしゃじん様	賀茂郡賀茂村久須
三口神社	しゃぐじ 石神、産土神	〃 中沢村矢野
石神	おしゃごじさん	〃 八幡村
赤五神社	しゃごじんじゃ	〃 大場村北沢
左宮神社	石神	三島市谷田字谷田

社宮司神社	おしゃもつさん 産土神	三島市谷田中島
赤五神社	おしゃごじさま 産土神	〃 北沢村
社宮司		〃 川原谷村
楠石神	しゃぐつっあん	〃 大場《だいば》
石神	おしゃごじん 産土神 旧大沢村社宮司	田方郡修善寺町堀切
石神	おしゃごじん	〃 古宇
石神社	おしゃぐじん	〃 中狩野村佐野
石神	おしゃごじん	〃 修善寺町大平
石神	おしゃごじん	〃 北狩野村下畑
石神	女《め》しゃぐじん	〃 土肥村大土肥
石神	男しゃくじ	〃 土肥村大土肥
石神	おしゃぐつっあん	〃 修善寺町大沢
石神	おしゃぐじ	賀茂郡稲取村稲取
石神	おしゃごじ	〃 一条村加納の北

三重県

諏訪神社
四日市市 二社
口崎 二社
加路戸 一社
高倉山 一社
水社 一社

宛字	発音又は由緒	所在地
佐軍師之社	春日神社境内玉矛社と並び祀られたるも現在不明	桑名市（旧益田郡御崎）伊勢国益田庄三崎「佐軍師《さぐじ》之社」とあり
佐軍神		桑名市多席町天王寺
勝軍神		
佐軍神	おさぐじ	〃 多席町力尾《ちからお》
佐軍神		〃 多席町小山
射軍神		
山護神		〃 多席町野代
赤神	しゃぐうじん	員弁《いなべ》郡北勢町阿下喜南の方
社宮神		
社宮司		〃 藤原村長尾しゃぐじ
射軍神	藤田氏祝神 滋賀県堺	〃 藤原村山口
社護神		〃 藤原村大貝戸《おおかいど》
社宮神	小字	〃 藤原村上村上の山田しゃぐじ
石神神社	しゃぐじ 古書に霊石を祀るとあり現在出土の鏡をまつる	〃 藤原村上村
三狐神	おしゃごじ	員弁郡藤原村坂本
社稷子	おしゃぐじ	〃 藤原村上村上野尻南城
佐軍神	石像	〃 北勢町阿下喜《あげき》南方
社護神		〃 北勢町阿下喜
社宮神		〃 北勢町阿下喜西方
赤神		
社護神社	麻番神社代々神主の江上氏祝神 石棒	〃 北勢町麻生田《おうだ》
社宮神		〃 北勢町阿下喜西方
赤神		
石神	しゃぐごじ	〃 大安町石神垣内《かいと》門前 大貝戸内
さごじ	社護神 社軍神 勝軍神 砂具神 邪宮司 等古書に見ゆ	〃 大安町大井田砂具道 倉垣地内
しゃごじん	神木、たもの木	〃 大安町高柳
しゃご神		〃 大安町大井田砂具道《すぐど》
さごじ	石棒	〃 東員町中上《なかがみ》
三狐神	さごじ 三狐神川添い	〃 大安町上村三狗子《みこし》
三狐子		〃 東員町長深三狐神
三狐神		

さごじ田	倉垣古墳中	員弁郡東員弁村大井田倉垣さごじ
社宮神	神木、杉の木	〃 員弁町其原《そはら》
社宮神		〃 員弁町北津原
社宮神		〃 員弁町南津原
社護神	古くは神体金鶏也と伝える現今石一つ	〃 員弁町大木（旧社護村）
社宮神		〃 員弁町楚原鍵の手
しゃご神	石棒	〃 員弁町（旧石加村）
佐軍神	たもの神の木を切ったところ石棒出土	〃 員弁町手塚堀公《こう》田
石神社	さぐじ	〃 石川村飯島
石立神	さぐじ、三国史大石棒	〃 今津市河辺
山護神	しゃごじ どんど焼き場	三重郡朝日町柿城の広
土手神さま	しゃごじ どんど焼き場	〃 朝日町縄生橋際しゃごじ
社宮司		四日市市生桑《いくわ》町高田
しゃごじ	古くは三社御神	一志郡嬉野町小川
三社明神		
さんごじ	小字	〃 三雲村皆庄さんごじ
三狐神		〃 久居町森
社宮司		
山護氏明神		〃 三雲村久米
三狐神		

釈天神	しゃごじ	一志郡一志町日置
三宮神	しゃぐじん宗国史	阿山郡阿山町新田
三所明神	しゃごじ 三国史、宗国史	〃 伊賀町史下柘植《つげ》
石上明神	おしゃごじさま 三国史、宗国史	〃 伊賀町上柘植
白石明神	おはぐじさま おしゃぐじ 宗国史	上野市槇山
石神	おしゃぐじ 宗国史、三国史	〃 府中郷六村東之条
石神	宮本氏祝神 川端、稲島、稲本四氏の講の祝神	〃 西山西山出の奥地
石神明神	おしゃぐじ 三国史、宗国史 石明神	〃 西山
信田明神	信田のおしゃぐじ 三国史、宗国史	〃 上友野
石神	おしゃぐじ	〃 下友野
岩神八幡	岩神さま 三国史、宗国史	〃 青山町妙楽寺
大将軍	だいじょごん《ぐ》	名張市大屋戸
三宮神	さんごじん	〃 柏原宮城
石神		〃 夏見しゃごじん
石神	三国史	松阪市美濃田
石前	おしゃごじ どうろくじん 三国史	〃 中万《ちゅうま》

三社祠	おしゃぐじ	松阪市垣鼻
御社宮司	三国史	〃　寺井
三の宮	おしぐじ	〃　山添《ぞい》
三の宮	おしゃぐじ	〃　山添
しゃごさん びしゃごじさん		北牟婁《むろ》郡海山町本須賀利
三狐神	島勝神社の境内	〃　海山町島勝
社護神	小字	安芸郡河芸《かわげ》町社宮司
石神祠	三国史	〃　河芸町高佐
社宮司	土神	〃　河芸町知久野
社宮司	小字	〃　河芸町知久野社宮司
石立石社	しゃごじ おしゃごつさん 三国史、大石棒	〃　美里村南長野
三狐神	おさぐさん おさぐんさん	津市安東地区河辺南出
しゃぐ神	伊勢街道 おしゃぐじ餅の名物あり	〃　栄町四
三宮神	さくじんさん	鈴鹿市南長太町サグーン
昔神	しゃぐじん	〃　南長太町和泉町
石神	しゃぐじ、小字	〃　国府町石神
社護神	高宮神社境内	〃　国府町石神
社宮司	しゃぐじ、小字	〃　御薗町しゃぐじ
三宮神	しゃごじ おしゃごじ	〃　北長太町
社宮司	三国史	〃　三宅町
三宮神	三宮神と刻む石碑	

社宮司	しゃごさま	鈴鹿市三宅町無里
社宮司祠	三国史	〃　三宅町
石神祠	三国史	〃　平田
社宮司		鈴鹿郡鈴峰
社宮司		〃　関町
石神祠	三国史	鈴鹿市岸田
八王子社	おしゃぐじさま	〃　平之町岩ケ谷
石神		
石神	おしゃごじさま	〃　山辺五十師原《いしがわら》
石神 石薬師	おしゃぐじさま 大石に空海が薬師を刻だという 石薬師如来	〃　上野町
石太神	おしゃごじさま	〃　小岐須《おぎす》
石神	三国史	
石神	おしゃごじさま	亀山市三つ寺町西方
昼生大明神	古くは石ケ原神社	
石神祠	おしゃごじさま	〃　管内
	三国史	
三狐神	おしゃぐじさま 天ノ八坂彦命 八坂斗女命の郷土 御機殿 麻續神社の中に土神と共に三狐神を祭る	多気《たき》郡明和《きわ》町井口中（旧御糸村）
大庭の宮 石神	おんばの宮 産土神 古くは三狐神	〃　明和町佐田

おしゃごじ	通称 おわしゃうじ 三国史、宗国史	多気郡垣内《かいと》田
石神社 三狐神	おしゃごじ おしゃうじ 三国史	〃　多気町成川
石神 三狐神	おしゃぐう おしゃごじ 三国史	〃　多気町井内林
三宮司 三狐神	さんごうじん 三国史	〃　多気町山添
社宮司社	鳥羽市産土神	鳥羽市錦町
三宮神 社宮司社		〃　浜島
社宮司	天白神共に、小字	〃　菅島町
三狐神 社宮司社	天白神共に おしゃぐじさんあり	〃　答志町答志
社宮司	おしゃじんさん	〃　船津谷方
社宮神	三国史	〃　安久志
石鏡神 石氏神	三国史、宗国史 おしゃぐじ 石鏡の産土神境内 旧地は弁天島にあり	〃　石鏡《いじか》
土宮神社	おしゃぐじさん 産土神	〃　小《お》浜
参軍神 三狐神	おしゃぐじさん	志摩郡甲賀村岡畑
社宮司 三狐神	おしゃごじさん 女石 男石社殿側にあり	〃　阿児町鵜方中河内

社宮司社 三狐神 三合祠	おしゃごじさん	志摩郡甲賀村岡畑二〇八四
社宮司 三狐神	みしゃむじさま 産土神 穂落神社 今は佐美神社 石棒を祭る	〃　磯部町恵利原
社宮神 石神	おしゃぐじ しゃぐじ谷古墳地	〃　磯部町下之郷社宮神前
社宮神	天魄神共に	〃　磯部町下之郷大崎
社宮神	小字天白あり	〃　磯部町上町穴川しゃぐじ
的矢神社 社宮司	しゃぐじ 的矢神共	〃　磯部町上町的矢里
邪宮神社 社宮司 参宮神	おしゃぐじ 古墳地	〃　磯部町飯浜尾崎
参軍神 参宮神社 社後神社 参宮陣	おしゃぐじ	〃　磯部町坂崎
参宮神 参宮陣 参宮陣 社後神	おしゃごじ 社後地砦	〃　磯部町坂崎伊雑《いざわ》浦
三狐神社 社宮司 左口 射軍神　共にあり 赤口 邪宮司		〃　磯部町檜山宮の谷

浜島の三宮神		志摩郡磯部町浜島
磯部神社 古くは三狐神	みしゃむしさま	〃 磯部町
三荒神	しゃこうじん	〃 志摩町片田宮前
社宮神	宗国史	
御座神社 社宮司	御座神社境内 宮の前横	〃 志摩町御座《ござ》
三狐神	旅守神《おしゃぐじさま》	
石神、杓子鼻	しゃぐじんば	〃 阿児町鵜方
立神の三宮神	立て石、立神明神 三宮明神	〃 阿児町立神西の神島
石神	しゃごじ	度会《わたらい》郡大宮町阿曽登利
三狐神	地主神さん	
石神	地主神さん	〃 大宮町八ヶ野庚申の森
三狐神		
仙宮神社 上の三狐神	古くは神地《こうつち》神宮の 神楽歌にある こうつちの社宮神	〃 大宮町吉津河内
奈津の三狐神	奈津山鎮座 神楽歌にある なつのみさぐ神	〃 大宮町吉津奈津
社宮神	神宮神楽歌の慥 柄のみさぐ神	〃 南島町慥柄《たしから》浦
三狐神	二見天の岩屋は 古来しゃご神を 祭る	〃 二見町二見天の岩屋
さご神 社宮司社 三宮神 三狐神		〃 有滝（現伊勢市）
立神三宮神	三国史、宗国史	志摩郡立神村三宮神宮の前
三狐神	海中に立つ大きな 石棒	
技所神	最古の旧地は滝の 浜にあるという	
三宮神		〃 福河原大綿《わた》の森
石神神社	宝暦七年 古宮より移す	熊野市五郷《いさと》町湯の谷
石神社	古くは三光神	〃 遊木町
大上宮	だいじょごさん 土神	〃 神川町神の上

和歌山県

宛字	発音又は由緒	所在地
三光稲荷	古書には 社宮司神	和歌山県新宮市遊木町
石神		〃 新宮市新道坂口
三狐神	おしゃごじ	〃 新宮市
三光稲荷	熊野市 阿須賀神社古図 による	
大上宮《だいじょご》	紀伊続風土記	〃 新宮市

志賀県　諏訪神社二四社

宛字	発音又は由緒	所在地
山神	おしゃぐじ	八日市市小脇町
大将軍	おじょごじ	〃　小脇町
道祖神社	おしゃぐじ	蒲生郡蒲生町北庄
大将軍	だいじょぐん だいじょごん	〃　岡山村牧
大将軍	だいじょご おじょご	〃　金田村金剛寺宮小路
大将軍	おじょごん	〃　武佐村西宿
大将軍	だいじょぐん おじょこ	〃　平田町下羽田
大将軍神社	だいじょぐん だいじょもん	〃　平田町下平木川波
大将軍社	おじょご	〃　中野村今堀
大将軍跡	じょぐ	〃　中野村中野小脇
大壮厳跡	だいじょぐ	〃　桜川村下小房七条
大将軍		〃　桜川村石塔
大将軍		〃　桜川村稲垂
大将軍	だいじょさん 田の中の石	〃　玉緒村土器
大将軍	じょごさん	〃　玉緒村芝原南
大将軍	じょぐさん	〃　玉緒村尻無
大将軍		〃　市原村池の脇
大将軍		〃　市原村上二股村の内
大将軍		〃　市原村原野堂前
大将軍社		〃　東桜谷村杣

東大将軍		蒲生郡西大路村西大路
大将軍	下大将軍	〃　西大路村
大将軍		〃　西大路村北畑牧野
大将軍	じょごさん だいじょごさん	〃　南比都佐村上駒月宇野の辺
大将軍	じょごさん だいじょごさん	〃　南比都佐村上駒月
大将軍	じょぐさん だいじょぐさん	〃　南比都佐村迫谷前
大将軍社	だいじょぐ じょごん	〃　南比都佐村円城
上大将軍		〃　日野町大久保
下大将軍		〃　日野町大久保
大将軍		〃　日野町大久保
大将軍	塚	〃　苗村賀興町
大将軍		〃　苗村賀興町
大将軍		〃　苗村林南平
大将軍		〃　苗村河守新海
大将軍	だいじょうさん	〃　鏡山村西川東浦
大将軍	石	〃　鏡山村西横園木戸
大将軍	じょごんさん	〃　鏡山村宮久保
大将軍		〃　鏡山村鵜川
大将軍		〃　鏡山村七里
大将軍		〃　鏡山村橋本北浦
大将軍	塚	〃　鏡山村橋本栗の内
大掌郷	だいしょうごう	〃　鏡山村橋本里の内
大掌郷	角石	〃　鏡山村橋本里の内
大掌郷		〃　鏡山村橋本樫の内
大将軍	塚	〃　馬淵村千僧供御館前

将軍塚		蒲生郡馬淵村七つ家
大将軍		〃　馬淵村東川
大将軍		〃　馬淵村横関
大将軍		〃　桐原村安養寺
大将軍社		野洲郡守山町守山甲守山
将軍地蔵		〃　守山町専門院内
大将軍神社		〃　小津村三宅
大将軍神社		〃　小津村矢島
大将軍社		〃　中里村比江
将軍地蔵		〃　野洲町小篠原山脇
大将軍		〃　野洲町小篠原大将軍
将軍地		甲賀郡柏木村酒入正軍地
将軍地		〃　柏木村酒入正軍地
将軍地蔵		〃　土山町北土山
将軍地蔵	祖神	〃　大原村大久保
大将軍		〃　佐山村佐藤将軍下
大将軍	だいじょごん おじょご	〃　信楽村江田
石神	おじょご おしゃごじ	大津市膳所綿町石神町
岩神神社		〃　坂本
大将軍社	塚	〃　坂本別保
大将軍社		〃　藤尾下山
石神		滋賀郡志賀町木之下
大将軍社		〃　坂本村坂本
大将軍社		〃　坂本村坂本
大将軍社		〃　坂本村坂本

大将軍神社		滋賀郡坂本村和田町
大将軍神社		〃　坂本村四つ屋町
大将軍社		〃　和邇村中浜
石神	だいじょも だいじょぐ	〃　和邇村小野
大将軍社		〃　和邇村栗林
大将軍社		〃　伊賀村途中
大将軍		〃　木戸村八屋戸町
大将軍		〃　木戸村八屋町皆頭
将軍塚		犬上郡亀山村清崎
大将軍社		〃　多賀町多賀
大将軍社		〃　甲良町金屋
大将軍神社		東浅井郡虎姫町田村宮西
大将軍神社		〃　虎姫町酢村
旧大将軍社 月瀬神社		〃　虎姫町月瀬宮立
大将軍		〃　虎姫町宮西
大正言		〃　虎姫町宮部
大将軍社		〃　七尾村法楽寺
大年神社		〃　七尾村今庄
大将軍		〃　甲根村野田
大正権		〃　甲根村瓜生
石神		〃　甲根村瓜生
将軍塚		〃　湯田村八嶋込門
大将軍		〃　湯田村山の前
大将軍		〃　速水村高田
大将軍石		〃　速水村今村
大将軍		〃　朝日村山本河原

大将軍		東浅井郡朝日村今西
大将軍		〃　朝日村市場
大上軍		〃　朝日村延勝寺
大将軍		〃　朝日村津の里
大将軍	塚	〃　竹生村弓削
大将宮		〃　竹生村上八
大将軍塚		〃　竹生村益田下馬場
大将軍		〃　大郷村曽根
大将軍		〃　大郷村細江上根
岩神社	おしゃごじ	栗太（多）郡守山町伊勢
佐久奈渡神社	おしゃごし	〃　守山町伊勢
大将軍神社		〃　大宝村十里古高
大将軍神社		〃　大宝村十里中井
大将軍の塚		〃　上田上村牧宇辻
大将軍		〃　葉山村山庭
大将軍		〃　治田村上鈎
大将軍		〃　治田村上鈎
大将軍		〃　治田村上鈎
大将軍		〃　治田村上鈎
大将軍		〃　治田村下鈎
大将軍		〃　治田村中沢
大将軍		〃　治田村渋川
上大将軍		〃　治田村小柿
下大将軍		〃　治田村小柿
しゃぐじの池		愛知《えち》郡湖東町西押立
石神	おしゃぐじ おじょぐじ	〃　秦荘《はんしょう》村蚊野石神

石神		愛知郡西小椋村岸本
大将軍		〃　角《つの》井村園
大将軍		〃　南押立村南菩提寺神立
大将軍		〃　西押立村西菩提寺
大将軍		〃　愛知川町川原
大将軍		〃　八木荘村宮後
大将軍		〃　秦川村南蚊野上塚
将軍塚		〃　稲枝村上平流
大将軍		〃　稲枝村金田大上戸
大将軍		〃　稲枝村海瀬
北大将軍		〃　稲枝村西川
大将軍		〃　葉枝村三つ谷
南大将軍		〃　稲枝村西川南
大上郷		彦根市小泉町
大上後		〃　松原町
大上権		〃　村蔵町
大将軍		神崎郡山上村山上
大将軍		〃　山上村和南
大将軍社		〃　南五箇村石川
大将軍		長浜市加田町
上大正宮		〃　常花町本庄
下大正宮		〃　常花町本庄
大将軍		〃　勝町高橋
大将軍		〃　南田附町七条
大将軍		〃　春近町保田
大繩	だいしょう だいじょご	坂田郡米原町中多良

大将軍		坂田郡柏原村須川
大将軍		〃　柏原村柏原
大将軍		〃　神昭村国分田
大将軍		〃　神昭村今
大将軍		〃　神昭村保日
大将軍		〃　神昭村小沢
上石神		〃　神昭村国友
中石神		
下石神		
大上郷		〃　神昭村新庄馬場
大将軍社		〃　東黒田村長岡
大将軍社		〃　東黒田村志賀谷岩神
大将軍		〃　西黒田村鳥羽
大将軍		〃　大原村下天満
だいじょう屋敷		〃　大原村天満
大将軍		〃　法性村飯
石神		〃　法性村世継
大将軍		伊香郡高月町西あつし
大将軍		〃　高付村石道
大将軍		〃　高付村大見里の内
大上宮		〃　北富永村両森
大将軍		〃　南富永村落川
大縄号		〃　南富永村馬上
大将軍		〃　唐川長戸
大将軍石		〃　唐川唐川
大将軍		〃　永原村山の脇
大上郷		〃　永原村小山

大将軍	塚	伊香郡余呉村中之郷
大将軍	塚	〃　古保利村西河閉
大将軍		〃　木之木町黒田
大将軍		〃　塩津村塩津高畑
大将軍		〃　塩津村塩津中柿
大将軍		〃　塩津村塩津高田
大将軍		〃　塩津村塩津柿町
大将軍		〃　塩津村塩津裏田
大将軍		〃　塩津村塩津中鈎田
大将軍		〃　塩津村塩津橋河原
大将軍		〃　塩津村塩津西岡
大将軍		〃　塩津村塩津東岡
大将軍		〃　塩津村塩津鹿ヶ瀬
大将軍		高島郡剣熊村在原
大将軍		〃　剣熊村山中
大将軍		〃　剣熊村小中
大将軍	鈴鹿	〃　西庄村下開田襴宜谷
大将軍		〃　西庄村上開田山越
大将軍		〃　西庄村北牧野
大将軍		〃　百瀬村辻
大将軍		〃　百瀬村新保堀切
大将軍		〃　百瀬村新保
大将軍		〃　川上村日置波
大将軍		〃　川上村北仰角森
大将軍		〃　川上村福岡井ノ口
大城後		〃　川上村三谷
大将軍社		〃　川上村日置前引尾

大将軍祠		高島郡三谷村南生見
大将軍		〃　三谷村椋川
大将軍社		〃　今津町梅原向河原
大将軍		〃　今津町下弘部
大将軍		〃　饗庭村米井
大将軍		〃　新倭村新庄
大将軍社		〃　新倭村安井川犬馬場
大将軍社	塚	〃　新倭村北畑
大将軍		〃　本庄村藤江
大将軍		〃　本庄村川島
大将軍		〃　本庄村上中野
神明宮	だいじょぐさん	〃　本庄村川島
大将軍	塚跡	〃　青柳村青柳梅の木
大将軍		〃　青柳村島
大将軍		〃　安曇《あど》川町西方
大将軍		〃　安曇川町五番領
大将軍		〃　高島町武曽横山
八将神社		〃　広瀬村下古賀中尾
おじご 杓子さまの森	社跡 伊吹山一合目 杉雑木五六本あり	〃　朽木村村井

滋賀県における発音は

大《だい》じょご／じょぐん　大じょうご／じょうぐん　さん　に基づく発音である。

宛字としては

大荘厳　大縄号　大正宮　大正権
大将軍　大勝軍　大将宮　大陣軍
大将門　大乗軍　大神宮　大正五
大縄　大上権　大上根　大上郷
大掌郷　大上後　大成後　大上戸
祖軍　代初護　大招魂　大女御
大正塚　将軍塚　将軍地　正軍地
将軍地蔵　勝軍地蔵　等が主なものである。

若狭地方には特に次の宛字もみられる。

大上后　大掌宮　大地権　大縄宮
大成後　大聖宮

大じょごしょぐは和歌山県外密教に左右された様相が濃い、

高島郡付近は代々神を祭る家、人、を社宮司と言う。

諸国のみさぐ神　二十一社

石神問答（堀田吉雄先生）によるのみ。踏査なし。

宛字	発音又は由緒	所在地
しゃぐじ		岡山県久米町福田小字しゃぐじ 諏訪神社二六社
さぐじ		岡山兵庫県堺（海岸堺の地）
佐久神	おしゃぐじ	兵庫県気多郡 諏訪神社六社
社宮司		福井県三方郡三方町常神押越 諏訪神社三一社
しゃぐじ		石川県足羽《あすわ》郡信夫村増見字しゃぐじ 諏訪神社九五社
守宮司	おさんぐうじ	山口県旧周方国
祖神社		
守宮神	さぐじん	広島県旧豊後国惣社町 諏訪神社七五社
石神		石川県能登国羽喰《はくい》郡
石神		石川県能登郡
石神		大阪府八尾市（旧中河内郡高安町）
石神		秋田県黒川郡豊川油田あたり
磐神		岩手県胆沢郡
佐久神		鳥取県大原郡木次《きすぎ》町 諏訪神社二二五社
嫡子神	しゃごじん	徳島県三野郡井関村 諏訪神社二二五社
魄神	おさくし神	長崎県壱岐郡田河村川北門浦西石田の北
	おしゃぐじ	壱岐に二ヶ所ありと。
大石神社	しゃくじ	福岡県久留米市大石町石神 諏訪神社四〇社
石神	しゃぐじ	福岡県久留米市北野町福田
赤目八幡 赤口神社	赤司氏 高良神社の社宮司職	赤司
しゃぐじ		佐賀県松浦郡 松浦海上にしゃぐじ島ありと。 諏訪神社四〇社
守宮神		大分県惣社町
石神		福岡県筑紫郡御笠村大石 諏訪神社九社

補遺

宛字	発音又は由緒	所在地
遮虚神	しゃごじん おしゃも	山梨県北巨摩郡白州町白州
神供石	おしゃぐ おしゃぐじ	〃 北巨摩郡小淵沢町篠尾安森
三宮司		〃 南巨摩郡南部町本郷
社宮司	子供の神 金丸氏祝神	〃 中巨摩郡甲西町長沢新田
山郷神	さんごじん お産の神	〃 南巨摩郡相又（旧岡豊）
左宮司		〃 南巨摩郡中富町大塩
佐伍地大神		〃 南巨摩郡万沢町三宮地古御所
山之社	平山氏祝神	〃 山梨市額田
三宮司		
三宮司		〃 山梨市西後屋敷
山梨県では一般に、まらん棒さまと言う		
しゃぐじがや	字地	埼玉県入間郡武蔵町小谷田しゃぐじ
社宮司		〃 秩父市寺尾
石神	おしゃごじ	静岡県賀茂郡賀茂村宇久保
左宮司社		〃 庵原郡谷津
社宮司社		〃 庵原郡伊佐布
社子神		〃 駿東郡入山瀬村西の谷
作神之森		静岡県藤枝市下益津
山口神	おさもつさま	〃 天竜市神沢
おさもつさま		〃 磐田市御殿
左口社		〃 志太郡稲葉村
左口社		〃 志太郡広幡村浜当目
左口司社		〃 志太郡岸（島田市を去る一里）
左宮司社		外四社 〃 安部郡左和田

十数年にわたる調査のため、郡・村・町が消え、市に統制され、特に愛知・静岡はまぎらわしくなってしまいました事をお詫び致します。

なお、以上は調査途上にあることをおことわりしておきます。

あとがき

私たちは、今、明確な展望もつかめぬまま混乱した価値観の中に放り出されています。こうした混乱と低迷の中で、私たちは、もう一度、日本と日本人の原初に立ち戻り、そこから原日本人の生活と儀式、宗教、集団の原型をつかみとりたいと考えています。

この「日本原初考」は、こうした意味から、日本列島の各地に埋もれている、天皇制成立以前を含めた原初の息吹きとエネルギーに、新たな光をあてようとするものです。

私たちは、基本的な姿勢として、日本各地でじっくりと腰を据え、地道に研究をつづけておられる方々と、できるだけ共同作業をしたいと考えています。

そして、地方中心主義を大事にしながらも、研究の地方化を越えてゆく方向をも、その底で目指したいと思うのです。こうした作業を具体的に進めてゆくことは、実際には、かなり難しいと思うのですが、あえて私たちは、こうした姿勢を守ってゆくつもりです。

また、こうした作業の過程では、「民族」「考古」「人類」「宗教」「民俗」等諸学問を立体的に総合してゆかねばならず、それぞれの特徴を活かしつつ、思考してゆきたいと考えています。

ともあれ、私たちの試みは、まだはじまったばかりであり、これから多くの方々の業績と教訓に学びながら、一歩一歩進んでゆくほかはありません。そうした意味で、読者諸氏からのきたんのない批判、ご意見を期待しています。

本書では「ミシャグジ」「ミシャグチ」「ミサグジ」「御作神」等、著作それぞれ表現する言葉が違っていますが、あえて統一しませんでした。その信仰の幅の広さと、それぞれの解釈の違いによるからです。明治四十二年「石神問答」で柳田国男が論究して以来、未解決のまま久しく手のつけられなかったミシャグジの問題を、私たちが一歩でも進めることができるならば望外のよろこびです。

尚、今回の特集については、長野県茅野市の郷土史研究家、今井野菊さん、諏訪考古学研究所の藤森みち子さんはじめ、たくさんの方々の言葉につくせないご協力をいただきました。本当にありがとうございました。

古部族研究会　北村皆雄
田中　基
野本三吉

中部山岳地帯を中心に、関東一円に広がっているミシャグジ信仰
その分布と性格は、在野学究・今井野菊氏の踏査によって初めて明らかにされた。
土着ミシャグジ信仰の性格を追究することは、とりもなおさずミシャグジを統轄する
洩矢祭政体の中心地・諏訪神社前宮の古神事理解のための民俗学的転倒にほかならなかった。

再録　諏訪神社前宮の話

御左口神《ミシャグジ》祭政の森【上】

語り手　今井野菊

聞き手　北村皆雄
田中　基
野本三吉

■諏訪神社前宮の荒廃
■前宮はミシャグジなり
■ミシャグジの樹と石棒
■ミシャグジと古道
■ミシャグジとお諏訪さま
■天白《てんぱく》・千鹿頭《ちかと》・ミシャグジ
■蟹河原長者と天白

■諏訪神社前宮の荒廃

――今井さん、なぜミシャグジを調べられるようになったんでしょう。

今井　どういうことなんでしょう。「前宮はミシャグジなり」ってことは、今では学者きりわからなくなっちまったじゃないかしらね。神長・守矢さんがミシャグジ総元締めだとか、そういうような学問的なことや歴史的なことは薄れてしまっていましたからね。

明治からね。わずかです、昭和といっても。ですからね、それでいてどこのミシャグジも皆荒れほうだい。第一、前宮を荒すべく、慶長六年に上社に越したわけですからね。近世は宮川・上川の大水が続いて来るでしょう。それでも大祝の居るうちは、大町・小町屋はじめ安国寺の門前町にしようと、前宮の荒神市場にしようと繕ったでしょうよ。五日市場、八日市場、常願寺の門前町にしようとね。大祝の力がなくなっちまったら、それこそ荒れほうだいになってしまって、それからは土地の人はちょうど米経済になって来ますからね。平地を田甫《たんぼ》にしてもう安国寺上の大祝古墳は皆潰して、耕作地にして家を建てる。大水にあうと、また神原《ごうばら》へあがって行って前宮さまの御神域地へ家を建てて、そこを耕作して暮らす。そういうような年代が徳川期ずうっと続いたので、二百年のうちにうんと荒れちゃったんですね。そして個人持ちになっちゃったんですね。

大祝が宮田渡へ移るとき、代々茅野村に住んだ神使・茅野外記《げき》太夫家が神殿《こうどの》の御帝戸屋《みかどや》の東南に住んだ大祝の家老屋敷の跡に移されて、神原の支配をしたが、なんしろ貧乏藩の支配下に置かれてしまった。大祝仕えの貧乏神官たちは自給自足で暮さなけりゃならないので、一生懸命米作りをしたんですよ。茅野さんも水眼《すいが》の水を使って、米作りをしているし、一族も増えています。そういう風だったもんで、前宮の近所はつぎつぎに荒れてしまったわけでしょうね。

——ミシャグジそのものが危機に瀕したわけですけれども、今井さんが研究に取りかかられたのは何年くらい前でしょうか。

今井　昭和二十八年。あんまり前宮さまが荒れていけないし、遺跡遺物が崩れたり、こわされたり、家が建ったりするから、保存したいと思ってね。それから村中呼びかけてみたんですが、賛成はしてくれても、自分の土地となればなかなかね。自分からこの畑を保存してくれなんていう気がしませんものね。でも、せめてあるものだけでも保存しましょう、というわけで始まって、宮川村史をやらにゃいかん、なんてことになってね。で、私も動かなかったけれども、結局は、本当に保存したりして皆さまと行くには、動くきりしかたがない、というようにね。それで始まったんですよ。

■前宮はミシャグジなり

――ミシャグジにぶつかられたのは。

今井　ミシャグジにぶっつきあたるより先にねえ、前宮ってものはミシャグジで、ところがそのミシャグジがどういうものかわからないし、『諏訪史』二巻の編纂の時にミシャグジは石棒ではない、とんでもないという伊藤富雄さんの反対にあって、宮地先生なんか苦労したことも聞いていますので。しかしどうしようとミシャグジはミシャグジです。これを追いかけてみて、どのくらいの分布を持っているものだとか、本当に諏訪史と関係のあるものなのか、ないものであるか。『石神問答』を見ても、ただまちまちにあるということの報告を手紙でね、やりとりしたにすぎないものでしょう。ちょうど私のところは寒天屋をしてますので、集まる人たちにね、「向こうの方にはミシャグジどうかしら」て言うと、あるって言うのね。それで、山梨県や岐阜県から来る寒天屋さんに聞いてみても「ある」。おやおやそうかしら。それなら奉仕で本当に統計とってみなくちゃいけないな、と。ミシャグジをたずねて歩きますとね、「ミシャグジって何ですか?」と、かえって聞かれるんです。すぐそばにあるのに。「あ、オシャモサマのことかね」とかね、「オシャグのことかね」とか、ただグとゴの違いでコがいろいろ変化しているだけでもまごついたものです。発音と土地のなまりとは面白いもんですね。それでうんとこっちの聞いた耳が、ちょっと不思議になる。私が「ミシャグジサマ」と言うとむこうでわからない。「それじゃあシャグのことだ」とか「あ、それじゃあシャゴでなくてオシャグだ」とか「ジャクだ」とか、「シャガ」だとか。そのうちに、「シャゴッチャンのことだ」とか「シャゴッタン」とかねえ。あっ、と思って、こっちも教えられましたね。発音でこうも変わり、土地事情でこんなに変わるかな、と。それでもね、古い神であるとか、草分け神であるとか、そういうことだけは同じです。

——その呼び方が二百種……。

今井　あります。まだあるんですよ。自分の記録を見ると、ああここにもまだこういう書き方がある、と。

——それでついに二千三百を超すところをお歩きになったわけですね。

今井　歩かなきゃわからないしね。歩いて聞いても、本当はわからないんです。言葉のずれがあまりにもあって。そしてこわごわ聞いているうちに、諏訪弁は荒いでしょう（笑）、それで関西あたりへ行くと、なまりは別としておとなしくしゃべるでしょう。それで年寄りに聞こうと思っても、年寄りもね、お嫁に来たおばあちゃんは駄目、土地のおじいさまでも男の人じゃ割に関心がない。おじいさまの家でも関心のある人がいると非常に力になる。おばあさまでも養子をとったおばあさまがいちばん良い。

――なるほど。

今井　ですからね、おしまいにわからなくなるとね、学校の生徒をつかまえる。小学生でも誰でも「この辺におばあさまはないか」と。それから「養子取りのおばあさまないかしら」って伺うのがコツになってましてね。養子のおばあさんで、頭がしっかりしている人を捜す。そうすると信仰のことですから「娘の時はこうだった。昔はこんなに盛んだった」とかね。大きな神の樹があった、ということは皆いちように言いましたね。「行ってごらんなると、大きな切株が残ってますよ」とか。藤や槻の木が、昔は尊かったかしら？

――藤ですか？

今井　藤の樹があったり、槻、松、ケヤキ、ハンノキ、いろんな類がありますね。それでそこへ行ってみると、たいてい戦争の時に供出しちゃって切株だけ残っている。なぜか昔の切株でも栗の木とかハンノキは強いとみえて、株が残ってますからねえ。

――そこは地形的にはどうなんですか？

今井　地形的にはね、いろいろですね。いろいろだけれどもね、じっと昔の人の言うことを聞いたり、話を聞いたり、突っこんでうかがってると、段丘や古道沿いであることに変わりはない。直線的な良い道であることに変わりはないわね。本当に古村から古村を繋いでましてね、要領良くね。「今こう道が曲がってるけど、なるほど昔はこういう風に直通道があったんですか」と。「それが昔の道ですよ」と山のような道をね、教えてくださるんです。

■ミシャグジの樹と石棒

――御神体は……

今井 御神体はね、石棒であったり、何もなかったり……。

――樹自体でもあったわけですか。

今井 そういうことでしょうね。ミシャグジの樹があったとか、お諏訪さまの樹ってような名前の樹だったとか、お諏訪関係なんかのっぴきならないような関係が生まれてくるんですよ。ああ、なるほどなあと思いましたがねえ。

それとミシャグジの方位ですがね。いったいここに祀った人は、どこに住んだ人だろうと。そういうようなことからね。神長さんのシャグジは住んでる所よりも酉《とり》の方位。重要な大祝の鶏冠社も酉の方位。そして上社で見ても関係の神官の屋敷とミシャグジはみんな酉の方位。そのうち固《かた》まっちゃったんです、考えが。住居地よりも酉の方位に、魔除けにしようと風門の守護神として水を廻しても祀ってある。そういうようなことがあって、なるほどなと思ったので、屋敷のミシャグジはどこの方位にあるかな、と関心をもつようになってきたんです。

――それは村落についてはどうなんでしょうね。

今井　村落の主点のやっぱり西、西の方にある。同じですね。へんな方にあるな、と思って聞いたら「こっちの方に越してしまった」とか、「いや、元はそっちが村だったですよ」とか、今、何もなくて村持ちの山の中にあっても「いや、これは昔の宿場ですから」とか「これはオシャクジサマがあっていいですよ」とか、古い神で草分け神だから、そこにあっていいわけですよ。そしてね、あのミシャグジさまの東の方に住んだってことは、どこでも見られるんです。土器も出てます。

――ミシャグジがあって、その東側に村があるわけですか。

今井　村もある。個人の家のときは住んだ跡は東にある。東に住んで守護神を西、つまり西に祀っておる。これは土器の出方からもわかる。諏訪もそうですが、他所へ行ってみてね、縄文土器が散乱している。「皆さん、こっちの方で土器はないですか」って言うと「そこは出る」って言いますね。滅びたような家のところはシャグサンだけあって、土俗信仰で守られててね。おばあさまやおじいさまが良くお祭りする。それで子どもの神さまだ、という考えが通ってますね。それから、下の病気に霊験がある。だから、ドウロクジンに名前が変わっても、シャグジであっても、御利益は子どもの風邪であろうと寝小便であろうと、熱病であろうと、百日咳であろうと、みんな子どもの神さまであるっていうのが通じてます。面白い問題ですね。それでツンボの神さま。耳の聞こえなくなった人の神さま。おかしいもので、通してみてそうなんすね。下の、腰から下の病気には、何でもきくとか。子どもの神さまだから、入学のときにはお詣りするとか。それからお産のときにね。オシャクジがいつの間にかオサングジ、つまり、お産の神さまになってね。そして安産の神さまになると、土俗信仰ですから。安産のお札参りの底のない杓子があがっています。

――地形からいうと、山が平地になるところに多いんですか？

今井　眺望のきく良いところにあります。平らなところにある場合もあるし、ちょっと小高いところにあって下に人が住んだな、と思うと縄文土器の出るところがあったり、縄文中期みたいな土器のね。弥生も混ざったり、そうかと思うと平安期の和塗りのね、釉薬のあるものも混じったり、古くから栄えたところだと。ミシャグジはたいてい大切にされていますね。

――すると祀っている家自体も、古い家なんですね。

今井　そうですね。他所で聞くと、「あのうちは古い」とか「あれは草分けのうちだ」とミシャグジの家とか何とかって、やっぱり一流に見られてますね。

――個人の家で祀っているのが多かったですか、それとも村全体で祀っている……。

今井　土俗信仰とはいってもね。村持ちははっきり村持ちになっていますね。そういうことははっきり言えるんじゃないかしらん。「あれは村の」って言いますね。

■ミシャグジと古道

――村持ちと個人持ちと二種類あるわけですね。

今井　そうですね。村持ちは産土神、雑社。個人持ちっていうのはやっぱり神使関係の神家ですね。「それじゃ神主さんですか」って言うと「神主だった」って教える人もあるし「知らない」っていう人もある。他所の家行って聞くと「やっぱり神主したそうです」って言いましたね。だから、やっぱり神さま関係と見られる。

いつか、大東亜戦争のとき、士官だった倅が同行したとき山へ登ってみて、古道のありかたを私が感心して眺めてましたら「これは戦闘配置の位置だ、じつに攻守攻撃に良いところを占めている」って言いましたね。そして、谷間なども、山越えなども上手に越えてるそうですね、近道を。それを今、登山者たちが使って、良い道だって言いますけれどね。やっぱり塩の道なんですね。平地から山へ、みんなつながってますもの。ただ、その古道が、大通りと枝道という違いはあってもね。皆、続いていきます。良いところ持ってますね。その土地なりの。

――一つの村に一つですか、それとも幾つも。

今井　あのね、村持ちってのは一つか二つです。「どうしてここの村には、村持ちのミシャグジが二つあるんでしょうね」そう聞くといちど越したとかなんとか言いますね。

――すると、もともと一つだったということが考えられますね。

今井　そうです。村持ちの潔斎屋だから、それで良かったじゃないですかね。

――すると、明治以来の神社みたいなものは別個に村にあるわけですね。

今井　明治以来はヤマト系でも見受けません。出雲系の神は丘によって山によってね、高いところから見るとミシャグジさまはじめ出雲系の神が祀られ、それに対抗したような要領の良いところにヤマト系の神が祀ってある。八幡さま、神明さま。だからそこへいくと、ずいぶん信仰民同士で対抗的な輿のね、担ぎ方をするとか。それでなければ対抗的な喧嘩をしたとかね。よくそういう話を聞きました。やっぱり、信仰民同士で対抗していたんだね。おらが古いというわけで、おらが古いってこと、そりゃ言います。

――ミシャグジという古い土着的な信仰に、あとからヤマトの信仰が入ってきて、内で対抗というか、信仰面での戦いがあった、と。

今井　それで、あれは元はミシャグジの土地だ、ミシャグジの土地だけれども、お諏訪さまの土地だけれども、乗っ取られたんだ、と。それでそこ行ってみると、神の祀り方がね、ヤマト系の神が主になっていても、脇殿は出雲系の神です。

――例えばどういう神さまですか。

今井　あのね、大国主命とか建御名方命、事代主命そんなようなのが主ですね。またヤマト系の神は八幡さまが多く、そこで主神に代わっていても、同じ社殿に祀られていたり、境内社の大きいのが、たいがい諏訪神社だったり、オシャグジさまだったり、大国主命だったり抹消してしまいきれない神さまなるが故に合祀されて土民の伝統が残るんじゃないでしょうかね。そんな気がしましたよ。

――農耕的なものとミシャグジとの関係は。

今井　十分にありますね。ミシャグジさまへ先に穂をあげたとか、小豆を先に持ってってあげるとか、粟の穂とか麦の穂、取り物したときにね、ミシャグジへ持っていって先におあげしたとか、鎮守さまへ持ってったとか、そういうようなこと。それを入れる器がね、なかなか地方色があるんですよね。竹なら竹で上手に入れものを作って、それに水をそえてあげるとか、場所によって頭が下がるような神さま信仰があるところもあります。あるいは粟や稗のツトッコでこしらえてあったり、そこの民俗性がよくわかるんです。とにかく地方色豊かな御器に入れて、おあげしてあるんですよ。

――すると、ミシャグジは子どもの信仰もあって、かつ農耕的な信仰もあって、それがどういうふうにつながるんですかねえ。

今井　定量の縄打ちはじめはミシャグジから、縄納めはミシャグジであったと伝えています。土地神、子孫繁栄の神としてありがたかったんじゃないですか。土地神であり、石棒であり、子どもの育てにくかった昔のことですから、子どもの神であって、まず子どもにお赤飯を持たせてやるとか、自分たちが持って行くとか。小豆やなんかも、また餅米も尊かったとみえてね、餅米をあげるとか。

——餅米のほかには。

今井　場所によってねえ、お赤飯にしてあげるところと、玄米でもってあげるところと、穂であげるところと、あるんですね。で、順々にもったいなくなったから、そういうことしなくなったと言いました、戦争以来。

——たとえば、そこに石棒が祀ってある場合は、その前にそれを供えるのですか。

今井　ミシャグジはねえ、ちょっと考えるとね、どうでしょう。文明開化とやらの明治時代、石棒を祀ることを恥ずかしがったり隠したりした時代があったのじゃないかしら。ミシャグジさまは祠の中に、どっかに石棒を埋めてあったりしてもね、そう露わに出してないです。田舎へ行くほど、平気ですがね。ちょっと都ほど石棒を隠しちゃったり、誰か持ってっちゃったとか何とか言うんですよ。純田舎へ行くと、石棒は石棒として、平気だった。

――別に祠なんかに入れないで。

今井　いや、やっぱり祠へ入れたり、それから昔「こんな所にマラン棒置いちゃみっともないで隠すだわい」って（笑）。土の中へ入れて、頭だけ出したりして、それが縁の下よ。それで、縁の下に放り込んであるで、行ってごらんなんてね、教えてくれる人もある。

■ミシャグジとお諏訪様

――そのミシャグジのあるところと諏訪信仰なんかとは、やなり重なっている。

今井　どうしようもなく重なってくるんです。ミシャグジがたくさんあると、お諏訪さまはって聞くと、ふるいお諏訪さまがあったけどこうなったとか、それは合祀されたとか、古いけれども杜は小さくなったが行ってごらん、大きな樹があってよくわかるからとかね。やっぱりお諏訪さま信仰の所へ行けば必ずミシャグジがあり、ミシャグジのあるところにはお諏訪さまがあり、こう見ていくと今度はね、愛知県から焼津付近にはミシャグジはたくさんあるのに、どうしてお諏訪さまがないかと思うほどない。征服されたのか西へ行くほど姿が薄れますよ。分布図で見ても、ちょうど奈良県へ行くと杓子になったり野神になったりして激しく消えるようにね。それでもたずねますとね、合祀された神の中にお諏訪さまは見られたり、聞かされます。お諏訪さまはなくて、鎮守さんは何だかっていうと海から来た神さまの類いを祀るとか、大和系の神さまです。それでもね、ミシャグジは散布していて神の樹があるんです、樹がね。枯れたとして株だけでも。口伝えは持ってるんです。有名な静岡県の登呂遺跡地方の分布図をご覧になってくださいよ。遺跡地の周辺の段丘や、浜近くには、この通り諏訪神社の点在と、ミシャグジの群在ですよね。そして拾得遺物は縄文末です。

――諏訪神社、とくにその昔の祭祀の中心であった前宮がミシャグジの総元締め的な意味をもっていたわけですかね。

今井 そういうことですね。皆さまもお調べになってください。これははっきりしています。もっと角度を変えた研究もあるでしょうかね。

――守矢さんに祀ってあるミシャグジと、前宮時代のミシャグジと性格は、少しは違うわけですか。

今井 ミシャグジそのものに本来違いはないでしょうが、守矢さんのはミシャグジ信仰を統率したり、牛耳るために祀っていますし、前宮の方は、大祝の先祖神として祀ってあるんですね。それでミシャグジの祭神についてですけれども、祭神もねえ、諏訪に地理的に近いところは「御子神なり」とあるんです。諏訪は、ミシャグジは「お明神さまのお子神なり」ですね。神長さんも「お子神なり」です。神徒はあの、十九神の子だか二十一神だかのお子神の正裔子孫ですね。それで遠くなるほど、やっぱりいろいろ変化して面白いんですわ、天狗さまを祀ったり、それでも、元はそうじゃなかったけれども明治の初めに調べられたときにお伊勢さまになったとか、誉田別命等そういうことはいろいろぶつかりましたね。

――お伊勢さまになることもあるんですか。

今井　大和系の神の方が平和でしょ（笑）。

■天白《てんぱく》・千鹿頭《ちかと》・ミシャグジ

――前宮とミシャグジの関係で調べられているときに、付随的に、といったらおかしいんですが、千鹿頭の神だとか天白の神は最初から意識して調査されたんですか。

今井　いなかったんです。全然意識にないの。神さまの名は知っていても、私は少しも気にしていなかった。千鹿頭神は守矢家の神ってことは知ってました。天白は、全然。気がついて跳ねあがったのは伊勢へ行ってからです。千鹿頭神でびっくりしたのは群馬へ行ってから。

――千鹿頭と天白について、あらためて説明していただけませんか。

今井　千鹿頭神は、守矢家の神でしてね。初めに、郷土史の細川先生が「千鹿頭神は明神さまの子どもだって人があるが、どういうのだろう」とおっしゃった。私もどういうのかと思っていたんですよ。そうして、守矢家の古文書をよく噛みしめてみたときにね。千鹿頭神が「大神之御遺言之随《おことのまにまに》」っていう言葉の口伝の意味は深いと思いましたね。諏訪大神に望まれるままに、洩矢神伝来の祭りのすべてを大神の孫神の児玉彦神に譲って、そして千鹿頭神は身を引いたわけですね。それで御子神の中に数えられてああいう言葉があるのかもしれませんね。私が、上州へミシャグジを訪ねていきましたら「千鹿頭さまは信州から来た神さまじゃというよ」と言ったおばさまがいましてね。「へえー」と「何に効く神さまですか」と言ったら「あれはね、狩猟神っていうけもの取る神さまだけれども、火伏の神さまだってここでは言うが、ほかの方のチカト神でも諏訪の神さまだって言っているよ」って。そういうことを聞きましたね。そして「チカトさまは、赤城山の神の妹をお嫁にしたとよ」とも言って聞かせてくれました。

——その場合も石棒か、あるいは樹なんかが立っているわけですか。

今井　そのところはね、樹の信仰というよりも石棒でした。ただそのおばさまたちの話ですからね。

——天白についてはどういうきっかけで。

今井　天白ね、今の話出した千鹿頭神はそんなようだったので、本腰に、あらたまって千鹿頭神を調査してみましたのよ。それで、天白の方はね、伊勢へ行きましてね、諏訪大神の后・天八坂彦命の女《むすめ》の八坂斗女命のふるさとを、たずねましたのよ。ロマンチックでしょう。郷土史の野田精一先生のお世話になりましてね。后神の御郷里はね、旧麻績郷御糸村でして、天白神の子孫八坂彦命の後裔としていろいろ記録に残る麻績連等代々があらたえ、つまり麻布を織って大和朝に仕えたと、伝えるところでして、現在は麻續神社（神社に限り麻續と書く）の年中行事として「八尋《やひろ》の宮」という機殿で、男子青年がみそぎをしながら、外部との交渉を絶って、あらたえを一定期間に織って神宮に奉納していますよ。この神社境内八社の中にシャグジが祀られていました。この時外宮の鈴木禰宜さんにご指導いただきました。天白神が麻を作ったという地方はね、北伊勢の麻生田《おうだ》でして、天白神の子孫と伝える家があり、天白神社もあり、天白神の古墳群もあります。北伊勢へ行ったとき、小川重太郎さんといわれる、老郷土史家にお会いできて、たくさんのシャグジを教えていただき、また、和波さんとおっしゃる郷土史家にお会いしましてね「伊勢国は出雲民族だから、一緒に話そうや」って、急に親しくなってね、いろいろ聞けたんですが、天白神って呪詛・占の色濃い神であること、もちろん八坂斗女神は天白巫だって話になったり、天白神は、焼蒔き時代の神だって話を実地に立って説明を受けました。シャグジより天白神の方が古いということのお話を伺いました。

――八坂斗女命が、天白のみこっていいますと。

今井　子ってどういうことかと思ったら、やっぱり累系だったんですね。それで八坂斗女命の父神・八坂彦の命が天白だって人もあるし、いろいろありますけれど。そして伊勢の文庫へ行って系図を見ると、天白神、八坂彦神は同神とも書いてありますがね。とにかく同じ系統だってことで。そして八坂斗女の命の伝統があるかっていうと、ない、何も残っていない。ただひとつ、「八坂斗女命は天白の御子さ」っていう言葉が釘刺さっちゃった。それじゃ天白とはなんぞや、と。

――天白の御神体はやはり石棒。

今井　ええ、石棒、石剣。お使いは天狗さまです。

――石剣もあるんですか。

今井　ええ、楚原の御厨・天白社の、中は見せていただけなかったんですが、石剣です。

――樹はどうですか。

今井　樹や伝説はたくさんありますけれどね。ただ「樹から降りることは言いますか」って言うと、星は出てきますけれどね、北斗星は出てくるけれども、樹は出てきませんでした。なかには樹をいう人たちもありました。が、ミシャグジほど樹は言わないとのことでした。ミシャグジより、摩訶不思議の伝説が多かったです。

――地形的にミシャグジは村の要所を占めていると言われましたが、千鹿頭神の地形と、天白の

地形と比較してみるとどうでしょう。

今井　あのねえ、天白の地形というのは山の渓谷でも陽うけのよい平らなところに家を作って、そして川を相手にいるところを見ましたね。海も相手にしています。段丘地でも川に魚がいるとか、海とか、これを対象にした段丘地に住んでるんです。平地をあまり相手にしなくって。そして、千鹿頭神の方は山や川、そして稲作りのあけぼの時代の伝説をともなっていました。

――ミシャグジは平地ですか。

今井　ミシャグジは千鹿頭神、天白とも混合はしていますよ。混合はしていますけれども、ならしてしまったら、まず水稲民と焼蒔き民になるんです。その焼蒔き民がおとなしいか何かしらないが、狩猟はできたでしょうよ、山ん中ですから。天白さまの氏子たちは狩猟を主にしないところに住んでいるんですねえ。焼蒔きねえ。

――混乱しちゃったんですが、天白さまは川の側とか海の側でも高い段丘に住み平地を相手にしないようなところにあるわけですか。ミシャグチはむしろ平地で……。

今井　天白は水があれば段丘に住みつき、ミシャグジは平地を相手に、谷間の沼地を相手にね、たとえ山ん中でも谷間の水のある平らなところに近い丘に祀ってある。それははっきりしていますよ。しかし重層しています。

――するとミシャグジの方が農耕。農耕でも水稲でしょうか。

今井　住むには焼蒔きもともなう丘の上だったかもね、とにかく信仰民族の重層を感じます。

■蟹河原長者と天白

――天白が川や海に面する段丘上に祀ってあるのは……。

今井　これは漁撈民と焼蒔き民をどうしても考えなけりゃいけなくなっちゃう。そうして、ふりかえって地元を見ると、なるほど、例えば、水内・伊那等支流崖の段丘日向に、民家があり、軒には炭俵が積み上げられ、やっと農作物を干せるぐらいの庭で、ときには餅を搗いているときなど離れて見ますと、あぶなげで崖から転げ落ちそうに眺められる村里の、産土神が天白神であったり、氏神が川天白さまであったりすることに気づきました。また川端には、漁撈権の境界であったのか、自然石の、天白さまが祀られていました。

――諏訪には、土着の蟹河原《がにがわら》長者のお話がありますが、ガニガワラは守矢と同じように建御名方が入ってくる前の土着の民族だと言われましたけれど、それと、天白との関係は。

今井　ええ、地元が面白いですね。洩矢神一族の蟹河原長者、矢つか雄命は、八ヶ岳山麓を領し、諏訪湖のデルタ地帯堺の扇状地段丘際の清水の湧く日向の蟹河原に住んだと伝えましてね。この長者の栗林郷の産土神、楯矢・酢蔵《すぐら》（酒蔵）神社二社ともに、神長さんの延喜三年の古文書に「天白神を祀る」とありますし、長者の屋敷跡と伝えるところに天白七五三《しめ》社があり、土地の旧家、矢崎・矢島・四軒矢島の氏神がみんな天白神ですよ。そしてね、栗林郷の宮川・上川沿いの中河原・新井金子の天白、赤沼の川天白等九社が祀られていますし、そしてね、一旦段丘を麓原にのぼりますとね、旧塚原村に四社点在し、つづいて山麓の縄文土器出土地、強いて言えば、焼蒔き・漁撈・狩猟等によって人の住むに条件のいい、日向・水、監視にいい古村の、古田・和田・埴原田・福沢に天白・川天白が祀られ、御贄場《おにえば》の千鹿頭神も祀られていますよ。調べればまだ、どこかの氏神として祀られていると思います。そしてね、一つ面白いことは、諏訪神社の上社の御柱を伐り出す八ヶ岳の「御小屋」の神山の近くの一角に、この蟹河原長者の村の産土神、楯矢・酢蔵神社の御柱を伐り出す特権が現在なおあって、七ヶ年ごとに御柱を伐り出していますの。

——そこら一帯ずっと天白を祀る系統の人が住んでたと。

今井　そうですね。とにかく石棒を祀る天白信仰民族が古く住んでいたことは事実ですね。守矢氏は北斗星信仰でありますから、そう考えるんですがね。八ヶ岳扇状地の天白祭祀とミシャグジ祭祀とは、同じ村に仲良く重層されて祀られていますよ。

〈つづく〉

（『季刊どるめん　7号』（JICC出版局、1975年）より）

再録　諏訪神社前宮の話

御左口神祭政の森

【上・中・下】

◆ 巻別掲載項目 ◆

『古代諏訪とミシャグジ祭政体の研究』収録

御左口神祭政の森　【上】

諏訪神社前宮の荒廃
前宮はミシャグジなり
ミシャグジの樹と石棒
ミシャグジと古道
ミシャグジとお諏訪様
天白・千鹿頭・ミシャグジ
蟹河原長者と天白

『古諏訪の祭祀と氏族』収録

御左口神祭政の森　【中】

千鹿頭神と洩矢氏
ミシャグジの樹の下で
ミシャグジと農耕神事
大祝・有員の政治的導入
薬草と守矢仙人

『諏訪信仰の発生と展開』収録

御左口神祭政の森　【下】

土室の中の神事
底辺から神事を考える
鎌倉幕府の諏訪介入
狩猟神事と農耕
御頭郷でのお籠もり

執筆者●略歴

今井野菊（いまい のぎく）　一九〇〇年、長野県茅野市に生まれる。諏訪高等女学校卒業後教員となる。旧宮川村誌編纂研究会会長として同誌の編纂に奮闘。一方で、諏訪大社と関連する信仰の研究に邁進。ミシャグジ、テンパク、チカトウ等の踏査集成を広範囲に渡って行い、後世に大きな影響を与える。著書に『諏訪ものがたり』（甲陽書房）、『神々の里――古代諏訪物語――』（国書刊行会）、『御社宮司をたずねて』『洩矢民族　千鹿頭神』『大天白神』など。一九八二年没。

宮坂光昭（みやさか みつあき）　一九三一年、長野県諏訪市生まれ。岡谷工業高校卒業後、同じく諏訪出身の考古学者・藤森栄一に師事。日本考古学協会員。日本考古学協会全国委員を二期務めた。八九年～九三年には、諏訪市教育員会の諏訪市史研究紀要に関わる。また、諏訪大社に関する研究を長年に渡り続け、著書に『諏訪大社の御柱と年中行事』『図説諏訪の歴史（上）』（ともに郷土出版社）ほか、論文「諏訪神社上社大祝の性格の考察」ほか多数がある。二〇一三年没。

野本三吉（のもと さんきち）　一九四一年、東京生まれ。横浜国立大学卒業後、五年の教員生活を経て日本各地を放浪。七二年に横浜市役所に勤務。寿町の生活相談員として活動する傍ら独力で「生活者」を発行。七四年『裸足の原始人たち――横浜・寿町の子どもたち』（新宿書房）で日本ノンフィクション賞受賞。九一年横浜市立大学教授、二〇〇二年沖縄大学教授、一〇年同学長に就任、一四年退任。現在は同大学名誉教授、教育学者、ノンフィクション作家。著書に『生きる場からの発想――民衆史への回路』（社会評論社）など多数。本名加藤彰彦。古部族研究会。スワニミズム顧問。

田中基（たなか もとい）　一九四一年、山口県生まれ。早稲田大学卒業。七三年～八一年まで人類学・民俗＝民族学・考古学の総合誌季刊「どるめん」を編集。同時に古諏訪祭政体を研究しつつ、縄文中期の土器図像を神話文脈で解釈。現在は縄文図像学をさらに深化させ旧石器時代に通底、その成果を講演会等で発表している。探究心のあまり縄文の里長野県茅野市に住まいを移した。著書『縄文のメドゥーサ』（現代書館）など。古部族研究会。縄文造形研究会。スワニミズム顧問。二〇二二年没。

北村皆雄（きたむら みなお）　一九四二年、長野県伊那市に生まれる。早稲田大学卒業後、記録映画、テレビドキュメンタリー監督に。六六年の「カベールの馬・イザイホー」をはじめ、沖縄、韓国、ヒマラヤ、チベット等、アジアを中心に映像作品を多数制作。八一年ヴィジュアルフォークロアを設立し代表に就任。映像人類学・民俗学者、映画監督、プロデューサー。映画「ほかいびと～伊那の井月～」ほか、テレビ作品も多い。著書『見世物小屋の文化誌』（共著・新宿書房）、『俳人井月――幕末維新 風狂に死す』（岩波書店）など。古部族研究会。スワニミズム顧問。

古部族研究会　学生時代からの知り合いで、ともに藤森栄一の著作などから諏訪に関心を抱いていた田中基と北村皆雄が新宿の喫茶店プリンスで意気投合し、野本三吉と合流して立ち上げた研究会。1974年7月に在地の研究者・今井野菊を訪ね、1週間泊まり込んで教えを乞うた伝説の糸萱合宿で本格的に始動。以後、永井出版企画から「日本原初考」三部作として『古代諏訪とミシャグジ祭政体の研究』（1975）、『古諏訪の祭祀と氏族』（1977）、『諏訪信仰の発生と展開』（1978）を立て続けに発表した。

◉編集協力・執筆者略歴：スワニミズム

人間社文庫‖日本の古層②

日本原初考　古代諏訪とミシャグジ祭政体の研究

2017年 9月15日　初版1刷発行
2025年 2月 2日　　　8刷発行

編　集　古部族研究会
制　作　図書出版 樹林舎
〒468-0052　名古屋市天白区井口1-1504-102
TEL：052-801-3144　FAX: 052-801-3148
発行人　山田恭幹
発行所　株式会社人間社
〒464-0850　名古屋市千種区今池1-6-13　今池スタービル2F
TEL：052-731-2121　FAX: 052-731-2122
振替：00820-4-15545

印刷製本　株式会社シナノパブリッシングプレス
＊定価はカバーに表示してあります。
＊乱丁・落丁本はお取り替えいたします。
©Kobuzokukenkyukai 2017, Printed in Japan
ISBN978-4-908627-15-6 C0139